本书受教育部人文社会科学研究青年基金项目"亚里士多德《诗学》的哲学研究"（17YJC720042）资助

亚里士多德创制哲学研究

赵振羽 / 著

YALISHIDUODE
CHUANGZHI ZHEXUE YANJIU

人 民 出 版 社

目 录

引　言

亚里士多德在《形而上学》第六卷中将全部知识以及与之相关的思想分为三类：思辨的、实践的、创制的。他说：

> "物理学正好研究存在的某一个种（是关于这样一种实体的知识，在其自身之中包含运动和静止的本原）。很显然，它既不是实践科学、也不是创制科学。创制的本原或者是心灵或理智，或者是技术，或者是某种潜能，它们都在创制者之中。实践的本原意图则在实践者中，因为意图的对象和作为之结果是同一的。如若把全部思想分为实践的、创制的和思辨的，那么物理学就是某种思辨的。不过它思辨那种能够运动的存在，仅仅思辨那种在定义上大多不能独立于质料的实体。"① （1025b）

按照通常观点，以思辨为其基本研究方式的哲学无疑应归入思辨科学，据此，对亚里士多德哲学研究似乎就同一于亚里士多德思辨哲学研究。但应予重视的是，亚里士多德作为一位真正意义上的哲人和思者、西方哲学思想范式公认的奠基者，其哲学思想无疑是贯穿、充溢、潜匿

---

① 《亚里士多德全集》第七卷，苗力田主编，中国人民大学出版社 1993 年版，第145—146 页。部分文字由引用者加粗。

并显现于其所有著述之中的，在此意义上，对亚里士多德哲学的研究就绝不仅仅限于对其关于思辨知识的著作（《形而上学》、《物理学》等）之专研，还应关注其涉及所谓实践科学和创制科学的作品（如《尼各马可伦理学》、《政治学》、《诗学》等）。换言之，如果以亚里士多德的知识、学科、思想分类为标准，那么对亚里士多德整体哲学的研究就理应包括思辨哲学、实践哲学、创制哲学三个部分的内容，三者共同以亚里士多德宏观、潜在并深邃的哲学觉解为基底，处在一个弥散无形但又切实存在的弘大体系之中。如此，那么之于亚里士多德哲学而言，思辨哲学就并非其唯一的形态，亦不是最高、最纯粹的形态。唯有在思辨、实践、创制的"三位一体"中进行把握，才有望真正理解亚里士多德哲学的全貌。因此，亚里士多德关于伦理、政治、修辞、悲剧的论著，就绝不能仅被当作亚里士多德关于实践知识、创制知识的讨论，更是其实践哲学、创制哲学。

包括实践哲学、创制哲学在内的非思辨哲学，并非是后者的附庸。现代哲学的发展可谓在某种意义上佐证了这一观点。当今学界，政治哲学、道德哲学等实践领域的研究可以说取代了纯粹形而上学问题，成为哲学研究中最热门、最核心的主题。诚然，哲学之为哲学宛如静夜中起飞的猫头鹰，并不在于某种趋势和热潮，但是亦应承认：在一种形成时代风气的普遍关注背后必有思想上的洞见。这种洞见的根本就在于：对于实践知识的研究必然处于相关实践哲学的指引下，在此意义上，实践哲学理应成为哲学研究的主流问题。

回到亚里士多德本人哲学的研究上，对其非思辨哲学的强调、重视并非标新立异，而是现代哲学的倾向。如海德格尔早期（尤其是1921—1924年，即《存在与时间》写作前的思想奠基时期）致力于亚里士多德哲学的现象学研究时，即站在存在论的纯粹哲学关怀之上，对亚里士多德《尼各马可伦理学》、《修辞学》给予了极大的重视。他在

1922 年呈献给当时马堡大学哲学系那托普教授的《对亚里士多德的现象学阐释》（即被学界称为"那托普报告"者）中，用大量篇幅讨论了《尼各马可伦理学》第六卷中涉及的问题，将"理智的德行"（dianoetisch Tugenden）理解为获得存在论真理的方式，认为实践道德能使"灵魂最多地把非遮蔽的存在者带入保真中"。① 也就是说，海德格尔在此通过对亚里士多德实践著述的研读，理解其第一哲学、亦即形而上学思想，以其深刻且富有原创性的研究方式，践行并启示了对亚里士多德非思辨著述的哲学研究。

海德格尔通过对亚里士多德实践哲学的研究松动西方形而上学传统，开显存在论即其所谓"有根的"形而上学问题；亚里士多德创制哲学研究同样具有可类比的意义。其创制哲学并不仅仅关涉具体创制，更具有第一哲学层级的内涵。如已得到承认的，近二十个世纪占据西方思想主流的基督教哲学，其内核实质来源于古希腊的柏拉图和亚里士多德哲学。基督教存在论最明显的特征，即为其将存在者理解为"被造物"、被创制之物，在此，西方思想中潜在、自明的对存在机制的理解，即为创制。而对作为创制的存在机制领会之内核则来源于亚里士多德哲学，无论是要真正认识这种西方存在论，还是对其进行解构，对亚里士多德创制哲学进行研究、开显创制在古希腊哲学原初语境中的原初意义，无疑都是至关重要的。

略有遗憾的是，同对亚里士多德实践知识的研究相比，对于其三分领域中的创制知识的探讨，尤其是哲学层面的深入、系统专研，无疑是不足的。如前述，对亚里士多德哲学整体的把握依赖于对其思辨哲学、实践哲学、创制哲学的全面理解。亚里士多德虽然并非构建体系的哲学

---

① 《形式显示的现象学：海德格尔早期弗莱堡文选》，孙周兴编译，同济大学出版社 2004 年版，第 102—103 页。

家，但是其论著中的思想概念相互佐证、勾连、交错衔接乃是实然存在的，其关于创制的讨论体现了他不同于思辨、实践的，关于另一知识领域的独特哲学理解。考虑到问题的重要和既有研究的局限，对亚里士多德创制哲学进行系统研究显然是十分必要的。

造成上述亚里士多德创制哲学研究稀少、单薄之情况的原因，一方面是由于长期哲学范式的既成构建，使得该主题尚未进入哲学研究的主流视野；另一方面则是由于文本的欠缺。众所周知，在亚里士多德现存著述中，讨论创制知识的，仅有《诗学》一部，共计二十六章，且被广泛怀疑佚失关于喜剧的部分。从文本的篇幅和表面上的思想内容上看，显然无法和其思辨哲学与实践哲学的论著相比，那么依靠这仅存的文本，是否可能以及如何可能支撑起对亚里士多德创制哲学的整体研究呢？难道这部论述诗之创制（尤其是悲剧创制）的书籍，不仅仅是那位生于斯塔基拉、死于加尔西亚的哲人在诸多创制形式中出于一种偶然的选择而写就的不具有任何代表意义的作品吗？然而，一个伟大灵魂的活动并无偶然，正如包括哲学史在内的历史并不偶然一样。笔者将在本书中论证，在亚里士多德理解中，诗，尤其是悲剧不同于一般创制品（如柏拉图举例的床、亚里士多德举例的雕像），其作为对人在特定境遇下至行动的摹仿，具有生存论、存在论意义，因而在亚里士多德的创制哲学理解中，具有核心、首要的位置。亚里士多德正是在诗与悲剧之创制中开显了其完整的创制哲学理解。在这种理解下的创制，全然不同于当今语言中庸常领会的"物品之制造"，而是具有人通过在特定存在论境遇、特定生存论情绪下通过抉择做出行为，从而成为其所是者的形而上学意义。其他所有使某存在者获其存在的创制，都奠基于这种特定的诗学创制或者说悲剧性创制。

在上述理解下，依据现有的文本，对亚里士多德创制哲学进行一个宏观整全、具有通过形式指引开显整体境域色彩的研究就是可行的。

这一研究的核心文本即为现存的二十六章亚里士多德《诗学》，研究的方式则是依据文本而又超越文本。这种对文本的超越具有双重含义：第一，要超越学术史上对于《诗学》文本的庸常理解，在这种理解中，该作品首先是一部关于文学或者文艺学的著述，事实上，所谓西方文学和文艺学的思想范式，倒是潜在地由以亚里士多德为代表的古希腊哲学家们先行奠定的，而在亚里士多德的原初领会中，诗首先并非是文学的，而是根本性的"创制"；第二，是要超越亚里士多德文本字面上的具体讨论，以一种思想性的直观透析其深层哲学内涵，由于文本的表面主题，这种哲学内涵在绝大多数时候都是隐匿不显的，唯有通过这种对表层含义超越，才有望达到本然真实的、作为哲人的亚里士多德。

那么，在前述双重超越的原则下，应该怎样在先行打开的创制哲学视域下看待其核心文本，即亚里士多德《诗学》呢？如前述，作为古希腊哲学的集大成者和一位真正意义上面向事情本身的思想者，亚里士多德所有著述可谓都在其整体哲学思想的统摄之下，同时其哲学整体又在其各个作品中都有不同维度的开显，《诗学》也不例外。作为蕴含着重要哲学思想的亚里士多德著述，《诗学》近年来已越来越受到哲学界应有的重视，而这种重视无疑是同一种潜在的对亚里士多德创制哲学关注相关的。

作为创制哲学的中心主题即可视为诗之创制这一论断的证明之一，亚里士多德《诗学》的题目希腊文 ποιητικῆσ 的本义即为创制的技艺。亚里士多德《诗学》的主题可以在一个广延递减、内涵递增的序列中呈现：广义创制—诗（狭义创制）—悲剧—特定悲剧（复合亚里士多德特殊要求的悲剧），在这个序列之中，透析广义创制之本质是亚里士多德的目的，特定悲剧则最能体现亚里士多德所理解的创制本质。在此意义上，《诗学》是亚里士多德创制学的核心著作，与其思辨、实践论著一起构架起其完整的哲学体系。

由于《诗学》并非直接陈述哲学思想的著作，因而其哲学意蕴既是隐晦的，又是开放的。作为亚里士多德创制哲学的核心著作，《诗学》中的哲学思想与其思辨哲学和实践哲学都有内在的相关性。（这也从侧面论证了前述观点：需要在思辨哲学、实践哲学、创制哲学勾连构建成的整体视域下把握亚里士多德的每一著作，透析其哲学内涵。而这种整体视域的形成则依赖于对包括创制哲学在内的亚里士多德哲学之各个门类分别进行专门研究）。

首先，作为亚里士多德创制哲学的主要著作，《诗学》具有深刻的思辨哲学内涵。《诗学》的主题是创制。亚里士多德认为创制出自理智、技艺和潜能。创制具有三环节：理智对形式的先行把握、出于技艺的质料聚集（从词源学上讲技艺即为对构建房屋之木材的聚集）、由潜能到形式的实现过程。综合三者，创制就是将某物带入存在之中，具有存在论意义上的内涵。亚里士多德将存在者理解为创制物、其存在论思想背后潜藏着一个创制学的语境，这是已被诸多学者发现并承认的。创制过程涉及的形式、质料、潜能和现实都是亚里士多德《形而上学》中的重要术语，诗学开篇首句就是："关于创制艺术（$\pi o \iota \eta \tau \iota \kappa \tilde{\eta} \sigma$）本身及其形式（$\varepsilon \tilde{\iota} \delta o \sigma$），每种类型的潜力（$\delta \acute{v} \nu \alpha \mu \iota \nu$），应如何组织情节（$\mu \tilde{v} \theta o \sigma$）才能写出优秀的诗作，诗的组成部分的数量和性质，这些以及属于同一范畴的其他问题，都是我们要在此探讨的。"（1447a），可视为亚里士多德有意将其创制哲学著述《诗学》置于其思辨哲学尤其是形而上学的语境之中。从另一个角度看，亚里士多德的存在论思想，唯有结合其创制哲学的内容才能得到充分理解。

亚里士多德创制哲学的思辨内涵还体现在：诗以语言（$\lambda \acute{o} \gamma o \sigma$）承载自身。$\lambda \acute{o} \gamma o \sigma$ 是古希腊哲学中的关键概念，具有通过聚集将某物置入存在的形而上学意义。亚里士多德最重视的诗之情节（$\mu \tilde{v} \theta o \sigma$）与 $\lambda \acute{o} \gamma o \sigma$ 有词源学上的亲缘性，$\mu \tilde{v} \theta o \sigma$ 通过彰显普遍而成为 $\lambda \acute{o} \gamma o \sigma$，诗由

于呈现共相而具有哲学性（1451b）。据此诗又是作为共相的个体，《诗学》在此意义上调和了《范畴篇》和《形而上学》间关于个体和共相孰为第一实体之矛盾。《诗学》中虽然没有直接讨论真理（$\alpha\lambda\eta\theta\epsilon\iota\alpha$）问题，但是充满了对现实与虚构、真实与谎言的辩证思考。亚里士多德认为诗由于彰显共相与规律而高于历史，体现了其对现实之为现实的思辨理解。摹仿正体现诗与其对象间既非简单真实、又非公然谎言的关系，体现了诗在晦蔽与澄明、真与假之间的辩证特性。《诗学》中最重视情节（$\mu\tilde{\upsilon}\theta\sigma\sigma$）的构建，而 $\mu\tilde{\upsilon}\theta\sigma\sigma$ 从词源学上说就有虚构之意，但恰恰是这种虚构，使得诗能够合理呈显内在规律，具有了彰显共相的哲学性。这种造"假"成为通达"真"的路径。《诗学》中关于可然性与现实性、可能性与可信性的论述等，都处于这种对真假的思辨中。

　　其次，作为亚里士多德创制哲学的主要著作，《诗学》还具有丰富的实践哲学内涵：第一，《诗学》具有道德哲学内涵。亚里士多德认为诗是对人之行动的摹仿，这种行动必然涉及善与恶间的微妙张力、在特定道德境遇下的必然行为或两可抉择，以及由之而来的顺境或逆境、幸福或苦难，这些都在诗性营造的情境中被彰显、放大并被置于一种关联之中。因此亚里士多德创制哲学语境中的诗必然关涉着活生生的道德伦理问题。其《诗学》强调的情节（$\mu\tilde{\upsilon}\theta\sigma\sigma$）构建也是对道德境遇的构建，《诗学》的关键概念 $\kappa\acute{\alpha}\theta\alpha\rho\sigma\iota\sigma$ 具有道德净化层面的含义，而另一重要概念 $\acute{\alpha}\mu\alpha\rho\tau\iota\alpha$（悲剧过失）亦处于一种介于道德和非道德之间的边缘语境中，具有微妙且深邃的伦理含义，这些着眼点都打开了《诗学》的道德哲学研究视野，证明了亚里士多德创制哲学与其实践哲学的内在联系。第二，《诗学》具有政治哲学内涵。诗是对正当或不正当的人类行动之摹仿，而人类行动的正当与否则是政治哲学关注的重点，《诗学》同政治哲学具有必然且内在的联系。亚里士多德创制哲学理论形成于柏拉图的挑战背景下，有强调诗的政治教化作用之思想倾向，其关键概念

$κάθαρσισ$ 不但具有基于个体的道德净化意义，而且具有基于整体的城邦净化意义。对这些问题的深入领会将开启创制哲学研究的政治哲学视域。亚里士多德《尼各马可伦理学》结尾处提及政治学，《政治学》则以音乐问题结尾，与《诗学》相关，可以视作亚里士多德有意将其关于实践和创制的探讨置于接续的思想体系之中。

作为亚里士多德创制哲学的主要著作，《诗学》哲学内涵的开放性在某种意义上可归因于其文本中的内在辩证张力。不同于柏拉图哲学通过对话中观点的碰撞、亚里士多德思辨哲学通过多角度的反复推敲来保持思想活力，《诗学》是依靠着上述辩证张力来撑开思想境域的。《诗学》既可视为指向普遍创制的，又是关于作诗的，亦是关于人之行动的，这使得亚里士多德创制思想具有了复合的内涵。把握《诗学》的思想结构，对其中蕴含的多维度哲学内容进行剖析和澄明，厘清关系，抓住重点，更合理地审视由于这种内在双重性造成的既有《诗学》研究之分歧和争议，并在此基础上审视《诗学》在亚里士多德哲学整体中的地位，寻找更高的视域对其进行统摄，并据此透析亚里士多德的创制哲学思想，才能为进一步的研究打开论域。

创制哲学乃是亚里士多德之"思辨—实践—创制"这一隐性哲学体系的重要组成部分。作为亚里士多德创制哲学的中心著作，《诗学》文本内在含融并外在钩挂着思辨哲学和实践哲学意蕴，并在这种兼容并蓄中维系并开放着自身。但应予注意的是，亚里士多德《诗学》表面上的主题始终是"诗—悲剧—史诗"这一三元一体的构建，聚焦于一种对人之生存行动的诗化（悲剧化）呈现。在此意义上，亚里士多德的诗学理论之实质，可大胆地被解读为一种对于生存的领会。（关于这一论断，本书将着重论证。）因此，作为创制哲学之核心文本，《诗学》的多重哲学内涵唯有在一个"诗—悲剧—史诗"之语境，究其根本，亦即生存论语境中才得以开显。《诗学》之多维哲学意蕴乃是在生存论境域构建这一特定维度上呈现的，不同于《形而上学》或《尼各马可伦理学》中的无情境呈报，它以生存为生发根底，乃是一种非思辨、非实践的创制哲学意蕴。换言之，亦唯有在一个先行被领会的生存论视域下，才能真正透视亚里士多德《诗学》的独特哲学内涵，即其"创制哲学内涵"。把握亚里士多德创制哲学思想，亦即把握《诗学》文本的复合哲学内涵之关键就在于澄明其生存论意蕴。

如前述，在亚里士多德处，所谓创制首先并非是"物之制造"，而是一种生存论存在论的构建（这也是亚里士多德在其关于创制知识的工作中，重点选择悲剧进行讨论的内在原因）。亚里士多德创制哲学的开放性思想内涵统一于其对人之生存的关注之下。首先，《诗学》的思辨内涵植根于亚里士多德对诗的创制机制之理解。他指出诗皆为摹仿（$\mu\iota\mu\eta\sigma\iota\sigma$）（1447a）。摹仿并非复制，而是对先行理解的意义的实现，而人的意向性生存行动就是对自身意图的实现，因此人的生存本身就具有摹仿的形式结构，是创制性（诗性）的。因此《诗学》的创制哲学内涵从根本上基于人的生存。其次，《诗学》的实践内涵植根于诗是对人的善或不善、正当或不正当的生存行为之摹仿，这使得《诗学》具有了道德哲学和政治哲学的意义。综上，亚里士多德创制哲学的复合内涵可视为统摄于亚里士多德的生存论思想，其在本质上是一种"生存论的创制学"。同时，正基于对生存问题的特别开显，《诗学》文本才在亚里士多德的创制哲学中占有中心的地位。以生存论哲学为视域，能够对《诗学》进行一种宏观、综合、整一的创制哲学解读，也正是在这种意义上，对亚里士多德《诗学》文本的哲学研究才能被冠以"创制哲学研究"之名。

生存论创制思想不仅整合起《诗学》的复合思想内涵，也贯穿于《诗学》的文本结构中。《诗学》文本共计 26 章，可以按照其主题分为三个部分：摹仿部分（1—5 章）、悲剧部分（6—22 章）和史诗部分（23—26 章）。人一定对其生存有先行领会和先行筹划（参照海德格尔思想，如《存在与时间》第一篇，第五章、第六章），其生存活动就是对这种先行领会和筹划的摹仿，也是将这种作为潜能的先行者带入现实存在的创制，因此人的生存本身就是摹仿性亦即诗性和创制性的。对摹仿概念的理解，开敞了创制哲学的生存论阐释视域。诗是亚里士多德创制学的第一主题，悲剧则是其诗学的第一主题，这种安排出于一种以开显生存论意义为目的的宏观统筹。亚里士多德在其对悲剧的探讨中集中体现了其生存论创制学维度的思想，悲剧情节的组织是对人的生存论境遇的构建，悲剧引发的怜悯（$\acute{\epsilon}\lambda\epsilon o\sigma$）和恐惧（$\phi\acute{o}\beta o\sigma$）则是生存论层面情绪，悲剧净化（$\kappa\acute{\alpha}\theta\alpha\rho\sigma\iota\sigma$）亦具有生存论澄明维度的意义。《诗学》中反复出现了关于"创制最优之诗"的讨论，将其定位为对一种特定悲剧的创制。这些提法从根本上着眼于生存论创制哲学，特定悲剧所以被亚里士多德重视，是因其最能彰显生存之本质，符合亚里士多德的生存论领会。关于这种悲剧的讨论撑开了亚里士多德的创制哲学思想场域。现存《诗学》的文本主体也是关于悲剧的，悲剧理论的阐释是亚里士多德创制哲学研究的核心。史诗部分则可视为补充部分，是业已探讨的创制哲学主题在史诗讨论中的回响和重现。

　　亚里士多德在悲剧创制中最重视情节（$\mu\tilde{v}\theta o\sigma$），而情节的安排就是一种对特定生存论境遇的创制性建构。在这种特定悲剧性情境中，人的生存之诸环节及其崇高、卑微等诸多可能性才被带入现实的光照之中（哲学意义上的通过创制而实现）。人的生存论意义由此得以彰显，或者说正是由于在生存论领会之下对悲剧情境的创制性拟构，才使得生存论意义本身被创制出来。关于生存论境遇（情节）的具体架构，亚里士多德指出最好的悲剧情节应具有复杂结构（1452b），且情节中的突转（$\pi\epsilon\rho\iota\pi\acute{\epsilon}\tau\epsilon\iota\alpha$）和发现（$\grave{\alpha}\nu\alpha\gamma\nu\acute{\omega}\rho\iota\sigma\iota\sigma$）相同一（1452a）。这种要求构建了一种生存论认知的实际境遇，如《俄狄浦斯王》剧中发现与命运突转之所以能够统一，正因为对"弑父娶母"的发现是生存论的，高于对"斯芬克斯之谜"的抽象解答。亚里士多德还指出悲剧中人物应有某种过失（$\acute{\alpha}\mu\alpha\rho\tau\iota\alpha$）（1453a）。这种过失作为一种生存论的创制性枢机，使得悲剧性情节能够在生存中开敞自身。因 $\acute{\alpha}\mu\alpha\rho\tau\iota\alpha$ 开显的生存论境遇是一种微妙道德境遇，对这种处于善恶张力中的人及其悲剧性际遇的呈现，比对道德问题的抽象论证更具有鲜活意蕴；同时 $\acute{\alpha}\mu\alpha\rho\tau\iota\alpha$ 作为非善恶的道德缺陷将人的生存置入悲惨之中，彰显了人处于悲剧性命运之中的生存处境。

悲剧情节创制意在引发观众的恐惧（$\phi\acute{o}\beta o\sigma$）和怜悯（$\acute{\epsilon}\lambda\epsilon o\sigma$），亚里士多德在其《修辞学》中讨论了诸情绪，而在《诗学》中则特别赋予恐惧和怜悯以特殊的生存论意蕴。（参照海德格尔认为 Angst 具有特别的生存论意义。事实上海德格尔在梳理 Angst 的概念谱系时，也追溯到亚里士多德的恐惧。）以上述生存论情绪为对象的悲剧卡塔西斯（$\kappa\acute{\alpha}\theta\alpha\rho\sigma\iota\sigma$），则可以获得一种生存论维度的诠释。悲剧通过生存论境遇的创制与构建，达到对生存论情绪的引发，进而实现生存论净化。在生存论的视角下，可以重新审视 $\kappa\acute{\alpha}\theta\alpha\rho\sigma\iota\sigma$ 概念以及亚里士多德创制哲学的整体意蕴。

本书对亚里士多德创制哲学的生存论解读，借鉴了海德格尔在亚里士多德研究中采用的现象学方法。创制哲学核心文本《诗学》中的诗性解蔽与生存论思想，与海德格尔前期的生存论存在论哲学、后期的艺术思想都有共通之处。海德格尔早期致力于亚里士多德思辨哲学和实践哲学的现象学解读，对其多篇著述都有研究，却始终没有涉足以《诗学》文本解读为基础的创制哲学研究，但是其解释亚里士多德的方式却有很大的启示意义。尝试借鉴海德格尔的方法论对亚里士多德创制哲学进行研究，除了哲学史上的考据意义，还有助于开显古希腊创制哲学在当代哲学语境下的内涵。

当代的形而上学危机正植根于古希腊哲学，与亚里士多德思辨哲学、尤其是其关于实体的思想有不可否认的关联。解铃还须系铃人，将创制哲学纳入亚里士多德哲学研究视野，在一个更广阔的视域下重新看待其哲学整体，用创制哲学中源发创制观、鲜活的生存论思想和非理论的理解维度松动被实体化思想禁锢的西方形而上学传统，重思哲学的形上根基，是走出当代哲学困境的可行道路。

亚里士多德创制哲学与中国传统思想亦有相通之处。创制哲学中心文本《诗学》的哲学内核在于认为一种特定的叙事（对情节的特定构架）能够彰显人的生存论境遇，乃至开敞更高的生存境界。这与我国的古史观有相通之处，《左传》、《史记》等都通过在儒家天命宏观视域下"建构"、"创制"出的"历史"，来开显出儒家思想的精神内蕴，而非对已发生之事的复制性叙述。在此意义上，中国的古史叙事就是一种创制性的意义开显，与亚里士多德理解的创制学叙事接近。"诗亡然后春秋作"（《孟子·离娄下》）之说，与亚里士多德创制哲学中关于诗和历史的辩证思考处于相通的运思维度之下。如何在融通的视野中看待亚里士多德创制哲学思想与中国文化间的联系，也是本书潜在的关注要点之一。

如果说西方近期亚里士多德哲学研究、尤其是对其创制哲学文本的研究，一方面是要在其主流政治哲学语境下重读古代经典；另一方面是想通过追本溯源的探索解决形而上学面临的危机，那么中国的亚里士多德创制哲学研究，则可能更期待从对西方智慧的融通领会之中，重思我们当下的生存境遇。愿书中浅薄之思想，能为当代国人走出精神匮乏的生存困境提供熹微之启示。

第一章　亚里士多德创制哲学研究的
准备性工作

一、亚里士多德创制哲学的既有视阈开敞

哲学研究尤其是古代哲学研究有其特定的方法与范式，其中要点之一，就是要以文本为基础和中心。如"引言"所述，亚里士多德创制哲学的核心文本，亦是现存唯一文本，为亚氏 *ποιητικῆσ*（论创制）一书。在此意义上，那么之于亚里士多德创制哲学研究，对 *ποιητικῆσ*（论创制、诗学）文本的解读就具有至关重要的核心位置。[①]

该书在文化史上一般被作为"诗学"来理解。在这样一种理解中包含着双重的忽略：第一，亚里士多德的创制哲学向来没有成为哲学研究的主题得到重视；第二，在对创制哲学的中心文本 *ποιητικῆσ*（通译为《诗学》）的解读中，往往缺少对其哲学内涵的关注。但这一现象在当今亚里士多德研究中有所改观。

当代亚里士多德创制哲学的相关研究即是围绕着 *ποιητικῆσ*（《诗

---

① 为与现有主流翻译一致，本书中将 *ποιητικῆσ* 文本称为《诗学》，但是应予注意的是，对于《诗学》文本的如下先行理解是贯穿本书始终的：在本书论域中，《诗学》的主题是创制哲学，《诗学》是作为亚里士多德创制哲学的中心和唯一文本被看待的。

学》）的文本的解读展开的。在这种研究中，虽然"创制哲学"还未成为明确提出的研究主题，但是类似的哲学旨趣和哲学关怀已经潜在地指引着研究的进行，虽然这种进行在表面上是作为《诗学》的文本解读出现的。然而重要的并非是对实际具体的研究冠以"创制哲学研究"或"《诗学》研究"之名，而是应着眼于其在哲学上的进展和洞见。只要文本解读是被一种特定的创制哲学觉解所牵引、开敞的，那么其理应属于创制哲学研究的范围之中；反过来说，既然《诗学》应被视为亚里士多德创制哲学的唯一文本，那么如果某人要从事亚氏创制哲学的研究，其唯有从《诗学》文本的阐释出发才能获得坚实的地基。上述两种异名的研究必然具有内在的同一性。在此意义上，亚里士多德创制哲学的研究现状就可暂时等同于亚里士多德《诗学》文本的哲学研究现状。

（一）国外研究现状

当代亚里士多德创制哲学相关研究最显著的特征是将其《诗学》视为一部哲人之作。反对依照现代学术范围领域中的专业分际，将《诗学》看作亚里士多德思想体系的边缘作品，指出《诗学》并非美学或文学研究的对象，而是具有更深刻的思想意蕴。如 S.Halliwell（1986）重视《诗学》与其笔者更大范围的思想之间的联系，认为应将《诗学》放置到亚里士多德的整体哲学背景之中考虑。[①]E.Belfiore（1992）认为应把《诗学》看作亚里士多德整体哲学中必不可少的一部分，而且是活生生的哲学传统中的一部分。[②]Jacob Howland（1995）指出如果对帮助构造《诗

---

① 参见《经典与解诂》第 15 期，《诗学解诂》，刘小枫、陈少明主编，陈陌等译，华夏出版社 2006 年版，第 43 页。

② 参见《经典与解诂》第 15 期，《诗学解诂》，刘小枫、陈少明主编，陈陌等译，华夏出版社 2006 年版，第 276 页。

学》文本的哲学动力缺乏敏感，就不可能理解其表面张力和深层含义。①

当代国外研究现状可分以下几个方面进行阐述：

第一，超越审美主义。20世纪前期，审美主义的《诗学》研究占据主流。S.H.Butcher（1895）论证诗的制作和欣赏应该是审美经验独特和自主的领域，审美经验的愉悦能够独立于宗教、政治、伦理的考虑而得到充分说明。美的艺术以亚里士多德在观众心理上造成某种令人愉悦的感受为目标。"Fine art"这一现代观念可以追溯到《诗学》中所谓一种外在于宗教和政治且自由而独立的心智活动，具有同教育或道德提升截然不同的目的。G.Else（1957）认为诗人的目标首先在于创作能提供审美享受的艺术作品，美是亚里士多德诗学理论之根，其他花朵概源于此。这一时期《诗学》研究的其他流派——如以I.Bywater为代表的历史—社会文化研究、法国学者Jean-Pierre Vernant为代表的构造－解构研究，总体上看仍处于审美主义的整体语境之中，如I. Bywater（1909）就支持一种有限度的审美主义解读。认为悲剧的目标虽然在于构成无涉利害的审美愉悦的刺激，但是悲剧更具有道德和政治方面的益处。通过不时净化来释放情感，悲剧有助于让人的灵魂保持健康和宁静状态。

这一时期的主要特征是按照现代学科划分标准，将《诗学》视为美学或文艺学的研究对象，争论主要集中于对诗的审美愉悦和道德教化作用之辨析，着眼于《诗学》的审美作用和道德作用的简单对立或外在调和，否定《诗学》有更深刻的哲学内蕴。如J.-P. Vernant（1972）就认为亚里士多德是无法理解悲剧的人，对处于悲剧核心之中的哲学砥砺缺乏敏感。②

---

① 参见 Jacob Howland, Aristotle on Tragedy: Rediscovering the Poetics, *Interpretation* 22, 1995（3, Spring）。

② 参见《经典与解释》第15期，《诗学解诂》，刘小枫、陈少明主编，陈陌等译，华夏出版社2006年版，第270—271页。

近期《诗学》研究倾向于以更高、更多维的视域看待《诗学》，反对纯粹的审美主义，认为应将审美置于哲学远景的视野中来看待，从而超越审美主义。

超越审美主义的重要标志是超越审美快感理解悲剧愉悦。L.Berns（1959）认为诗的愉悦在于摹仿。悲剧特有的快感源于（痛苦的）怜悯和恐惧，因此是一个复杂的现象，具有摹仿的快感、提升感、惊异的因素。[①]S.Halliwell（1986）指出应立体地看待愉悦，注意愉悦和各种体验间兼容的程度问题，以及描述苦难和悲剧时具有的特殊愉悦的类型和蕴涵问题。E.Belfiore（1992）指出悲剧提供愉悦所凭借的机制与悲剧对政治上意义重大之情感的影响以及悲剧在哲学洞见上的贡献是紧密相关的。

对审美主义的反思还表现在对其根源的发掘中。C.Lord（1982）认为是对亚里士多德和柏拉图对立关系的虚假预设，造成了对《诗学》的美学式解读。事实上二者都对诗在政治上的重要价值进行了思考。S.Halliwell（1986）也认为把亚里士多德的立场曲解为某种审美主义的原因之一，即在柏拉图和亚里士多德之间弄出尽可能尖锐对立的想法。

第二，政治—伦理转向。当下《诗学》研究的另一个重要特征是对其诠释的政治—伦理转向，用政治哲学和道德哲学眼光看待《诗学》文本，并在当代整体哲学学术语境下对其进行解读。

C.Lord（1982）认为现代主义美学的偏见是理解《诗学》的障碍，提出了总体上修正方法论的主张。他认为《诗学》应尤其受到政治理论家的关注，诗是一种以塑造好公民和自由人的品味、性情和判断力为目的的教育，应在亚里士多德的伦理学和政治学著作以及古希腊文化观

---

① 参见 L.Berns《〈诗学〉管窥》一文，载于《经典与解释》第 15 期，《诗学解诂》，刘小枫、陈少明主编，陈陌等译，华夏出版社 2006 年版。

的背景中解释《诗学》。①John J.Winkler（1990）认为悲剧将观众集中在剧场犹如一个政治共同体，从这一角度理解《诗学》的意义。Amelie Oksenberg Rorty（1991）认为亚里士多德提供的不是诗的美学理论，而是着眼于戏剧与伦理的共生关系：悲剧通过分析在构成这种健旺生命的一般目标的认知中实践智慧的作用来揭示道德行为的逻辑结构，且通过让观众在强大仪式性演出的共有情感中成为一体来促进公民生活的共有意识。Aryeh Kosman（1992）论证悲剧是关于行动的"病理学"，且尤其是两种行动之间可能的裂痕，一种行动即被认为是性情之表现及道德行动者之紧张抉择的行动，另一种行动是不受行动者控制的客观世界中的事件，有其本身生命的行动。卡塔西斯包括悲剧主人公舞台上的净化以及观众同情的净化，通过悲剧诗仪式化和形式化的行动（演出），使观众能够分享人类社会的复元能力，即去宽恕并因而复原悲剧过失行为的带罪受苦者所具有的那种能力。

《诗学》研究的伦理倾向还体现在对悲剧过失概念 hamartia 的深入研究上。Nancy Sherman（1992）认为悲剧过失是没能看到在理想状况中原则上人类眼光能看到的东西，是一种过失，甚至最正直的人有时也会沦为牺牲品。悲剧过失的根源在于公平正直但情感剧烈、天性理智但在某种境遇中不够慎思的交织中。②J.Howland（1995）亦关注 hamartia 的伦理学意义，并在与亚里士多德伦理学的关系中对其进行剖析，认为《尼各马可伦理学》本身也具有一种悲剧形式。③M.Davis（2002）注重《诗学》中 epieikes（公道，体现了一种实际际遇中的复杂道德标准）与

---

① 参见戴维斯等：《经典与解释》第 15 期，《诗学解诂》，刘小枫、陈少明主编，陈陌等译，华夏出版社 2006 年版，第 275、276、283 页。
② 参见戴维斯等：《经典与解释》第 15 期，《诗学解诂》，刘小枫、陈少明主编，陈陌等译，华夏出版社 2006 年版，第 317、319、320、321 页。
③ 参见 Jacob Howland: Aristotle on Tragedy: Rediscovering the Poetics, *Interpretation* 22, 1995（3, Spring）。

hamartia 的张力关系，认为二者的区别和联系能显示亚里士多德《诗学》中深刻辩证的伦理理解。①

第三，对哲学意义的发掘。当代诗学研究最重要的特征是对《诗学》之哲学内蕴的发掘，同时这一发掘又是同超越审美主义理解、政治—伦理转向以及在亚里士多德哲学整体中看待《诗学》紧密相关的，旨在用哲学视域统摄多重维度的《诗学》研究。这种发掘大体可分为如下两类：

其一，沿着政治—伦理转向的研究思路，从《诗学》对人类行为的澄明上溯至其哲学意蕴：L.Berns（1959）从自然和政治两个角度理解《诗学》。他认为悲剧一方面是政治生活和政治整体的一部分；另一方面又将人的生活与更大的整全即自然联结。他指出亚里士多德《诗学》中的摹仿，指的是摹仿自然，自然则是实物的完美状态。伟大诗人通过让事件发生得出乎意料又不可避免，彰显隐蔽却又明晰异常的一连串自然始因（呈现自然的内在规律）。J.Howland（1995）指出《诗学》的复杂性源自悲剧的三个维度：深邃的诗意之美、哲学意义上的含混、在城邦公民政治中的教育作用。三者处于张力关系中：最高的政治德性有赖于对道德责任的含混性理解，这种含混性正处于悲剧的核心，政治教育和哲学含混将在悲剧教育中聚首。《诗学》证实了这些悖论性意见，证明亚里士多德对古希腊悲剧核心中的含混和张力有所觉悟。悲剧意在通过引发怜悯和恐惧对自我认知进行净化，不是直接使人认识逻各斯，而是认真对待逻各斯的心理前提，通过这种预先准备来导引灵魂，类似于柏拉图洞喻中的灵魂转向。②M.Davis（1992）在对《诗学》的哲学解读上最为激进，期望通过对《诗学》哲学内核的解释，建立起它在亚里士多

---

① 参见 Aristotle: *On Poetics: Translated by Seth Bernardete and Michael Davis, With an introduction by Michael Davis*, St., Augustine's Press, South Bend,Indiana, 2002:3。

② 参见 Jacob Howland, Aristotle on Tragedy: Rediscovering the Poetics, *Interpretation* 22, 1995（3, Spring）。

德思想中的中心地位。他认为《诗学》不仅总的来说围绕诗以及悲剧问题，而且也关系到人类行动基本结构以及理性天性的问题。《诗学》通过对诗（摹仿之产物）的讨论来探究摹仿之所是。摹仿具有重要哲学意义，所有的行动都是对行动的摹仿，摹仿是对理性天性的理解。思想和行动都具有摹仿性内核。所以《诗学》旨在一个基本的哲学问题。①

其二，依循西方认识论哲学传统，从认知角度理解《诗学》的哲学意蕴：Leon Golden（1962）指出，卡塔西斯这个词在包括柏拉图作品在内的古希腊文本中，都带有理智的意味，将《诗学》中的卡塔西斯解读为"理性澄清"，并据此理解其哲学意义。Jonathan Lear（1991）也认为将卡塔西斯解释为净化过于粗糙，提请人们注意怜悯和恐惧情感的认知维度。②Malcolm Heath（2009）考察了感性和理性认识在《诗学》中的意义，聚焦于技艺的非理性、摹仿之理性、诗和历史的关系、情节的合理性与不可信性之矛盾等几个问题，从认知视角透析《诗学》的哲学内涵。③Silvia Carli（2010）讨论了几种从认知维度理解《诗学》的观点，认为对认知问题的关注构成了《诗学》的哲学语境。④

S.Halliwell（1986）综合行动和认知两种倾向看待《诗学》的哲学含义，他认为情感具有认知基础，怜悯和恐惧的激发依赖于悲剧情节中行动的可理解性。对厄运的认知引发了怜悯和恐惧。厄运情节不仅是诗的虚构产物，而且反映了生存的真实结构。所以诗比历史更具有哲学

---

① 参见 Michael Davis, Aristotle's Poetics: The Poetry of Philosophy, Rowman& Little-field Publishers, 1992。

② 参见《经典与解释》第 15 期，《诗学解诂》，刘小枫、陈少明主编，陈陌等译，华夏出版社 2006 年版，第 316、301 页。

③ 参见 Malcolm Heath, Cognition in Aristotle's "Poetics", *Mnemosyne*, Fourth Series, Vol. 62, Fasc. 1 (2009)。

④ 参见 Silvia Carli, Poetry is more Philosophical than History: Aristotle on MIMÊSIS and Form, *The Review of Metaphysics*, Vol. 64, No. 2 (2010)。

性，因为诗显示了处于可然或必然性下的人之行动。比起人类行为的通常显现，悲剧将人类行为提升到超出现实的意义维度。①

上述对《诗学》的政治—伦理乃至形而上学维度的理解也引起了一些反思。如 Andrew Ford（2015）认为对于《诗学》而言，诗本身就是目的。诗的原则凌驾于伦理、政治和形而上学。在《诗学》研究中要注意"诗的自治"，唯有对诗之为诗本身有所理解，才能真正发掘其哲学意蕴。②

（二）国内研究现状

当代国内《诗学》研究对国外研究呈跟随态势，同时也具有自身的特点，可以分为如下几个方面概述：

第一，《诗学》的翻译和注疏。中国《诗学》研究首先从译注开始，其中影响较大的有：罗念生译本（1962），据 I.Bywater 校勘本（*Aristotelis De Arte Poetica*，Oxford，1955）希腊原文译出，前五章在缪灵珠（即缪朗山先生）译稿的基础上修订。该译本同他其余相关翻译和研究工作（包括埃斯库罗斯悲剧六种、索福克勒斯悲剧五种、欧里庇得斯悲剧五种、亚里士多德《修辞学》、专著《论古希腊悲剧》等）一起，对我国《诗学》研究有奠基性的意义。陈中梅译本（1996），据 Kassel，R.Aristotelis de arte poetica liber（Oxford 1965）译出。在注释和附录对《诗学》中的关键词和内容进行解释，讨论了 Muthos 等七个重要术语，具有集注性质，兼取各家对《诗学》研究有重要开拓作用。崔延强译本（1997），依据洛布古典文库（Leob Classical library）翻译，收入苗力田主编的

---

① 参见 Stephen Halliwell, *Aristotle's Poetics*, University of North Carolina Press 1986。

② 参见 Andrew Ford, The Purpose of Aristotle's Poetics, *Classical Philology*, Vol. 110, No. 1。

《亚里士多德全集》第九卷，被现代亚里士多德研究者经常引据。另有台湾地区姚一苇（1966）译本，采用中国"笺"的传统治学方法，与亚里士多德观点交互引证，并略考观念源流及影响。台湾地区王士仪译本（2003），其义疏虽颇有创新，但亦有臆断之弊。

　　第二，《诗学》与柏拉图相关思想比较研究。国内研究者普遍关注到柏拉图哲学与亚里士多德《诗学》的关联。陈中梅（1996）详细论述柏拉图诗学思想，认为《诗学》中作诗需要技巧的观点是对柏拉图的神赋论的间接驳斥。① 李平（2004）立足于古希腊诗学的宗教氛围，将柏拉图和亚里士多德的诗学思想共置，在一个整体性氛围中诠释亚里士多德《诗学》的思想内涵。② 陈明珠（2011）对观柏拉图《伊翁》与亚里士多德《诗学》，剖析二者关于诗的技艺和迷狂之争，通过对摹仿性的制作（诗人的技艺）和摹拟性的表演（演员的技艺）的区分，重新审视柏拉图和亚里士多德之间的关系，指出二者并非简单对立。亚里士多德能将柏拉图有意混淆的东西细分开来，将柏拉图巧妙隐蔽起来的东西暴露出来。柏拉图善结翳之"结"，亚里士多德则善解蔽之"解"，二者处于一种统一的显隐关系之中。③ 王柯平（2012）认为柏拉图城邦净化说是亚里士多德悲剧净化说的思想来源。④ 这些比较研究，或从《诗学》出发回溯其在柏拉图哲学中的思想渊源，或以柏拉图哲学

----

① 参见陈中梅译《诗学》附录（十三）：柏拉图的诗学思想。《亚里士多德》，《诗学》，陈中梅译，商务印书馆1996年版，第89页。

② 参见李平、莫为：《〈诗学〉中的柏拉图声音——亚里士多德与柏拉图诗学思想互文性研究》，《上海师范大学学报》（哲学社会科学版）2014年第6期。另参见李平：《神祇时代的诗学：对柏拉图亚里士多德诗学思想的再思与认知》，上海人民出版社2004年版。

③ 参见陈明珠：《技艺与迷狂——柏拉图〈伊翁〉与亚里士多德〈诗学〉对观》，《浙江学刊》2011年第2期。

④ 参见王柯平：《悲剧净化说的渊源与反思》，《哲学研究》2012年第5期。

为切入点澄明《诗学》的哲学含义，从不同角度论证了《诗学》的哲学内涵。

第三，《诗学》的美学与伦理学研究。国内一些研究者受到西方审美主义和道德主义影响，从美感和道德相融通的视角看待《诗学》的思想内涵。罗念生（1961）认为《诗学》中有两大问题：文艺与现实的关系；文艺的社会功用问题。这两大问题是针对柏拉图的哲学和美学思想提出的。他指出悲剧的目的卡塔西斯具有求平衡的意思。诗的力量可以使情感降低，也可以使情感加强，以达到平衡。卡塔西斯使情感达到适度，符合亚里士多德伦理学中对中庸之道的要求。① 姚介厚（2001）认为《诗学》作为创制知识表现现实的存在，是亚里士多德哲学体系的有机组成部分。他将《诗学》中的艺术哲学思想归结为：摹仿说、悲剧论、净化说。认为摹仿是一种以形象方式求求真理的认知性活动，能表现人的本性与活动，显示人存在的意义。净化可理解为灵魂整体的净化，灵魂的陶冶和改善。艺术作为创制知识，体现实践智慧，以融注情感的形象创造，发挥认知、道德、美感等三重互相融通的功用价值。② 这些研究在论述中已经具有了艺术哲学和道德哲学的理论高度。

第四，《诗学》的政治哲学与形而上学研究。西方《诗学》研究发生了政治转向，国内学者也开始挖掘《诗学》的政治哲学含义，并在这一视域中形成了积极的观点，并有意识地由此上溯至《诗学》的形而上学研究。王柯平（2012）从城邦净化的角度解读亚里士多德卡塔西斯思想，论证《诗学》的政治深意。他还提倡在《诗学》研究中应从强调悲剧情感的审美体验转向凝照悲剧精神的哲学思考，更多地专注于悲剧自

---

① 参见罗念生：《卡塔西斯笺释——亚里士多德论悲剧的作用》，《剧本》1961 年第 11 期。

② 参见姚介厚：《论亚里士多德的〈诗学〉》，《中国社会科学院研究生院学报》2001 年第 9 期。

身的哲理价值，这种价值不是来自逻辑严密的哲学阐释，而是来自直觉
敏悟的诗性智慧。① 刘小枫（2011）认为《诗学》讨论的不是文艺理论
或美学问题，而是政治哲学问题。《诗学》的显题是"作诗"，隐题则是"生
活方式"。亚里士多德从如何作诗的角度来解释人的生活方式和政治制
度都有德性高低之分。他还指出亚里士多德《诗学》中论述的情节构
成，背后隐含着哲学的静观知识。对情节构成的探究意在人的构成本
身，《诗学》与亚里士多德的第一哲学有其关联。② 王毓红（2005）认
为《诗学》中诗出于技艺，而技艺是一种动能（潜能），出于主动的
理性，同时这种主动理性又是亚里士多德哲学中世界的第一原因。从
亚里士多德把世界万物的第一原因作为诗本原的终极原因，以及他在
逻各斯的视域思考诗的存在等方面，论证《诗学》的形而上学内涵。③
陈明珠（2014）从 $\mu\tilde{v}\theta o\sigma$（情节、故事）与 $\lambda\acute{o}\gamma o\sigma$（逻辑、语言）之
争透析诗与哲学之争，认为具有普遍性的 $\lambda\acute{o}\gamma o\sigma$ 就是 $\mu\tilde{v}\theta o\sigma$。只要嵌
入了普遍性，诗学中二者即可互换。诗通过言说普遍之事，而成为了合
逻各斯的。④

　　此外，本书笔者（2012，2013，2016）也从诗与历史的关系、$\kappa\acute{a}\theta a\rho\sigma\iota\sigma$
的解读路径、生存论情绪等角度探讨了《诗学》的形上含义。现将这三
篇论文的内容概述如下：《畏惧与悲悯——亚里士多德〈诗学〉中的情
绪问题及其伦理意义》：以海德格尔的"现身情态"（Befindlichkeit）理
论为视角理解情绪问题。从亚里士多德《诗学》的文本解读和文化史中
概念谱系梳理这两个方面进行研究，剖析《诗学》中的恐惧（$\phi\acute{o}\beta o\sigma$）

① 参见王柯平：《悲剧净化说的渊源与反思》，《哲学研究》2012 年第 5 期。
② 参见刘小枫：《作诗与德性高低——亚里士多德〈论诗术〉第 2—3 章绎读》，《中山
　大学学报》（社会科学版）2011 年第 3 期。
③ 参见王毓红：《诗与非诗的界限——论亚里士多德对诗的艺术本质的界定》，《宁夏社
　会科学》2004 年第 2 期。
④ 参见陈明珠：《谜索思：〈诗学〉的"情节"》，《浙江学刊》2014 年第 6 期。

和怜悯（$\acute{\epsilon}\lambda\epsilon o\sigma$）之生存论层面上的意蕴，进而指出《诗学》中的悲剧净化（$\kappa\acute{\alpha}\theta\alpha\rho\sigma\iota\sigma$）具有在生存中开显道德形而上学境界的重要意义。以情绪问题为视角，在生存论维度上为卡塔西斯说提供一种新的诠释。[①]《诗与现实的矛盾——亚里士多德〈诗学〉与〈形而上学〉比较研究》：以《诗学》中诗与历史、可能性与必然性的关系为着眼点，对亚里士多德《诗学》与《形而上学》进行比较研究，论证二者表面上的矛盾统一于更高的存在论视野之下。亚里士多德认为诗应在可直观的范围内开显共相，并使可能者在保持其内在张力的同时获得现实性。《诗学》具有超越理论维度的"创制形而上学"意蕴，与《形而上学》统一于亚里士多德的哲学整体之中。[②]《通往卡塔西斯之路——亚里士多德〈诗学〉的形而上学研究》：在综合审视《诗学》文本的基础上，选取三个被亚里士多德反复提及的问题为切入点，提出解读《诗学》的三个可行性路径：首先，对情节整一性的强调，开显了从诗呈现生存论共相的内在合目的性角度进行解读的方向；其次，诗学过失说（$\acute{\alpha}\mu\alpha\rho\tau\iota\alpha$），指引了《诗学》解释的生存论——道德形而上学路径；再次，《诗学》中关于语言问题的论述，指出了一条基于 $\lambda\acute{o}\gamma o\sigma$ 研究的诠释道路。三者共同统一于《诗学》的内在形而上学关怀之下。[③]

探索《诗学》更高的哲学意义，既是当下国内的研究趋势，也符合《诗学》自身的理论内涵。

第五，《诗学》与中国思想的对观。此类成果集中于以下几个话题：

其一，卡塔西斯说同中国古代思想的比较研究。曹顺庆

---

① 参见赵振羽：《畏惧与悲悯——亚里士多德〈诗学〉中的情绪问题及其伦理意义》，《陕西师范大学学报》（哲学社会科学版）2016 年第 5 期。

② 参见赵振羽：《诗与现实的矛盾——亚里士多德〈诗学〉与〈形而上学〉比较研究》，《晋阳学刊》2013 年第 2 期。

③ 参见赵振羽：《通往卡塔西斯之路——亚里士多德〈诗学〉的形而上学研究》，《理论月刊》2012 年第 10 期。

（1981）对亚里士多德卡塔西斯概念同孔子"发和说"之异同进行了辨析。① 王列生（1995）从中西文学审美观念非恒值态实证互阐的角度比较了卡塔西斯说与中国"境界"观。② 王咏梅（2000）认为卡塔西斯学说与孔子"兴观群怨"说都重文艺的社会功用，但分别倾向于道德说教和审美价值。③ 谭慧明（2006）指出"兴观群怨说"是将美学与道德说教相结合；卡塔西斯则更多地肯定文艺的审美价值。④ 持类似观点的还有王元民（2006）、施雪琼（2009）、白阳（2009）、王伟丽（2011）和王冰（2015）等。

其二，亚里士多德《诗学》与荀子《乐论》的比较研究。提供出这一视野的是李泽厚（1981），他指出二者一个强调艺术的一般日常情感染作用，一个重视艺术的认识模拟功能和接近宗教情绪的净化作用。李衍柱（2006）认为人论是二人诗学思想的共同出发点。⑤ 张忻、杜学元（2006）比较侧重于教育学的视角。李慧子（2015）在比较中选取政治哲学视域，认为二者都肯定音乐（诗）对个人和群体的积极作用，但是在政治理念上存在根本分歧，即基于现实的善治与基于理念的至善之争。⑥

其三，亚里士多德《诗学》整体与中国诗学的比较研究。黄炳辉

① 参见曹顺庆：《亚里士多德的"Katharsis"与孔子的"发和说"——中西美学理论研究札记》，《江汉论坛》1981 年第 5 期。

② 参见王列生：《"境界"与"卡塔西斯"——中西文学审美观念非恒值态实证互阐》，《东方丛刊》1995 年第 1 辑。

③ 参见王咏梅：《"兴观群怨"说与卡塔西斯作用之比较》，《高等函授学报》（哲学社会科学版）2000 年第 10 期。

④ 参见谭慧明：《"兴观群怨"说与"卡塔西斯"论比较初探》，《辽宁工学院学报》（社会科学版）2006 年第 4 期。

⑤ 参见李衍柱：《世界轴心时代的诗学双峰——与亚里士多德〈诗学〉并峙的荀子〈乐论〉》，《山东师范大学学报》（人文社会科学版）2006 年第 6 期。

⑥ 参见李慧子：《政治哲学视域中的音乐问题——荀子与亚里士多德音乐思想比较研究》，《东岳论丛》2015 年第 1 期。

（1989）从诗本体论、诗真实论、诗功能论三个方面探索了亚里士多德《诗学》和我国上古诗学的异同。① 王文生（2011）认为《诗学》与"诗言志"分别是西、中文学的最早纲领，各自引导了其文学的发展路向。②

此类研究本来应该最具有国内特色。但相关成果往往比较表层化，满足于对概念或观点简单对比或盲目类比，对思想深层的差异和融通缺少领会。对《诗学》本身的理解滞后于新的研究成果。

综观国内外研究现状可知，当代亚里士多德创制哲学研究的主要形式尚限于对亚里士多德《诗学》的文本研究。这一研究呈现如下态势：第一，由《诗学》文本的"审美—文艺"解读向"政治—伦理"解读转化；第二，将其纳入哲学研究之中，愈发重视《诗学》和亚里士多德哲学整体的关系，不再将之视为亚氏哲学的边缘内容；第三，开始深入挖掘《诗学》的哲学意蕴。因此，更为哲学化的《诗学》解读是当代研究的趋势，目前对《诗学》的哲学研究主要集中于政治哲学和道德哲学方向，考虑到业已被学界承认的《诗学》之多重复合含义，这一研究还有巨大的开拓空间。尤其是在对《诗学》形而上维度之阐释方面，研究视域已经被敞开，但是还缺少深入具体的研究，这无疑是一条值得探索并践行的新诠释路径。此外，如何将这种《诗学》文本研究上升到创制哲学的概念性、门类性、整体性研究，亦是值得思考并为之付出努力的。本书就是一场在这条思想道路上溯游溯洄、上下而行、且采且流的求索，愿对当代的亚里士多德研究有所增益。

---

① 参见黄炳辉：《上古中西诗学杂论》，《厦门大学学报》（哲学社会科学版）1989 年第3 期。

② 参见王文生：《"诗言志"文学纲领与亚里士多德〈诗学〉的比较——"诗言志"诠之五》，《文艺理论研究》2011 年第 2 期。

二、亚里士多德形而上学思想概述

本书的目的是对亚里士多德创制哲学进行一种整体性的研究。这种研究是通过对亚里士多德《诗学》的文本分析工作来实现的。如前述，在亚里士多德哲学语境中，创制乃是存在的基本机制。也就是说，亚里士多德对存在之为存在、对于实体的理解，是与创制紧密相关的。亚里士多德的创制学，其之所以可以并理应被作为哲学来研究，原因即在于其内在旨趣乃是存在论亦即形而上学的。据此，要充分理解亚里士多德的存在论思想，在思辨哲学之外，对其创制学进行研究亦是必要的；反过亦可以说，要真正理解亚里士多德的创制哲学及其内蕴的存在论思想，也需要对亚里士多德在思辨哲学名目下探讨过的相关形而上学思想有一定的了解。

此外，亚里士多德创制哲学文本，至少在表面上直接呈现、直接讨论的对象为诗。可以说，"创制哲学"这一概念源初地处于诗和哲学（形而上学）的张力之中，因为 ποιητικῆς 究其本义，既是"存在机制"（存在论的）又是"诗之创制"（诗学的）。那么，对于亚里士多德被冠名以《形而上学》的论文集中所述相关思想有所领会，是把握其创制哲学的必要前提。

另外，亚里士多德创制学和思辨学，在表层的意义上可以视为体现了一种诗与形而上学的对立。诗与形而上学，或者说诗与狭义哲学的关系，在西方文化中向来是重要的论题，诗与哲学之争是西方学术界由来已久的问题。

在古希腊，早在亚里士多德之前的时代，柏拉图就曾指出："哲学与诗歌的争吵是古已有之的。"① 赫拉克利特亦批评过诗人赫西俄德，他说：

---

① 柏拉图：《理想国》，郭斌和、张竹明译，商务印书馆 1986 年版，第 407 页。

"大多数人认赫西俄德为导师。他们认为，他最富于智慧，但他甚至连昼夜都不晓得。其实昼夜本是一个整体。"① 诗与哲学的分歧看起来可上溯至古希腊前苏格拉底时代，而且更在现代有愈演愈烈的趋势。尼采就曾公开站在艺术的立场上反驳理性。实际上，这是一种诗对以理性为根基的传统哲学的反抗。那么，在这样一种情势下，我们应如何面对作为理性主义的代表人物的亚里士多德的诗学思想？在他的形而上学视角下对其诗学进行解释，是何以可能的呢？通过对诗与哲学的表层、初步的比较研究，可发现以下几点：首先，诗与哲学（理性）在某种程度上都是人的认识方式，黑格尔认为："古希腊艺术就是希腊人想象神和认识真理的最高形式。所以诗人和艺术家们对于希腊人来说，就是他们的神的创造者。"②；其次，诗与哲学（理性）都是人的一种生存方式。关于理性是人的生存方式，康德说："在那里（指人）只有理性统治，灾祸或由自然或由人的自私袭来时，就唤起、加强和坚定了心灵的力量，不去屈服于它们，而是使我们感到有一个更高的目的藏在我们身上。"③ 而诗作为人的生存方式的观点，可参看海德格尔关于"人的本质乃是诗意的栖居的"表述，他说："人类此在在其根基处就是诗意的。"④ 因此，在西方文化传统中，诗和哲学的共同点在于，一方面它们都是人认识世界的方式；另一方面它们又都是人的生存方式。从亚里士多德《诗学》本身来说，正如我们在"引言"部分提到过的，《诗学》开篇就提到了形式（$\varepsilon\tilde{\iota}\delta o\sigma$）、潜能（$\delta\acute{\upsilon}\nu\alpha\mu\iota\nu$）等形而上学概念；同时，形式和质料（$\acute{\upsilon}'\lambda\eta$）的存在论正基于一种将存在者理解为创制物的隐含思想前提，《诗学》无疑是处在

---

① 苗力田选编：《古希腊哲学》，中国人民大学出版社 1989 年版，第 84 页。
② 黑格尔：《美学》第一卷，朱光潜译，商务印书馆 1981 年版，第 129 页。
③ 康德：《判断力批判》下卷，韦卓民译，商务印书馆 1964 年版，第 98 页。
④ 海德格尔：《荷尔德林和诗的本质》一文。海德格尔：《海德格尔选集》，孙周兴选编，生活·读书·新知三联书店 1996 年版，第 319 页。

亚里士多德的存在论—形而上学语境之中的，因此，要真正领会《诗学》
的哲学性，对《诗学》进行一种切实的、而非臆断的哲学研究，就一定
要对亚里士多德形而上学思想有所把握。而且既然诗与哲学的纷争是一
已被纳入学术范式的西方主流问题，那么在亚里士多德哲学内部，厘清
诗与"哲学"，诗学和形而上学的区别和联系，对立或同一，亦是不可回
避的问题。这就要求了对亚里士多德主要形而上学观点的领会。

　　综上，唯有在对亚里士多德形而上学思想有所领悟的基础上，对其
创制哲学的研究才能更好地进行。因为本书旨在从哲学角度上审视亚里
士多德创制学的意义，而且在对《诗学》文本进行阅读时，也能感受到
其中蕴含着的形而上学思想，感受到《诗学》文本与亚里士多德《形而
上学》文本的潜在互文性。可以这样说：唯有在亚里士多德第一哲学的
视野下研读其《诗学》，才有望真正地澄明其中的创制哲学内涵。因此
有必要在本节中以亚里士多德的主要形而上学概念为线索，从以下几个
方面简述亚里士多德的形而上学思想：四因说、形式与质料、普遍与个
体、现实与潜能、第一实体。

（一）四因说

　　亚里士多德在他的《形而上学》一书第一卷第三章中指出："原
因有四种意义，第一个原因我们说是实体或其所是的是，因为把为
什么归结为终极原理时，那最初的所以就是原因与本原；第二个原
因就是质料和载体；第三个原因是运动由以起始之点；第四个原因
则与此相反，它是何所为或善，因为善是生成和全部这类运动的目
的。"① 这里的四因和他在《物理学》第二卷第三章中提出的四因并不

---

① 　亚里士多德：《亚里士多德全集》第七卷，苗力田译，中国人民大学出版社1997年

全然相同，在《物理学》里叫作形式（εἶδοσ）的，在《形而上学》的这一段中没有作为单独的原因指出，取而代之的是"其所是的是"或者说实体。

亚里士多德《形而上学》中的四因里的第一个是实体的原因，这是在四个原因中处于首要位置的，对亚里士多德《形而上学》的理解基于对"其所是的是"的理解。实体在亚里士多德形而上学语境中等同于"其所是的是"，其所以存在的存在。从柏拉图哲学的视角来看，"其所是的是"，可以理解为作为"存在的原因"的本质，这类似于柏拉图所说的理念论或者说相论，分离出来的"其所是"作为理念是存在者所以存在之根据。存在者由于分有或摹仿理念而具有存在性而得以存在。但是这种存在和理念的存在相比是不完满的。从另一视角来看还可以做如下理解：作为存在的存在本身就是存在者之所以存在的原因。需要说明的是，与巴门尼德那种将存在与不存在截然相分的哲学不同，在柏拉图和亚里士多德的哲学思想中，存在是有等级的，这得益于柏拉图和亚里士多德对生成的领悟。在这种领悟下，既存在着存在性较低的东西（如柏拉图眼中的艺术品和可感存在者），又存在着具有较多存在性的东西（如柏拉图哲学中的数）和最具存在性的东西（如柏拉图所说的理念）。在柏拉图哲学中，感性世界的事物虽然不是"虚无"，但是仍只有比理念世界更少的存在性。可以从柏拉图两个著名的比喻里看清这一观点：首先，在他的线的比喻里，存在者并不是没有差别的，而是被进一步分成了四个不同的等级：影像、具体事物，数学理念和思辨理念（这四者的存在性是依次增加的）。其次，在其更为著名的洞穴的比喻里，柏拉图指出：在幽暗无光、仅靠火把照明的山

版，第32—33页。本节中引用的亚里士多德《形而上学》原文，主要依据苗力田译本，但也会参考其他译本和原文略作改动，以后的引用不再一一注明。

洞里，囚徒看见的墙壁上呈现的晃动的影像仅具有最低的存在性，而因火把投影为影像的雕像和洞外的可感事物则有相对更多的存在性，更接近那个最高的存在者。这个具有最多存在性的最高存在者就是太阳，它在最具有存在性的同时，又是一切存在者之根据。因此，最高的存在者在洞穴的比喻中就被柏拉图理解成如同太阳一般拥有最丰裕的存在性的存在者，它乃是如太阳普照万物一般不断流溢出存在性的，并且能把其存在性赋予其他一切存在者，所以在柏拉图哲学中，那个最高的存在者就是一切存在者得以存在之根据。① 而存在者所以存在的根据恰恰是其存在本身，所以这个被柏拉图比喻为太阳的最高的存在者也正是存在本身，用海德格尔的说法，这是一种存在的涌现。存在的涌现，如果用更具有亚里士多德风格的概念来表述，就是"实现"。所以，当亚里士多德把"其所是的是"作为存在者的四因之一的时候，他就有了一种把实体理解为那个最高的实体的倾向。同理，当他把实体等同于他说的所以存在之存在时，那个最高的实体就不再是一个现成的存在者，既不能被理解成字面意义上的本体、实体（因为在汉语中，"体"一词就暗示了一种现成的存在），又不能被理解为本质，而应该理解成能够实现自身的存在，即实现活动。

　　亚里士多德《形而上学》中的四因里的第二个原因是质料因。质料（υλη）一词从词源学上讲，具有无形式无差别的材料之意义。荷马用其指代树林、杂木、木料；而亚里士多德多以其指代没有灵性、没有活力的材料。这个词的词源学分析会传递给我们的研究如下的信息：木料本是古希腊人用以建造房屋的材料，由于质料这个概念从原初词义上看

---

① 柏拉图对存在的理解，参见其《理想国》，柏拉图：《柏拉图全集》第二卷，王晓朝译，人民出版社 2003 年版。关于巴门尼德的观点，见柏拉图：《巴曼尼德斯篇》，陈康译注，商务印书馆 1982 年版。另参见《古希腊哲学》，苗力田选编，中国人民大学出版社 1989 年版。

就具有一种强烈的与人工制造物之间的关系，所以当亚里士多德选择质料这个词作为其形而上学中的重要概念时，就已经有一种将存在者理解为人工制品的强烈倾向。亚里士多德认为最初的哲学家都倾向于把质料当作单一的本原，他指出在那些最初进行哲学思考的人们中，大多数都认为万物的本原是质料之类的东西。比如泰勒斯之水，阿那克西美尼之气，赫拉克利特之火，恩培多克勒之四根和阿那克萨戈拉之同素体。在讨论亚里士多德的这一论述时所要注意的是他在此处所说的质料，并不完全与这些哲学家原本所说的概念相同，因为这些前苏格拉底的哲学家往往把质料理解为有自身特殊性质和内在动因的自然元素，并在此意义上将其看作世界的本原。比如在这一派哲学的创始人泰勒斯那里，作为本原的水有其性质，即潮湿，这就是水的"其所是的是"；同样，在赫拉克利特的哲学中，作为本原的永恒燃烧之活火，本身也是具有内在的动力因的。[①] 与这些哲学家不同，亚里士多德所说的质料是完全没有规定性和活动性的哲学上的抽象者，这种抽象也体现了人的思辨能力的发展。在其《形而上学》一书的第八卷中，亚里士多德再一次讨论了有关质料的问题，并提出了"最切近的质料"和"最后的质料"这一说法。所谓最切近的质料，就是从一具体存在者上剥离了最相近的规定性，而所谓最后的质料则是从存在者上剥离了全部的规定性后所剩下的"混沌"。由于亚里士多德在其形而上学的四因说中将质料和"其所是的是"对立起来，作为不同的原因，所以可以推测在亚里士多德的理解中，质料是并没有"其所是的是"的存在者，也就是无规定性的存在者，而去除了所有的规定性最后剩下的"最后的质料"就只能是"虚无"。不同的存在者正是因为它们相互之间规定性的不同而被

---

① 参见亚里士多德《形而上学》第一章。亚里士多德：《亚里士多德全集》第七卷，苗力田译，中国人民大学出版社 1997 年版，第 34—36 页。

区分的，而所有的"虚无"却只能是同一的。因此所有的作为"虚无"的质料也都是同一的、不可分离的。正是在此意义上，才可以把质料称作混沌。

亚里士多德《形而上学》中的四因里的第三个原因是动力因。亚里士多德指出，赫西俄德哲学中的厄洛斯、恩培多克勒哲学中的友爱和争吵、阿那克萨戈拉哲学中的心灵都是事物之所以存在的动力因。亚里士多德哲学的一个特点就是重视动力因。在他之前的一些重要哲学家那里，本原的问题都没有得到很好的解决，比如巴门尼德一派的思想家否认运动和生成，而柏拉图则不能很好地解释理念是如何使具体可感事物存在的。亚里士多德通过对内在动因的强调，使实体可以依其自身而存在。可以说，亚里士多德哲学比之柏拉图哲学的一个重要进步，就是对动力因的重视。

亚里士多德《形而上学》中的四因里第四个提及的原因是目的因。目的因也就是"何所为"的原因。在亚里士多德哲学中，目的因占有重要的地位，目的因是四因中的第一因。如前文论述过的那样，最高的存在者乃是其他存在者之所以存在的原因，同时"最高"的概念中也包含着目的之含义在其中。目的高于实现目的的手段，也高于为目的者，所以将目的作为四因中的一个充分体现了亚里士多德对原因的理解：原因应该是那个最高的存在者自身。而最高的存在者作为原因何以可能，在对亚里士多德形而上学的进一步研究中可以看到。

在四因中，首先，亚里士多德指出"其所是的是"的原因和动力因实际上是可以统一的。亚里士多德认为运动缺少独立性，因此运动必须有它的载体。在此意义上运动往往是由于性质决定的，也就是说运动取决于存在者的"其所是的是"，由此，"其所是的是"的原因也就同时成为了运动的原因。其次，亚里士多德又指出了"其所是的是"与目的因也是可以统一的。亚里士多德自己就明确指出了："是什么"和"为什么"

是同一的。

综上，亚里士多德总结说：形式因、动力因、目的因三者常常可以合并。① 而这种结合了"其所是的是"、动力因和目的因的原因，就是亚里士多德的"$\varepsilon i\delta o\sigma$"（形式），正因为对于形式有了这种更进一步的要求，亚里士多德在其《形而上学》中提出的四因才不同于他的《物理学》里出现的四因，那里所说的形式因，在这里是被赋予了更多意义的。这个形式因，既是"其所是的是"，又是动力因，具有内在之活动性，同时它也是目的。由于四因中的三个原因合并成了一个具有丰富内涵的形式因，所以四因也可以归结为两个原因：形式因与质料因。②

（二）形式和质料

对亚里士多德四因说进行讨论所得到的结论是：四因被归结为形式因（存在、其所是的是、规定性、动因、目的）与质料因（虚无），那么，在亚里士多德形而上学语境中，形式和质料两者之中哪一个才是实体呢？

关于质料究竟是不是实体。亚里士多德指出："实体最少有四种主要的意思，假如不是更多的话。因为，其所是的是、普遍、种被认为是个别之本质，还有一种即基质（主体、主词）。……看起来最开始的载体最有资格是实体。在一定意义下，质料被称作为载体。"③随后亚里士多德对"质料是载体"这一观点做出了如下的论证：由于一切偶性（《范畴篇》意义上的）之规定性本身都并不是实体，那么除去一切规定性以

① 参见亚里士多德：《亚里士多德全集》第二卷，徐开来译，中国人民大学出版社 1991 年版。

② 本节内容可参见我的硕士论文第二章。赵振羽：《论亚里士多德的第一实体》，吉林大学 2010 年，硕士学位论文。

③ 亚里士多德：《亚里士多德全集》第七卷，苗力田译，中国人民大学出版社 1997 年版，第 154 页及以下。

后所剩下的就是载体，如前文论证过的，这种无规定性的虚无就是质料。在此意义上，可以把质料看作实体，因为如亚里士多德所说，载体最有资格成为实体。从这里可以看到：在某种角度上看，实体乃是一空洞之概念，单纯的存在与虚无在某种意义上乃是同一的。正像黑格尔在其逻辑学之存在论的开头处所指出的：纯存在是纯粹之抽象，因此是绝对之否定，这种否定，直接地说也就是无。① 泛泛地说出所有的规定性就是毫无规定性，因为只有在一种否定里才谈得上规定，而每种规定同时也是一种否定。

虽然如此，但是亚里士多德还是指出质料是不能被看成实体的，单单从缺少内在动力因这一点上来看，就已经可以否定质料作为本原的观点了。亚里士多德明确指出："但这（指质料作为实体）是不可能的，因为可分离跟'这个'看来最属于实体。"② 分离意味着边界，意味着形状，也意味着规定，因为边界是一种对事物的规定。虽然否定是一种规定性，但是全然的否定则和全然的肯定一样，都是无规定的。质料是完全没有规定性的、同一的混沌式载体，所以质料因其自身的概念就不能是分离的，因而也肯定不是亚里士多德所说的"这个"。因此，质料并不是实体。

从亚里士多德的这一论述中还应注意到，他认为实体最重要的特性是"这个"与"分离"。这是因为只有保证了"这个"与"分离"，才能是在先的，而实体一定要是在先的，因为实体乃是原因。所谓的"这类"、"这些"只不过是一种外在的捏合，而不是先天分离的，只有"这个"才能是分离的；而分离意味着不依存他物而存在，因此只有分离的才是先在的，而混合的则是在后的产物。亚里士多德在《诗学》中对情

---

① 参见黑格尔：《小逻辑》，贺麟译，商务印书馆1980年版，第192页。

② 亚里士多德：《亚里士多德全集》第七卷，苗力田译，中国人民大学出版社1997年版，第155—156页。

节的整一性的要求也是基于这样的一种思考，混合的情节是不能起到很好的解蔽作用的。

在论述了质料不是实体的观点后，亚里士多德对形式是实体进行了显性的论述和隐性的认同。首先，亚里士多德经常是直接地把形式规定为实体，将两个概念不加区分地使用。如余纪元指出的，亚里士多德本人对"$εἶδοσ$"（形式）与"其所是的是"这两个概念是混用的，[①] 而在其《形而上学》第一卷第三章中，亚里士多德是将"其所是的是"这一概念同实体等同起来的。因此，通过"其所是的是"这一桥梁，亚里士多德就把形式和实体同一起来了。

其次，对于这一问题的论证，还可以基于以下几点思考：第一，实体应该是存在者之所以存在的原因，既然原因被归结为了形式和质料，且其中质料并不是实体，那么形式就应该是实体；第二，实体应该是在先的，由于质料不是"这个"和"分离"，因此不能是在先的，而形式则相反，形式是比质料更先在的。[②]

通过以上两点论证可以看出，在亚里士多德的形而上学中，作为形式的核心含义的"其所是的是"是应该被理解为实体的。同时，形式的另外两个含义动力因和目的因，也是实体的必要属性，因为实体必须是一种实现自身的绝对活动，这就要求它既是作为目的出现的，也是作为动力出现的，在此意义上，形式（$εἶδοσ$）就是实体，从而实体也是形式（$εἶδοσ$）。[③]

---

① 参见余纪元：《亚里士多德论 on》，《哲学研究》1995 年第 4 期。

② 参见《形而上学》第七卷第三章。亚里士多德：《亚里士多德全集》第七卷，苗力田译，中国人民大学出版社 1997 年版，第 154—156 页。

③ 本节内容可参见我的硕士论文第四章。赵振羽：《论亚里士多德的第一实体》，吉林大学 2010 年，硕士学位论文。

（三）亚里士多德形式理论与柏拉图理念论的对比

在这里为了更清楚地观看这个问题，应考虑一下亚里士多德形式学说和柏拉图理念论的对比。$\varepsilon\hat{\iota}\delta o\sigma$ 一词，在柏拉图哲学中一般被翻译为理念或者是相，与之对应的是柏拉图的理念论、相论。当这个词出现在亚里士多德的哲学著作中时，一般译成形式。从对这个术语在柏拉图和亚里士多德哲学中的不同运用里，可以看到柏拉图和亚里士多德在灵感和技艺问题上的分歧之根基。在这里之所以要更多地讨论柏拉图的哲学和诗学观点，是要借此机会通过与柏拉图思想的比较触及亚里士多德形而上学思想和诗学的内核。因为否定本身就是一种规定性，而且是为自身划定清晰边界的规定性；换言之就是斯宾诺莎的命题"一切规定都是一种否定。"① 要澄清柏拉图和亚里士多德对 $\varepsilon\hat{\iota}\delta o\sigma$ 的理解，首先要从亚里士多德的形式理论与柏拉图的理念论的比较着手，这种分歧主要体现于《形而上学》第一卷的第九章，亚里士多德对柏拉图理念论的批判部分。对亚里士多德形式说和柏拉图理念说的区别有一种影响广泛的误解：柏拉图哲学中的理念是和具体感性事物分离的，而亚里士多德哲学里的形式是与具体事物不分离的，两者的分歧是一个着眼于共相的唯名论与实在论之分歧。而实际上，柏拉图的理念论和亚里士多德的形式理论二者之间的分歧具有其更加深刻的根基。关于这一问题，可以从亚里士多德对柏拉图理念论的几个重要诘难入手②。

---

① 斯宾诺莎：《斯宾诺莎书信集》，洪汉鼎译，商务印书馆1997年版。另见黑格尔对此的评论，"斯宾诺莎有一个伟大的命题：一切规定都是一种否定。确定的东西就是有限的东西：对于任何东西，包括思维（与广延相对立）在内，都可以说，这是一个确定的东西，所以自身中包含着否定；它的本质是建立在否定上的。"黑格尔：《哲学史讲演录》第四卷，贺麟、王太庆译，商务印书馆1960年版，第100页。

② 下面的观点如果没有明确指明出处，都见于亚里士多德：《亚里士多德全集》第七卷，苗力田译，中国人民大学出版社1997年版，第一卷第九章。

其一，亚里士多德指出那些认为理念是原因的人，在寻求原因时引入了与周围事物数目相等的理念。① 亚里士多德在此指出柏拉图的理念不适合作为原因，隐含着他把自己的形式理解为原因的倾向。在这种意义上，亚里士多德哲学中的形式是比柏拉图所说的理念更有源始性的，因为只有在追求源始的原因的时候，形式的数目才会变少。

其二，亚里士多德又说：柏拉图的理念论毁掉了比理念更为重要的东西，因为由此得出不是二而是数更为原始，使和他物有关的东西比自身更为原始。② 有些人认为这是出于对共相和具体事物的考虑，此处亚里士多德所说的数是共相而二则表示具体事物，实际上这种看法是不能成立的，因为当数作为共相的时候，任意一具体的量亦可以作为共相。亚里士多德对柏拉图理念论的这一诘难可以做如下理解：既有一种实在的共相（比如亚里士多德所说的"二"），同时也有一种空虚的共相（比如亚里士多德所说的"数"），二者间的区别在于：前者是和自身有关的，不依赖抽象的；而后者则是跟他物有关的，由于从他物当中被抽象出来而得以存在。因此，这里的空洞的共相应该是在每一具体事物之后的。只有和自身相关的实在的共相，才是亚里士多德所说的形式，而在柏拉图哲学中，那种空洞的共相也被其理解为理念，这就造成了柏拉图理念的数目远比亚里士多德形式的数目要多。亚里士多德对可被视为共相的存在者之间的区分是比柏拉图要精细的，因此亚里士多德对存在的真谛之领悟也最有可能隐藏在这种区分中，亚里士多德的形式学说是对柏拉图理念学说的发展和扬弃。以创制哲学论域内的话题来举例的话，比如说悲剧——即使是它的准确定义："悲剧是对一个严肃、完整、有一定

---

① 亚里士多德：《亚里士多德全集》第七卷，苗力田译，中国人民大学出版社1997年版，第50页。
② 亚里士多德：《亚里士多德全集》第七卷，苗力田译，中国人民大学出版社1997年版，第51页。

长度的行动的摹仿，它的媒介是经过修饰的语言，以不同的形式分别被用于剧的不同部分，它的摹仿方式是借助人物的行动，而不是叙述，通过引发怜悯和恐惧使这些情感得到净化。"①也只是一空洞的共相，符合柏拉图对理念的要求而不符合亚里士多德对形式的要求，因为这是依赖外在的存在——悲剧而得以抽象出来的。而如果说一具体的悲剧，比如说埃斯库罗斯的《奥瑞斯提亚三部曲》——在此所指的是这一出悲剧的所有内容，每一行具体的对话、每一段歌队的唱词——则是一种实在的共相，之所以说它是共相，是由于它可以用不同的格式、排版和字体印制成百上千份；之所以说这一共相是实在的，是因为它不依赖于抽象，而是由于其自身而存在的。在这里，只有后者符合亚里士多德对共相精致的区分，是亚里士多德所说的形式。而精细的区别，在柏拉图的理念论中则是没有的。

其三，亚里士多德批判柏拉图的理念论说：若理念和具体事物都是实体，那么它们的关系是什么？"理念对具体事物有什么用处？分有和模仿只是诗的比喻。理念如何能生成事物？"②在这句话中，亚里士多德明确指出了柏拉图的理念论的最大困难之一：理念没有内在的动因使其能成为具体感性事物之本原，从亚里士多德哲学的立场上也可以这样说：柏拉图的理念不能实现。亚里士多德的形式和柏拉图理念的最大不同也在于此。前者如前文指出过的，是具有内在的动力因的，因此由于自身而具有了活动性，而后者在这一方面是欠缺的。黑格尔曾经对这一区别做出过精辟的评述，他指出："（柏拉图的）共相就其为共相而言，还没有实在性，实现的活动还没被设定，自在的东西只是惰性的东西。……柏拉图的理念缺乏生命的原则、主观性的原则，而这种生命的

① 亚里士多德：《诗学》，陈中梅译，商务印书馆1996年版，第63页。
② 亚里士多德：《亚里士多德全集》第七卷，苗力田译，中国人民大学出版社1997年版，第52页。

原则、主观性的原则，却是亚里士多德所特有的。"①

通过对亚里士多德对柏拉图理念论的诘难之解读可以看出，柏拉图哲学中的理念有一种强烈的本质的意义，这种本质类似于后世一些哲学中对存在的现成规定。首先，这种本质是静止的、僵化的、缺乏活动性的，或者说自在的；其次，这种柏拉图式的对本质的规定是没有区分的，好像一切能够被思想、被陈述的范畴，一切的对事物的规定性都可以不加区别的作为本质、成为理念，因而就使这些范畴和规定性中较为重要的那些被埋没了。亚里士多德的形式理论则是在柏拉图理念论的基础上对其老师的超越。亚里士多德所说的形式具有自身内在的活动性，而且他自觉地在他的存在领悟下对形式进行了界定。他充分地思考了对于实体来说什么是重要的，什么是不重要的，在此基础上做出了对形式的规定。亚里士多德总是在他的思辨中有意识地去探索那个最高的存在者乃至存在本身。从一个角度上看，由于存在是最具有普遍性的概念，所以看上去亚里士多德的 $\varepsilon\tilde{i}\delta o\sigma$ 概念比柏拉图的理念概念更注重普遍性；然而从另一个角度上看，立足于对存在的原始性的理解，基于这样一种思考："作为存在的存在"同时亦被亚里士多德理解为最高的存在者，那么就可以发现貌似相反的观点，即亚里士多德比起柏拉图实际上更强调个体，因为他所探求的存在的普遍性不是由于这一存在是全部存在者中抽象出的共相，而是那个作为个体的第一实体，是所有存在者的原因；与之相对的，柏拉图才是更注重共相的本质主义者，虽然他把其哲学中的所有的理念都个体化处理了，但是他的侧重点总是共相而不是个体，因为这些理念实际上是一种抽象的产物。柏拉图一方面贬低感性世界的存在，另一方面又是从感性世界出发，来由下而上地建立他的理

---

① 黑格尔：《哲学史讲演录》第二卷，贺麟、王太庆译，商务印书馆 1960 年版，第 289 页。

念世界；与之相反，亚里士多德看起来着重研究经验事实与具体个例，实则是有意识地接受最高原则之光源的光照之引导。在柏拉图哲学中，最高的善一方面是缺少规定性的、是空洞的，另一方面是缺少内在动因的，因此除了通过某种浪漫的比喻外，是无从成为这个可感世界之所以存在的原因的；而亚里士多德哲学中的形式则是能动的、自身包含了实现的原因的，这一方面使得形式从其自身的所是上即证明了自身的存在，另一方面也使形式自身能够成为诸多存在者之所以存在的原因。①

（四）普遍与个体

在亚里士多德的《形而上学》中，另一对重要的概念是"普遍和个体"。这一论题的集中阐述位于《形而上学》第七卷的第十三章。亚里士多德指出："第一实体是个别所独有的，它不依存于他物。普遍则是共同的。所谓的普遍，在本性上就意味着依存于多。"②如果说第一实体被理解为一种共相，那么这一共相并非是一普遍性的存在，而是作为个体的共相。这就要求它一定不能是一种由杂多到"一"的抽象活动的产物，而应该理解成：这个作为共相的"一"乃是杂多的原因、是源始的。如果实体只不过是像柏拉图哲学中的理念那样静止的，那么不管怎样生硬地规定它的个体性，终究都躲不开"普遍"的意义对其的纠缠，因为这种静止的理念不能因其自身的所是而成为其他具体事物所以存在的原因，因此只能是从诸多具体事物里硬性地拖出来的被规定为个体之普遍，正是这种对个体性的强行规定造成了柏拉图的理念论的种种内在困

---

① 柏拉图理念论和亚里士多德哲学的比较，可参看黑格尔的论述。见黑格尔：《哲学史讲演录》第二卷，贺麟、王太庆译，商务印书馆 1960 年版，第 291—296 页。

② 亚里士多德：《亚里士多德全集》第七卷，苗力田译，中国人民大学出版社 1997 年版，第 179 页。

难，这一点在柏拉图的《巴门尼德篇》和亚里士多德的《形而上学》中都可以清楚地看到。只有这样理解实体：它自身包含有实现的动力因，能够由其本身自发地实现自身并导致其他具体可感事物的存在，它才能够不依存于多，而成为"杂多"的原因。

亚里士多德指出："实体按其本义就是不述说主体（主词）的，而普遍却总是述说某一主体（主词）。"① 这同样是《范畴篇》里提出过的观点：实体是既不可以用来表述一个主体（主词），又不存在于一个主体（主词）之中的东西。② 从这两处陈述中可以看到，亚里士多德认为实体必须是一个体。

需要认识到的是，在亚里士多德的哲学中普遍并不等同于共相，在否定了普遍是实体的同时，并没有否定共相是实体。实体并非普遍，但可以是共相，关键的问题是如何来理解共相这一概念。既有一种不能独立存在的共相，又有一种可以独立存在的共相。如果赋予共相更崇高的意义，把所有共相都理解为实体的话，也可以把前者称为虚假的共相。这类共相不依自身而存在，而是存在于主体的思维中，是主体对感性事物进行抽象所产生的结果，在此意义上，这种共相是在感性事物之后的，所以它的存在也低于具体可感事物。③ 而第二种共相，即独立存在的共相的存在，无论在原理上、时间上还是实体上，都是先于个别感性事物的，感性事物是按照这种共相而成其自身的，这种共相是比具体事物更高之存在，比起可感事物更接近那个第一实体。亚里士多德有时候看起来会在第一实体究竟是普遍的还是个体的这两种观点之间摇摆，

---

① 亚里士多德：《亚里士多德全集》第七卷，苗力田译，中国人民大学出版社 1997 年版，第 179 页。

② 参见亚里士多德：《亚里士多德全集》第一卷，秦典华等译，中国人民大学出版社 1990 年版，第 6 页。

③ 参见柏拉图：《巴曼尼德篇》，陈康译注，商务印书馆 1982 年版。

其实这种对亚里士多德的误解之原因是混淆了普遍与共相。实际上，亚里士多德是明确地规定了第一实体是个体的。

由于对实体并不是普遍的这一问题的说明，还有两个问题也可以因此得到论证：柏拉图哲学中的理念不是实体①，最普遍的"一"和"是"也并不是实体②。柏拉图的理念不是实体，是因为虽然柏拉图规定了理念的个体性，但是他的理念仍然是从诸多具体事物中抽象而出的，所以实际上仍是普遍的。理念的先在性只是一种外在的规定，而理念和感性事物之间的抽象联系被柏拉图颠倒为所谓的分有和摹仿。亚里士多德对柏拉图理念论的诘难，是对柏拉图哲学的超越之表现。同理，最普遍的概念"一"与"是"也并不是实体，它们也同样是一种抽象的结果。所谓存在并不是从全体存在者中抽象出来的共同点，并不是一个最广泛的共相"是"，这种存在应该理解为一种涌现，是全部存在者之所以存在的根据。在这种意义上，存在本身也就是那个作为个体的最高的存在者，也就是亚里士多德形而上学中的第一实体。③

（五）现实与潜能

亚里士多德的形而上学，从某种意义上说，就是关于原因和第一实体的学说，而对于原因的讨论以及对于第一实体的讨论，除了要探讨上述的形式与质料、普遍与个体的问题以外，还必须要解决何以生成的问题。而生成的问题一直是困扰着古希腊哲人的难题，比如巴门尼德由于

---

① 参见亚里士多德：《形而上学》第七卷第十四章。亚里士多德：《亚里士多德全集》第七卷，苗力田译，中国人民大学出版社 1997 年版，第 181—182 页。

② 参见亚里士多德：《形而上学》第七卷第十六章。亚里士多德：《亚里士多德全集》第七卷，苗力田译，中国人民大学出版社 1997 年版，第 184—186 页。

③ 本节内容可参见我的硕士论文第五章。赵振羽：《论亚里士多德的第一实体》，吉林大学 2010 年，硕士学位论文。

不承认生成而将存在和非存在截然区分开，他的学生芝诺则提出了著名的否定运动和生成的悖论。亚里士多德对这一难题的解答是通过对潜能和现实的讨论完成的。

如果说作为本原的实体是生成的原因，那么就要求实体是其他存在者之所以生成的充足理由，如果除此之外还就其他的原因导致生成，那么实体就不是唯一的原因，因此也并非是最终的原因。首先，实体必须是其他存在者生成的原因，其次，实体亦必须是自身存在的原因，也就是说自因。因为既然这个实体是最高的原因，那么它就不能再由于其他的原因而存在。而在柏拉图的哲学中，以上的这些只是出于思辨的必然性的外在规定，并没有从根本上说明实体何以能够满足以上的条件。柏拉图在其洞穴的比喻中只是通过一种形象的方式把最高实体、作为本原的善比作太阳，赋予万物存在。但那只不过是诗意的比喻，并没有真正解决生成的问题，却使实体自身的合法性也成了问题。而亚里士多德则具体地指出了实体是由于自因而活动的，并在这种自身的活动中既实现了自身的存在又生成了其他的存在者。

亚里士多德指出："在那些生成者中，有些因自然生成，有些因人工生成，有些因自发生成。"① 其中亚里士多德最为重视的是第一种生成，即出于自然的生成。亚里士多德指出："出于自然生成的就是自然生成。所由生成的，我们称为质料；由某种自然生成的，有的成为人，有的成为植物，以及其他类似的东西，我们统称之为实体。"② 这里面的生成还是需要质料的参与，那么，被论证为可等同于实体的 εἶδοσ（形式）为什么在生成中不能作为生成的第一因而起作用呢？亚里士多德在解释

---

① 参见亚里士多德：《亚里士多德全集》第七卷，苗力田译，中国人民大学出版社1997年版，第163页。

② 亚里士多德：《亚里士多德全集》第七卷，苗力田译，中国人民大学出版社1997年版，第163页。

生成的时候提出：形式就存在于质料因之中。① 那么这种形式对于质料的依存不是对前面的论证的一种否定吗？同时，那作为"虚无"的质料的存在何以可能？单独用形式来解释生成问题似乎遇到了巨大的困难，而如果以质料来解释生成的问题又会推翻本原乃是纯粹形式的论断，这种形式在解释生成问题上之缺陷和质料在解答生成问题上的不可回避性使得对形式与质料的概念之间的联系的进一步探索成为了必要。于是，在对生成问题进行思考时，亚里士多德论述了现实与潜能的问题。

假如从生成的视角上对第一实体进行思辨，那么首先，就要求第一实体一定是生成的充足理由，也就是说第一实体必须是一自动者，否则在那之外就还存在其他的动因；其次，还要求解释作为运动基质的质料问题，对质料和形式之间的辩证关系有一个更深刻的认识。

亚里士多德指出："不但可以说存在是什么，是数量，是性质，还可以在潜能、现实和功能上来述说它。"② 如果单只说"是什么"、本质，那么即使做出了一种对活动性的规定，说某个物体是具有能动性的，那也只不过是外在的而并非是出自概念本身的。但是潜能和现实的学说则能真正解决这种"其所是的是"和活动性的同一问题，由其概念本身的规定引出活动性来。此外，潜能与现实学说令质料与形式的概念联系起来，使得解决形式与质料之间"有—无"式的绝对分离所造成的思辨上的困难成为可能，在此意义上可以说，潜能和现实是连接存在与虚无之间的桥梁。

虽然质料与形式的概念之间有一种自发辩证的活动，例如对于一座建筑物来说，砖块、石灰和大理石等是质料，而对于自身也有形式的建

---

① 参见亚里士多德：《亚里士多德全集》第七卷，苗力田译，中国人民大学出版社1997年版，第167—168页。

② 亚里士多德：《亚里士多德全集》第七卷，苗力田译，中国人民大学出版社1997年版，第167—168页。

筑材料，土和沙子才是质料，在这里砖块、石灰和大理石等则是形式和质料的结合，但是在这种形式和质料概念的辩证活动之中，两个概念仍然向相反方向运动着，从一个质料与形式统一的感性事物，如建筑物开始，两个概念在纯粹化的同时分别向着"存在"与"虚无"这两个相反的方向极端运动，导致最终的纯粹形式是纯存在，而最后的质料则是毫无规定性的混沌。在此，纯粹的形式与最后的质料是全然对立的，这样就在生成的第一因、第一实体的问题上造成了二元论之困难；只有引入了现实与潜能的概念后，将质料理解为潜能，形式理解为现实的时候，这二者才能相向运动，以一个实现活动将二者连接在一起，在由潜能到现实的实现过程中，令二元能够最终统一于一元，进而解决在生成问题上由于对形式与质料的"有—无"式理解而造成的困难。

形式和质料怎样能同潜能和现实联系在一起呢？首先，潜能可以理解为质料。亚里士多德指出：凡与同一类属相关的潜能皆是本原，它们因为一个最初的意义而得名，它在他物中或作为他物，是变化了的始点或本原。① 而变化的本原也就是基质。在一定的意义下，质料可以被称为载体。所谓一定意义就是在潜能的意义上。

第一，潜能是一种承受的能力。就是说潜能乃是被动的和惰性的，这同时也正是质料的特征，由此可以看出潜能和质料具有相同的规定性。第二，潜能乃是指一种不承受变坏与消灭的品质。就是说潜能不可以是生成的，因而也不能被消灭，因此潜能作为运动的基底存在，在这种意义上，潜能就可以被理解为质料。第三，作为潜能的质料又和原来不一样，亚里士多德指出："潜能一方面是在承受者中（因为它有着某种本原，即便质料也是某种本原，使承受者承受着，也就是一个承受另

① 参见亚里士多德：《亚里士多德全集》第七卷，苗力田译，中国人民大学出版社1997年版，第201—202页。

一个的动作，油料就易于着火，脆的就易于破碎，其他也是如此）。另一方面它在动作者中，如热和建造术，前者是在能加热者之中；后者是在建造者中。"①处于建造者中的潜能是活动之潜能，因为它是潜在之现实，假如现实里包含了动因的话。由此从某一视角上看，可以讲潜能有其自身的动因，而这动因是向现实活动之动因，在现实中。据此潜能与现实就并非是截然相分的被规定了"其所是的是"的两个存在者，而是同一于一种涌现之中，这种涌现就是存在本身。亚里士多德指出："在这些潜在的存在者中，有的在自身之内就具有生成的本原，如若没有什么外来的障碍，它自身就将变化。"②这样就要求潜在的存在在自身内包含存在之原因，因此要求能够自身实现的动因，而自身内动因一定是来自先在的现实性的，在此处，亚里士多德暗示了他是把潜能与现实理解为一个辩证的统一体的。

随后亚里士多德又探讨了实现的问题。他指出，要说明实现，用归纳法在个别事物里就认识得很清楚，并可以满足于类比。比如说正在建造的房屋相对于能够建造房屋、醒着相对于睡着、正在看相对于有视觉但是闭着眼睛的人、已经从质料中分化出来的相对于质料、已经制成的器皿相对于原始材料，都是实现相对于潜能。但是那个最高的实现，作为第一实体之实现，首先要求是自身之所以存在的充足理由，其次还要求从必然性出发使其他全部存在者成为现实。亚里士多德根据以上标准区别了运动与实现活动，他说："那些有界限的实践并不是目的，而是达到目的的手段。例如减肥，在减肥时，那些在这样运动中，并不是运动所为的现成地在那里。像这样的运动不是实现或者不是完满的实现，

---

① 亚里士多德：《亚里士多德全集》第七卷，苗力田译，中国人民大学出版社 1997 年版，第 202 页。

② 亚里士多德：《亚里士多德全集》第七卷，苗力田译，中国人民大学出版社 1997 年版，第 211 页。

因为不是目的。"①这种实现还只不过是一种运动，由于目的并属于活动之中，这活动本身还并非是实现，因此还是非完满的，它的实现还要求其他的根据，只有活动和目的相同一的实现才可以说是现实之充足理由。所以第一实体的活动并不是运动，而是被亚里士多德称为实现活动的：只有那种将目的寓于自身之中的才是实现，才能够叫作实现活动。在这种实现活动里，不仅仅是绝对的活动性保证了绝对的现实性，而且活动性与现实性两者本身就是一体的。同时，这种活动又和目的以及目的的实现是一体的，正像黑格尔在讨论亚里士多德形而上学时所指出的："就其为自由的活动性而言，就其具有目的于自身之中、为自己设定目的、并积极为自己确立目的，——就其为规定、目的的规定、目的的实现而言，就叫隐德莱希（实现）。"②

在随后的讨论中，亚里士多德又比较了潜能和现实，提出了现实先于潜能的观点。亚里士多德指出既然讨论的是生成的第一因，那个第一实体，先在性问题就是永远不可能回避的。亚里士多德把在先区分为三种：时间上的、原理上的、实体上的。亚里士多德分别论证了这三方面的内容，指出了无论从何种意义上考虑，现实都应该是先于潜能的。因此第一实体就必然是现实而不是潜能的。这一论述中已经初现了后来的关于上帝的本体论证明的面貌。

（六）第一实体

从以上几个话题的讨论中可以看出，亚里士多德认为实体是包含了

---

① 亚里士多德：《亚里士多德全集》第七卷，苗力田译，中国人民大学出版社 1997 年版，第 209—210 页。

② 黑格尔：《哲学史讲演录》第二卷，贺麟、王太庆译，商务印书馆 1960 年版，第 325 页。

动力因和目的因的"其所是的是"，是形式而不是质料，是个体的而不是普遍的，而且是一实现活动。接下来亚里士多德提出了他的第一实体学说。这些内容出现在亚里士多德《形而上学》第十二卷中，这一卷一般被认为是关于亚里士多德的神学思想的。亚里士多德论证说应该有一个不朽存在的实体。他指出的理由如下：由于时间与运动都是永恒存在的，而运动与时间是依靠实体的，所以应该有一个实体是永恒的，那么最高实体也一定是永恒不朽。这个第一实体必然是绝对意义上的现实性，因为潜能意味着不在的可能性，那么这个实体就可能不存在，因此它就并非永恒存在的，这与之前的规定矛盾；反过来说，因为第一实体一定是最先在的，又因为现实先于潜能，因此这个第一实体必然是绝对的现实性而不能是潜能。在此，绝对的现实性就保证了第一实体永恒存在，原因是既然其存在是基于必然性的而并非出于一种可能性，所以它也没有不在的可能性。这种作为绝对的现实性的第一实体只能是实现活动，其概念本身就保证了这一点，因为绝对的活动性便是目的之实现。目的与活动，二者是同一的，那么第一实体同时也就是作为目的的存在。第一实体作为绝对的现实性，便要求同时亦是实现之活动、绝对的活动性。这一对活动的绝对性的要求也就同时规定了第一实体必须是纯粹的、无质料的形式。因为如上文论证过的，在亚里士多德形而上学体系中，质料的存在仅仅是惰性的，包含了质料的存在就不会具有纯粹的、绝对的活动性，因而也就不可能是绝对的现实性，而且由于亚里士多德所理解的形式因实际上是"其所是的是"、动力因和目的因三者的结合，所以纯粹形式的自身之中就包含了内在之动力因，所以纯粹形式和绝对活动性在此意义上就是同一的。从这一视角说形式也就是那个"隐德莱希"，也就是第一实体。综合起来说，在亚里士多德的形而上学视角下：那个恒存的、无质料的、作为纯粹形式的、自身包含了内在之动因的、作为目的因的、绝对之现实性、绝对之活动性、绝对之实现活动、被称为"隐德莱希"的存在，就是那个第一实体。

这个作为永恒的绝对活动的第一实体，同时也是一种正反合的辩证活动本身。应该怎样理解这种实体的辩证活动呢？如果这种活动使其偏离了自身，即发生了变化，那么它就不可能是永恒的实体。所以这种运动或者讲活动一定是不发生变化的、自身同一的。如果运用同物理运动类比的方式来说明，那么这种与自身同一的运动就必然是圆周运动。亚里士多德在其《物理学》第八章中强调：所有的运动中，唯有空间的运动是连续的，而在空间的运动中，唯有圆周的运动，才是永恒的、无限的连续运动，可以不停止地运动下去的。① 亚里士多德又在其《形而上学》中重申了这一观点："如果实现先于潜能，那它们就要以圆周方式或者其他式活动着。如果圆周永远保持着自身，那就应该有什么持续存在，永远如此实现活动着。"② 第一实体作为永恒运行的实现活动，其活动可以出于类比形象地被理解为圆周运动，这既是一种有生命的概念之辩证的圆周运动，又是一种纯粹的生命力的永恒轮回。因此，一种对生存论意义上的正反合的辩证运动的揭示，同时也就是对实体、也就是存在者之存在的解蔽。

在此意义上，如果亚里士多德创制哲学也是如我们在"引言"中所说，具有存在论意味的，那么其创制哲学就也能起到一种对存在者之存在的解蔽作用，而这种解蔽何以可能，还需要在对亚里士多德《诗学》的文本分析中找到答案。在对亚里士多德《形而上学》中的"原因"、"形式与质料"、"普遍和个体"、"现实和潜能"、"第一实体"等重要主题进行研究之后，就可以在这些形而上学概念的基础上对亚里士多德《诗学》进行一种形而上学乃至生存论的解读，并据此对亚氏创制哲学有一宏观领会。

---

① 亚里士多德：《物理学》。《亚里士多德全集》第二卷，徐开来译，中国人民大学出版社 1991 年版，第 241 页及以下。

② 参见亚里士多德：《亚里士多德全集》第七卷，苗力田译，中国人民大学出版社 1997 年版，第 276 页。

三、文本分析

（一）文本写作与思想背景

如前所述，亚里士多德创制哲学现存唯一文本为 ποιητικῆσ（《诗学》）一书。①

在谈到艺术作品和其作者的关系问题时，黑格尔和海德格尔都将作品放在较为重要的位置。② 本着对这样一种倾向的理解，本应把对文本作者的简略介绍放在不显眼的位置一笔带过甚至于只字不提。但是某人的作品以及思想始终是在其实际生存中开显的，即使其实际生存已渺然难见，但结合相关史料，联系其所处的时代来看一看作为《诗学》作者的亚里士多德的生平，还是会有助于对其哲学思想的理解。③ 因此在进入文本说明前先对作者生平做一概观并非多余。

亚里士多德生于公元前 384 年，比他的老师柏拉图小四十三岁。其时雅典在希波战争中的辉煌已成历史的遥远余响，距伯罗奔尼撒战争结束，雅典战败已有二十年之久，但整个希腊仍被笼罩在惨烈战争遗留的颓唐气氛之中。希腊被马其顿征服的种子在那时已悄然隐藏。而后来使

① 为与现有主流翻译一致，本书中将 ποιητικῆσ 文本称为《诗学》，但是应予注意的是，对于《诗学》文本的如下先行理解是贯穿本书始终的：在本书论域中，《诗学》的主题是创制哲学，《诗学》是作为亚里士多德创制哲学的中心和唯一文本被看待的。

② 海德格尔的相关观点见他的《艺术作品的本源》一文。海德格尔：《林中路》，孙周兴译，上海译文出版社 2004 年版。黑格尔的相关观点参见其《美学讲演录》，黑格尔：《美学》，朱光潜译，商务印书馆 1981 年版。

③ 关于亚里士多德的生平，主要参考黑格尔《哲学史讲演录》第二卷。黑格尔：《哲学史讲演录》，贺麟、王太庆译，商务印书馆 1960 年版。

火种燎原，培养出自己祖国的征服者的正是亚里士多德本人——在他四十二岁之时，曾任马其顿王子、少年亚历山大的教师。当亚里士多德二十六岁之时，伟大悲剧诗人埃斯库罗斯已逝世整整一个世纪之久，其墓碑上对其令波斯人闻风丧胆的战绩之歌颂早已被兴衰之风所消磨，依稀不可辨认，① 而在他庄严悲剧《波斯人》中描写的痛哭之声，更像是对雅典衰残国势的唏嘘②。那时索福克勒斯和欧里庇得斯各已辞世近半个世纪，古希腊悲剧的庄严格律已悄然沉寂，空气中弥散着腐烂的葡萄梗之香。恰在那个时候，古希腊哲学达到了巅峰，或者说，西方哲学史在那一刻步入第一个高峰。柏拉图身为一个老师比起他的学生来毫不逊色，亚里士多德培养了一个在十五年间肃清希腊反叛、征服波斯、定都巴比伦、建立起横跨亚欧非三片大陆的大帝国的国王；③ 而柏拉图则培养出了一个思想疆域远达宇宙尽头，影响西方文明史上千年，使其精神同人类文明一样长存的哲学王④。亚里士多德十八岁进入柏拉图学院，在里面渡过二十个春秋。亚里士多德五十岁时在雅典建立吕克昂学院，这时年轻的亚历山大刚刚继承其父腓力二世的王位，而柏拉图逝世的年头恰好跟黄道上的星座数目一样。又一个十二年后，已建立空前功业的

① "埃斯库罗斯在加拉自己的坟墓上有一个墓志铭，颇为别致，墓志铭上只字不提他的诗作，在刻上必要的姓名和出生地之后，只有两行叙述了'马拉松的树丛可以证明他的真正的军人气概，长发的米达人深为他的英雄气概所动容'。"吉尔伯特·莫雷：《古希腊文学史》，孙席珍、蒋炳贤、郭智石译，上海译文出版社 2007 年版，第164 页。

② 参见悲剧《波斯人》，见埃斯库罗斯：《古希腊悲剧喜剧全集》第一卷，张竹明、王焕生译，译林出版社 2007 年版。

③ 参见"普鲁塔克历史"第十七篇第一章，亚历山大部分。普鲁塔克：《希腊罗马名人传》席代岳译，吉林出版集团有限责任公司 2011 年版。

④ 诸多国内外学者称亚里士多德为哲学王，在此举一例：亚里士多德传记作者乔纳逊·波内斯指出："他（亚里士多德）的生物学直到 19 世纪才被改变形式。他的逻辑学在两千年之中一直是构成欧洲哲学统一性的基础。他的形而上学使他荣膺'哲学家之王'的称号。"

亚历山大大帝病故在新都巴比伦，希腊境内掀起反马其顿的狂潮，亚里士多德逃离雅典，一年之后客死异乡，终年六十三岁。尽管他是生于色雷斯的斯塔基拉，但后世的人们一直把他看成是雅典的儿子，在雅典的诸多伟大儿子之中，他绝不是较容易被时间所淹没的那一个。亚里士多德去世后，他的一些朋友和学生继承了他的吕克昂学园，然而我们不得不遗憾地说，虽然亚里士多德不失为一位优秀的老师，却没能像他的老师柏拉图以及之前的苏格拉底那样，教育出一个比自己更为伟大的哲学家，也许因为那些真正的理解领悟他那富有生命力和实践性的哲学的学生们，已经不能安于做一个对精神的研究者，而要去做那精神的实践者了。黑格尔认为，真正理解亚里士多德哲学的学生乃是亚历山大大帝。然而他所建立的伟大体系——他的帝国，却在亚里士多德生命的求索之途还没走到终点时，就先行随自己短促的人生而倾塌了。①

　　黑格尔在《哲学史讲演录》中说"如果真有所谓人类导师的话，就应该认为亚里士多德是这样的一个人"，又说"假使一个人真想从事哲学工作，那就没有什么比讲述亚里士多德这件事更值得去做了。"②就像《亚里士多德传记》作者乔纳逊·波内斯所描述的那样："亚里士多德像

① 　关于亚里士多德哲学和亚历山大大帝的关系，黑格尔曾有详细的论述，他说："亚里士多德是以一个深刻的、精通的、有抽象思维能力的形而上学家见称的，他之很认真地来对待亚历山大，乃是很自然的事。亚历山大的教养，有力地驳斥了关于思辨哲学对于实践无用的那种流行说法。……在亚历山大的教育里面，那能够归功于亚里士多德的哲学教化的是：亚历山大的精神禀赋的特有的伟大、那自然的本性，得到了内在的解放，被提高到完满的、自觉的独立，而这乃是我们在他的目的和事业中所看到的。他达到了这种对自己的完满的确信，这种确信是只有思想的无限勇敢才能给予；他达到了不为特殊的、狭隘的计划所限，并将这些计划提高到一个完全普遍的目的，去将世界建设成一个普遍地互相往来的社会生活，建立一些不受偶发的个性所控制的国度。"黑格尔：《哲学史讲演录》第二卷，贺麟、王太庆译，商务印书馆1960年版，第274—275页。

② 　参见黑格尔：《哲学史讲演录》第二卷，贺麟、王太庆译，商务印书馆1960年版，第269页。

一个理智的庞然大物般耸立在古代世界的上空，在他之前没有人对学术做出过如此重大的贡献，在他之后没有人可望与他的成就相匹敌。"① 然而虽然无论是过去还是现在，从来就不缺乏对亚里士多德这位巨人的研究，海德格尔却说："甚至在我们富有的地方，在柏拉图和亚里士多德那里，我们产生了什么呢？某种或许杰出的但无根基的博学和某种勤奋的但乏味的热情。"② 在此，海德格尔告诫我们，在对亚里士多德哲学的研究中所要避免的一种倾向。在从事对亚里士多德的文本研究时，应该记得的是：古希腊时期辉煌的艺术成就本身就促使着一代代人对其进行研究。在亚里士多德之前的古希腊，已经有丰富的论诗的著作。吉尔伯特·莫雷说："反复阅读稀少的古希腊文学遗著，是一件愉快的工作。"③ 当我们在古希腊伟大悲剧家用短长格和合唱曲构建的神庙长廊里徘徊，在铿锵有力的音节和宏伟悲壮的情节中漫步之时，不需知晓亚里士多德的悲剧理论，便已有被净化之感。而亚里士多德的《诗学》正是对这些艺术成就、尤其是悲剧成就的哲学概括。这就将话题由对《诗学》作者的讨论转向了对《诗学》写作的探讨。

亚里士多德创制哲学中心文本《诗学》一书写于亚里士多德哲学生涯的哪一个阶段，众说纷纭，已不可考。综合而言，学界大致有两种看法。一种认为此作是亚里士多德在柏拉图学园学习时完成的，也就是说在公元前 347 年以前；另一种看法是亚里士多德是在吕克昂学园中写作这部著作的，也就是说《诗学》完成于公元前 335 年之后。后一种说法的支持者较多，比如说我国学者罗念生先生就曾在其《亚里斯多德的〈诗

① 乔纳逊·波内斯：《亚里士多德》，余继元译，中国社会科学出版社 1960 年版，第 1 页。
② 海德格尔：《论真理的本质》，赵卫国译，华夏出版社 2008 年版，第 16 页。
③ 吉尔伯特·莫雷：《古希腊文学史》，孙席珍、蒋炳贤、郭智石译，上海译文出版社 2008 年版，第 1 页。

学〉》一文中指出："公元前 335 年,他(指亚里士多德)重赴雅典,在
吕刻翁学院讲学,《修辞学》和《诗学》大概就是这时期写成的。"① 我
国学者陈中梅也认为,亚里士多德写作《诗学》时显然已脱离了柏拉图
的思想,形成了自己的诗学观点,因此,此作不应是亚里士多德在柏拉
图学园时期完成的作品。②

　　关于亚里士多德《诗学》一文的性质,学界普遍认为,亚里士多德
的著述同柏拉图一样,分为两类,一类是公开的、面向公众的,即面向
广大读者的,无论这个人是否懂得哲学;另一类则是不公开的、仅在小
范围内流传的,也就是供亚里士多德的学生们阅读的。第一类的著作往
往是用优美的散文和引人入胜的对话体写成的,结构严谨,语言流畅,
在讲述哲学思想的同时也具有一定的文学价值;第二类的著作则相对艰
深晦涩,用词较为生硬,且大多以论述体写成。亚里士多德与其老师柏
拉图所不同的是,后者流传下来的著作几乎都是第一类的著作,而前者
则相反,只有对内的著作流传了下来。③ 亚里士多德《诗学》作为一种
第二类的著作,并不是一篇形式完整、结构严谨、语言流畅且经过润色
的文章,因为其本来面貌大约是讲课稿之类。《诗学》中的许多术语和
概念都含义含混模糊,没有详细的界定,而且文字的布局稍显凌乱,又
由于经后人的拼接和整理而成,章节之间的联系不明显,衔接较为突
兀,这都为后世注释者的工作带来了困难。

　　《诗学》文本的流传又加重了上述的问题。关于亚里士多德《诗学》
的流传问题,是一直受到学术界重视的,因为我们能够阅读到的所有古
代文本都是被时间所修改和遮蔽过的,而在亚里士多德著作中,这一现

---

① 　罗念生:《论古希腊戏剧》,中国戏剧出版社 1985 年版,第 145 页。

② 　亚里士多德:《诗学》,陈中梅译,商务印书馆 1996 年版,第 18 页。

③ 　参见黑格尔:《哲学史讲演录》第二卷,贺麟、王太庆译,商务印书馆 1960 年版,
　　第 280 页。

象尤其严重①。《诗学》和亚里士多德的其他的著作一样命运多舛，经漫长岁月和古代战火之洗礼，以至于能看到的文字已经是被晦暗时间的帘幕所遮蔽、被重重的讹误所侵蚀之物；这还不包括古希腊文的真义在现代的失落，以及在翻译过程中不可避免的意义之凋零。据传在亚里士多德生前其著作并不广为人知，这些作品在他死后被其继承人德奥弗拉斯特收藏，随后落入一些不懂得尊重文化的人的手中，以至于它们被搁置在一个地窖中达一百三十年之久，其间遭受了蛀虫的蚕食、潮气的侵扰以及黑暗时光的腐蚀。当它们被德奥弗拉斯特的后人重新寻出之时，正如昔日煊赫的马其顿帝国早已分崩离析、只在史册中留下缥缈的印记，正如吕克昂的创立者之坟墓亦已被人遗忘、遭荒草遮盖，这些文本也被光阴川流冲刷，面目全非。这时，德约斯人阿柏康利被盲目的命运选中，担负起修补文本的工作，然而正如黑格尔所说，他的学识和能力都不足以使其穿过悠长年月的蒙蔽，窥见亚里士多德的本义，只是把虫蛀和腐烂的地方随心所欲地弥补上，从而在不可抗拒的时间之破坏上又增添一层人为之遮盖。②公元前 87 年，刚刚反噬祖国夺取政权的苏拉率领罗马大军如夜色一般降临希腊，那是罗马军事专政独裁之滥觞，为罗马共和国的灭亡埋下种子，他亦是反攻祖国的第一个罗马人，凯撒和科里奥兰纳斯的影子在他的背影中悄然蕴藏。苏拉在希腊战胜米特拉达梯六世，签订合约，在归国平乱之前滞留于雅典，劫掠神庙，并将一座藏有亚里士多德大部分著作的图书馆据为己有，亚里士多德哲学和罗马独裁者的命运在此交织，当苏拉再度攻陷罗马城，残酷屠杀民主派分子之时，包括《诗学》在内的亚里士多德的大多数著作在血雨腥风中移居永

---

① 参见黑格尔：《哲学史讲演录》第二卷，贺麟、王太庆译，商务印书馆 1960 年版，第 278 页。另见亚里士多德：《诗学》，陈中梅译，商务印书馆 1996 年版，第 8 页。

② 参见黑格尔：《哲学史讲演录》第二卷，贺麟、王太庆译，商务印书馆 1960 年版，第 280 页。

恒之城罗马。但此时希腊哲学在罗马还未受到重视，这些著作在异国又遭到了同在故乡一样的命运：一些力所不及的抄写者从书商手中得到它们，在讹误之上再添错谬。比如，即使是公认现存的最好的《诗学》抄本 *Parisinus*1741 中，仍比另一稍逊之抄本 *Riccardianus*46 在某处少了整整十四个单词，究其原因，是其抄写者由于粗心或其他原因，漏掉了两个相隔不远出现的 toxon 之间的所有单词。[①] 亚里士多德的《诗学》在我们文明史中的经历，比起他的其他著作，可以说是更多波折。在亚里士多德的《逻辑学》和《物理学》在中世纪被奉为金科玉律的一千年中，他的《诗学》却无人问津。直到公元 1500 年左右，《诗学》的几种拉丁文译本才相继问世，在学界引起广泛重视。如陈中梅先生在《诗学》"引言"中指出的：在一个不太长的时期之内，各种（诗学的）校订本、译本和评注本纷至沓来，足以使人目不暇接、眼花缭乱。[②] 据说，在文艺复兴期间，单单关于卡塔西斯（$\kappa\acute{\alpha}\theta\alpha\rho\sigma\iota\sigma$）说的解释就有一百五十种之多。这种影响如此之大，几乎已经渗入到了文人所呼吸的时代空气之中，莎士比亚大概终其一生并未读过《诗学》，却在其伟大悲剧之中实践了亚里士多德的悲剧理想。然而我们仍须注意，《诗学》风靡之时距亚里士多德在其故乡优卑斯亚岛的卡尔喀斯城孤独辞世，已有一千八百年之久，在整整 18 个世纪中被湮没于时光中的一切，都已不可知晓、不可考究。经过对以上事实的陈诉能够看到的是，我们手中的文本是一部在两千三百年前写就，被纷乱冗长的时间和层层弥漫的讹误所遮掩的著作，而历代的解释又在解蔽的同时不可避免地在纷乱之上又添混乱，在讹误之上再加误解。过多种类的阐释使集中者分散、使分散者散失、令明晰者晦暗、让晦暗者隐藏，而即便如此，我们仍不能脱离对历代阐

---

① 参见亚里士多德：《诗学》，陈中梅译，商务印书馆 1996 年版，第 14 页。

② 参见亚里士多德：《诗学》，陈中梅译，商务印书馆 1996 年版，第 14 页。

释本的依赖。而且语言之含义在文明的河流中缓缓变幻,历经 23 个世纪的扭曲,在数个国度间辗转,现代人的理性难以理解亚里士多德正如现代人不能真正理解原始宗教之伟大。所以应充分估量研究中将遇到的困难。

由于亚里士多德《诗学》的文本经历了相对曲折的流传过程,所以有所遗缺也是不可避免的。英国学者乔纳逊·波内斯认为亚里士多德的著作只有五分之一传世。① 关于《诗学》是否本来是两卷本,是否原本还有讨论喜剧的部分,现在大多数学者持肯定的态度。一个来自亚里士多德自己的证据是,他本人亦在《诗学》第六章中许诺:"用六音部格模仿的诗和喜剧,我们以后再谈。"② 然而因各种原因无限期搁置的计划在文明史上并不在少数,例如海德格尔的《存在与时间》本应该还有下部。A.P.Mcmahon 曾在他的两篇论文中反驳了《诗学》原本还有第二卷的观点。③ 但如一位曾侨居哥伦比亚的加泰罗尼亚智者所说:文本皆有其命运。无论如何,正像黑格尔认为的那样,在此亚里士多德的《诗学》是否遗失了一半,对于我们的研究都不是重要的。黑格尔指出:"某些个别的(亚里士多德)作品虽然个别地方受了毁坏,并且次序布置得不很好,但这对于他的哲学的主体,并没有像表面看来那样大的损害。我们现有的资料已经足够使我们对于亚里士多德的哲学全貌以及它的许多细节能够获得一定程度的了解。"④ 所以就任那在贝尔托·埃可的《玫瑰

---

① 乔纳逊·波内斯:《亚里士多德》,余继元译,中国社会科学出版社 1960 年版,第 5 页。

② 参见亚里士多德:《诗学》,陈中梅译,商务印书馆 1996 年版,第 63 页。

③ A.P. Mcmahon.On the second book of Aristotle's Poetics and source of Theophrastus'definition of Tragedy. A. P. Mcmahon.Seven Questions on Aristotle's definition of Tragedy and Comedy. 转引于亚里士多德:《诗学》,陈中梅译,商务印书馆 1996 年版,第 53 页。

④ 参见黑格尔:《哲学史讲演录》第二卷,贺麟、王太庆译,商务印书馆 1960 年版,第 280 页。

之名》中被抹上重重浪漫与神秘色彩的《诗学》喜剧部分仍被悬置于那浪漫与神秘之中，在这一哲学研究中，我们所面对的《诗学》仍是这一部以悲剧讨论为其主体、历经岁月洗礼和无数注疏、若被思想之命运选中的传世文本。

关于亚里士多德创制哲学中心文本《诗学》写作的哲学背景与思想渊源，可以从以下三个方面把握：

首先是柏拉图哲学。柏拉图的诗学相关思想可分为显性的和隐性的。其中显性诗学思想是指《理想国》第十卷中对诗和诗人的贬低，认为其无论在存在论上还是政治作用上都是低级、有害的，很多研究者都认为亚里士多德《诗学》就是面对柏拉图挑战的直接回应。隐性诗学思想则指柏拉图哲学的内在诗性气质：如《理想国》中的洞喻、《蒂迈欧篇》中的诗性宇宙图型、《会饮篇》中对爱的诗意论述等都体现了其哲学内在的诗意。柏拉图对诗的态度复杂，处于一显一隐的张力关系之中，这种张力关系构成了亚里士多德《诗学》的重要背景。摹仿（$\mu\acute{\iota}\mu\eta\sigma\iota\varsigma$）是柏拉图哲学与《诗学》关系的核心。其在柏拉图的形而上学和艺术思想中都是关键概念：艺术创制是摹仿，用以连接理念世界和可感世界的也是摹仿，这一双重含义对亚里士多德《诗学》的形成有重大影响。

其次是亚里士多德时代的哲学与智术之争。《诗学》系统性地处理作为一门技艺的诗，这种做法显然受到智术师思想的影响。智术师以理性化和专业化的标准看待诗，提倡在此前提下对其进行专门研究。哲学和智术之争是《诗学》的重要背景，亚里士多德对双方都有所借鉴：《诗学》一方面在哲学关怀下赋予诗深刻的哲学意蕴；另一方面又在智术维度上对诗之技艺和评判做系统研究。

再次是古希腊哲学与诗的互涉。在古希腊，首先，诗人的作品往往蕴含其哲学思想，如荷马史诗中的生存反思对古希腊人的伦理政治和自身生存领会有不可忽视的塑造作用；赫西俄德的《神谱》彰显了其对世界本原的宇宙论理解，其《工作与时日》则以过去时态呈现了一种类似乌托邦的社会理想。其次，哲学家往往将其思想通过诗的形式来进行道说，如巴门尼德和恩培多克勒等。亚里士多德《诗学》就产生于这种诗与哲学紧张辩证的思想态势中。他从古希腊史诗和悲剧的生存实践意蕴层面领会诗的本质，从古希腊诗性智慧中汲取了哲学养分；否认巴门尼德等人关于自然哲学的作品是诗①，但又受到经其诗意道说的哲学思想的影响。

以上三者连同古希腊宗教、雅典的悲剧仪式、当时的社会政治生活等，构成了亚里士多德诗学思想的宏观背景。亚里士多德《诗学》的哲学意义，是以古希腊诗化哲学为思想基础的。综合把握《诗学》的哲学渊源是具体文本研究的前提，唯有将《诗学》置入古希腊哲学的宏观背景中看待，才能真正理解其关怀和旨趣。在古希腊文化史视域下梳理诗学传统，从而理解亚里士多德《诗学》是对古希腊诗与哲学之争的领会与反思之下的总结和重构，是《诗学》之哲学研究的重要基础。

（二）文本结构与研究路径

在梳理亚里士多德创制哲学中心文本《诗学》的文本结构，继而开展具体的文本阐释之前，首先要宏观审视一下各章的主要内容：

亚里士多德在《诗学》中首先提出史诗、悲剧、戏剧、酒神颂和乐器演奏都是摹仿，继而在《诗学》第一至第三章中分别根据摹仿的媒介、对象和方式的不同将彼此进行区分。第一，从摹仿的媒介来看：音乐借助声音和节奏摹仿，史诗摹仿的媒介是语言，而悲剧、喜剧以及酒神颂则利用了以上所有媒介：语言、和声和节奏，在悲剧同喜剧中，这些手

---

① 亚里士多德：《诗学》，陈中梅译，商务印书馆 1996 年版，第 28 页。

段是交替使用的：在演员道白时，表现手段是语言，而歌队出场时则需要节奏与和声。第二，从摹仿的对象来看，悲剧和喜剧的区别在于摹仿对象的不同：悲剧摹仿优于我们的人，而喜剧摹仿比我们低劣的人。亚里士多德在《诗学》第四章中又从诗人的天赋角度重述了这一问题：天性严肃的诗人摹仿高尚的行为，而平庸粗俗之辈摹仿卑劣的行为，二者分别写作史诗和讽刺诗，进而发展成悲剧诗人和喜剧诗人。这一点在我们哲学中同样如此，一种对伟大传统的理解与敬仰往往比没有根基的批判更加严肃庄严，而真正的批判则必然是建立在真正理解之基础上的。第三，从摹仿的方式来看：史诗是通过作者的叙述或诗中人物的说话来摹仿，而悲剧和喜剧则是通过全部的活动和行为：包括演员的动作和扮相等。

　　亚里士多德通过前三章的讨论引出了两个后续之物，其一是将诗的起源落脚在摹仿之天性上，①这一点同柏拉图的诗学思想平行相似，同时也对立相反，恰如镜中相对的映像，而摹仿说中悄然隐含着亚里士多德对诗之存在的理解。

　　《诗学》前三章之讨论的第二个后续之物是悲剧的定义，亚里士多德从摹仿的媒介、对象、形式三个方面对悲剧进行规定，这一定义出现于第六章的开头：悲剧是对某种严肃、完美和宏大行为的摹仿（此句规定摹仿的对象），它借助富于赠华功能的各种语言形式（此句规定摹仿的媒介，这里所说的语言不仅仅是狭义的语言），并把这些语言形式分别用于剧中的每个部分，它是以行动而不是以叙述的方式摹仿对象（规定摹仿的方式），通过引发怜悯和恐惧（在这里亦指剧中人的痛苦，在亚里士多德悲剧理论中，它同观剧者的恐惧和怜悯是同一的，这一点理

---

① 参见亚里士多德：《诗学》，陈中梅译，商务印书馆 1996 年版，第 27、38、48、42、47 页。

应予以重视），以达到让这类感情得以净化（$\kappa\acute{\alpha}\theta\alpha\rho\sigma\iota\sigma$）的目的。① 在此定义里出现了在《诗学》中仅出现一次的重要概念"净化"（卡塔西斯），对其的规定落在亚里士多德的形而上学概念"目的"中，卡塔西斯的对象是怜悯和恐惧的情感，而卡塔西斯的手段则是"通过引发"。然而这样的分析只能使一切仍处于晦暗之中，在此我们需要记住的是亚里士多德关于"净化"对我们说出的最直接切近之物：恐惧和怜悯。当对其《诗学》有了一个整体深入的把握之后，卡塔西斯之含义将有望从神秘中解放出来。

随后亚里士多德根据摹仿的媒介、对象和形式规定了悲剧的六成分，（摹仿对象：情节、性格、思想；摹仿媒介：台词、歌曲；摹仿方式：扮相。）并按重要性排序：情节最先，性格位于其后，思想与台词再次，歌曲与扮相则处于末位。接下来亚里士多德在之后的数章中（占据了《诗学》的绝大部分篇幅）对这六成分有选择性地进行了陈诉。明确地说是：第七章至第十一章、第十三章、第十五章后半部分至第十八章讨论情节，然而其中亦涉及到性格。第十五章前半部分专门讨论性格。第十九章中亚里士多德指出悲剧的思想属于修辞学部分，在《诗学》中不予讨论。第十九章至第二十二章讨论台词，即悲剧的语言问题。关于歌曲，亚里士多德几乎没有讨论，只是在第十八章的末尾指出歌队应当做一个演员来处理。关于扮相则没有专门讨论。亚里士多德明确指出，扮相并不属于诗人的技艺。② 而它却无疑是悲剧的重要组成部分，而且把舞台布景之类的制作人归之于戏剧的创造者之一的观点在今天看来或许奇怪，但恐怕在相当长的时间中都延续着，比如雨果笔下的格兰古瓦在述说其圣迹剧的作者时说道："我们有两个人，若望·马尔锯好树枝，

---

① 参见缪朗山（缪灵珠）《诗学》中译本。亚里士多德等：《缪灵珠美学译文集》，章安琪编订，中国人民大学出版社1987年版。

② 参见亚里士多德：《诗学》，陈中梅译，商务印书馆1996年版，第63、65页。

搭好戏台的木架和板壁，我写好剧本。"① 如此看来真正在《诗学》中重点研究的悲剧成分有两个：情节（人物性格的设置包括于情节中，这是占据最大篇幅的，并且也是最重要的）和台词。

　　关于情节：《诗学》第七章指出悲剧的适当长度，第八章提出情节应统一，这其中隐含着一个亚里士多德对悲剧之存在的理解，同时也恰是其对世界的理解，即将之看作有机物，而关乎有机物的关键词是在悲剧定义中涉及到的哲学概念"目的"。第九章指出诗和历史的区别②，在《诗学》中，唯有此类论述的形而上学思想不是隐含的，而是明确提出的，很明显地这是一个对现实的理解问题，是一种存在论问题，而亚里士多德在这里真正要诉说的是：诗并非一定要以历史为题材。这里的历史之意义需要规范一下，以免产生误解和困难。亚里士多德在其《诗学》中说的历史，是指成文的历史文献，还是指在过去的时间中发生过之事？两者皆可说通，皆有其哲学意义。事实上，一定要执着于"历史"一词之明确含义在此并无必要，因为含混造就箴言，古希腊与古中国的哲人都善于利用含混，一个词若含义饱满则往往有朦胧之感。对于这种朦胧在文字作品中的作用，英国诗人、著名文学批评家威廉·燕卜荪在其代表作《朦胧的七种类型》中，给出了更详尽的具有启发性的论述③。这里最值得注意的是，关于诗与历史的关系，是紧接着悲剧的长度问题出现的④，这一现象在第二十四章讨论史诗的时候再次出现，这一亚里士多德有意或无意的安排，是值得思考的。第七至第九章在《诗学》中的突出地位在于：这里的讨论既是诗学的，同时也是形而上学的。

---

① 雨果：《巴黎圣母院》，陈敬容译，人民文学出版社1982年版，第15页。
② 参见亚里士多德：《诗学》，陈中梅译，商务印书馆1996年版，第81页。
③ 具体内容见威廉·燕卜荪：《朦胧的七种类型》，周邦宪、王作虹、邓鹏译，中国美术学院出版社1996年版。
④ 参见《诗学》第七章、第八章和第九章。

　　第十章和第十一章讨论悲剧情节中的三个成分：反转（突转 $\pi\varepsilon\rho\iota\pi\acute{\varepsilon}\tau\varepsilon\iota\alpha$）、认辨（发现 $\dot{\alpha}\nu\alpha\gamma\nu\acute{\omega}\rho\iota\sigma\iota\sigma$）和苦难，是否有反转和认辨是复杂悲剧和简单悲剧之区别。[①] 第十八章中再次讨论了这一问题，在那里，亚里士多德把悲剧分成四种：复杂剧、苦难剧、性格剧和情景剧，并各自举例。[②] 其中我们能知晓其例子的内容的，只有一出苦难剧，即索福克勒斯的《埃阿斯》，[③] 因为其他被提到举例的古希腊悲剧至今都已亡佚。凭仅有的证据推理，我们可以做如下判断：复杂剧中当然可能有也可能没有性格和苦难的因素，因此复杂剧同时亦可能是性格剧或苦难剧，其内证出现于第二十四章讨论史诗之处：亚里士多德指出《伊里亚特》是简单的苦难史诗，而《奥德赛》是复杂的性格史诗。（然而《伊里亚特》却是亦表现了性格的，在此处亚里士多德的论述令后人疑惑）关于认辨的处理方式，亚里士多德在第十六章中另有阐述，按照效果从好到坏排序分别是：情节自发的认辨，通过推理的认辨，追怀往事造成的认辨（似乎有可以归类到其他类型之嫌疑，或许由于在古希腊悲剧中频繁被使用而自成一类型），虚构之认辨，（即诗人刻意为之的，恰恰同情节自发的认辨相反），最坏的认辨即借助标志的认辨，最缺乏艺术性。[④] 在这里如果要真正理解亚里士多德所说的种种认辨，必须通过他所举的例子，即要求研究者了解流传下来的悲剧，而逸失的那些则要通过对流传的古希腊神话的了解来弥补，这就要求了《诗学》研究者包括哲学、古典文学、神话学在内多方面的学养。这里顺便应该陈述的是，第十七章是关于安排情节等问题的讨论[⑤]，第十八章开头讨论了悲剧的

---

① 参见亚里士多德：《诗学》，陈中梅译，商务印书馆 1996 年版，第 88—89 页。

② 参见亚里士多德：《诗学》，陈中梅译，商务印书馆 1996 年版，第 131 页。

③ 索福克勒斯传世的完整悲剧共七部，《埃阿斯》是其中之一。此剧中译本见索福克勒斯：《古希腊悲剧喜剧全集》第二卷，张竹明、王焕生译，译林出版社 2007 年版。

④ 参见亚里士多德：《诗学》，陈中梅译，商务印书馆 1996 年版，第 118—119 页。

⑤ 参见亚里士多德：《诗学》，陈中梅译，商务印书馆 1996 年版，第 125 页。

"结"和"解"①。真正讨论情节的，就是以上一段所论述的部分。专门讨论性格的一章是第十五章，在这里指出了对所描述性格的四个要求：善、恰当、逼真和一致。②

剩下的重要章节是第十三和第十四章。亚里士多德在第十三章开头写道："我们接下来讨论，在构建悲剧情节时应当追求什么，规避什么，借助什么手段才能取得悲剧效果。"③悲剧效果就如定义中所说，要引起观众的恐惧和怜悯。之后他讨论对悲剧中描写的人物和事件的选择，关于事件，亚里士多德在第十四章里指出应该使用亲友间弑杀的题材，并按知情与否和遂与未遂交叉成四种情况并一一分析优劣，各自举例说明④。关于人物的讨论是重点，在这里他提出了悲剧主人公的"άμαρτια"说，即悲剧主人公的过失说，⑤对这个词如何理解将对亚里士多德的《诗学》之澄明有决定性的意义。而在此亚里士多德的结论是：最好的悲剧应表现有άμαρτια的高贵人物，困于厄运，并遭致单一的苦难结局。这其中所隐藏的含义则是待我们在具体的《诗学》文本注释中揭示的。在此另一须引起注意之处是被后人认为是古希腊悲剧之主题词的：命运。在整部《诗学》中很少出现，唯独在这一章里反复被提出，⑥而命运同性格之过失之联系究竟为何却始终是不明的。然而如果

---

① 参见亚里士多德：《诗学》，陈中梅译，商务印书馆 1996 年版，第 131 页。
② 参见亚里士多德：《诗学》，陈中梅译，商务印书馆 1996 年版，第 112 页。
③ 亚里士多德等：《缪灵珠美学译文集》，章安琪编订，中国人民大学出版社 1987 年版。
④ 参见亚里士多德：《诗学》，陈中梅译，商务印书馆 1996 年版，第 105—107 页。
⑤ 参见亚里士多德：《诗学》，陈中梅译，商务印书馆 1996 年版，第 97 页。
⑥ 有部分学者认为，古希腊悲剧一般是命运悲剧，然而亚里士多德在其《诗学》中，过于强调悲剧人物对自己的决断和行为的负责，因此忽略了命运的作用，据此对亚里士多德提出了批评。另有学者否认古希腊悲剧多为命运悲剧，以此为亚里士多德辩护，这两种观点窃以为都是值得商榷的。因为亚里士多德虽然没有直接论述命运，但是其推崇的悲剧情节几乎都是体现了命运的必然性的。比如说亚里士多德中意的亲族残杀的情节，参见本书第三章第四节，就与人类命运密切相关。

我们在此处暂时小心地脱离亚里士多德文本，想一想赫拉克利特的著名残篇 119："性格就是命运"（神性、守护神）①，这一古老庄严的古希腊思想究竟是怎样在悲剧中投射的，而亚里士多德又是在何种意义上把二者联系起来，密集地置于《诗学》的同一章节中，都是有待研究的，而此处的追问必须要如临深渊、如履薄冰、小心翼翼地进行，因为亚里士多德在此既没有明确地提出性格（对性格的明确讨论在第十五章），也没有刻意地强调命运，在这里任何一种贸然的结论都可能恰恰是一种遮蔽与壅塞。

至此关于情节和性格的部分都讨论完毕，剩下的是关于摹仿的手段：台词（语言）的讨论。在第二十章中，亚里士多德讨论了组成台词的字母、音节、连词、冠词、名词、动词、格和句子，② 第二十一章和第二十二章主要讨论名词，名词可以分成单一名词和复合名词，亦可以区分为常用的、生僻的、隐喻的、新创的、加长的和变形的，其中最重要的是隐喻词，亚里士多德指出隐喻词是天才的标志。隐喻词分为四种：借属代种，借种代属，借属代属，以及类比。③ 这一部分内容其实是很有哲学深意的，缪灵珠先生或许是觉得这几章的内容和美学无必然联系，所以在其译本中没有翻译。但是考虑到现代哲学如海德格尔后期哲学对新创词、加长词和变形词的依赖，考虑到这种诗人式的语言与以海德格尔哲学为代表的现代哲学向诗学的靠拢之关联，我们有理由相信这几章内容对于《诗学》研究是有重要意义的，只是由于时间和空间上的跨度造成的语言鸿沟导致了这种研究之难以进行。

《诗学》至此关于悲剧的讨论基本结束，第二十三到二十四章讨论史诗。这是极其重要的两章，因为亚里士多德讨论悲剧用了至少整整

---

① 《古希腊哲学》，苗力田选编，中国人民大学出版社 1989 年版，第 52 页。

② 参见亚里士多德：《诗学》，陈中梅译，商务印书馆 1996 年版，第 143—144 页。

③ 参见亚里士多德：《诗学》，陈中梅译，商务印书馆 1996 年版，第 149、156 页。

十七章的内容，而系统地、单独地阐释史诗只此两章，而其中重复提到的问题应是亚里士多德最重视之处，无论他自觉或不自觉。应注意的重复之处有三个：第一，性格与苦难、简单与复杂之说。苦难属于情节之成分，其与性格之交集出现在讨论悲剧人物的第十三章。① 第二，诗和历史的关系，在其切近之处，如刚才所指出的，再度出现关于长度的讨论和生物体（有机物、目的论）之说，以上归于同一问题。② 第三，格律之问题，英雄格对于生僻字和隐喻词的容纳问题，这是诗的语言之问题。③ 在这里需要考虑的是，我们有理由猜测，正是在这两章中重复讨论的以上三个问题，构成了这篇《诗学》研究中至关重要的内在思想结构，也指出了解读亚里士多德《诗学》的三条可行性道路。

　　第二十五章是关于诘难及其解答。亚里士多德关于诗学的诘难分为五类：不可能之事、不合理之事、有害之事（道德影响层面）、自相矛盾之事和技术问题（如不复合自然科学原理）。④ 这其中有的诘难是不需要诗本身对其负责的，如第五种，有的是语词分析可以解答的，这里涉及到隐喻字的问题。而另一值得注意的地方在于亚里士多德在此指出，诗人总是要摹仿三种东西：过去存在或现在存在的东西，据说存在或被认为存在的东西，应当存在的东西。⑤ 其间的区分显然指示了一种存在之领悟，是对诗和历史关系问题在诗学里的补充，是我们了解亚里士多德所领悟的诗之存在之重要线索，而只有当我们通达了这种存在之后，那个始终处于神秘的阴影之中的概念：卡塔西斯（$\kappa\acute{\alpha}\theta\alpha\rho\sigma\iota\sigma$）才会对我们显现自身。《诗学》第二十六章讨论悲剧优于史诗的观点。⑥

---

① 参见亚里士多德：《诗学》，陈中梅译，商务印书馆 1996 年版，第 163 页。
② 参见亚里士多德：《诗学》，陈中梅译，商务印书馆 1996 年版，第 168 页。
③ 参见亚里士多德：《诗学》，陈中梅译，商务印书馆 1996 年版，第 178—179 页。
④ 参见亚里士多德：《诗学》，陈中梅译，商务印书馆 1996 年版，第 180 页。
⑤ 参见亚里士多德：《诗学》，陈中梅译，商务印书馆 1996 年版，第 177 页。
⑥ 参见亚里士多德：《诗学》，陈中梅译，商务印书馆 1996 年版，第 190 页。

这一章可以透析出亚里士多德对诗的理想性理解,换言之,即他对诗的"理型"之理解。

经过对文本的宏观把握,可以将亚里士多德创制哲学中心文本《诗学》各章的内容概括如下:①

第一章:诗是摹仿($\mu\acute{\iota}\mu\eta\sigma\iota\varsigma$)。诗的摹仿媒介。

第二章:诗之摹仿的对象。悲剧摹仿高贵之人,而喜剧摹仿卑劣之人。

第三章:诗之摹仿的方式。

第四章:摹仿的天性,人类从摹仿品中获得快感。诗的诞生和发展,悲剧已实现诗自然属性,暗示悲剧是完满的诗,因而最能体现诗的本质。

第五章:喜剧的发展。

第六章:悲剧的定义。悲剧的六个成分:情节、性格、思想、语言、合唱和戏景。情节($\mu\tilde{\upsilon}\theta o\varsigma$)是六成分中最重要者,是悲剧的灵魂。悲剧是对行动的摹仿。初论突转($\pi\epsilon\rho\iota\pi\acute{\epsilon}\tau\epsilon\iota\alpha$)和发现($\grave{\alpha}\nu\alpha\gamma\nu\acute{\omega}\rho\iota\sigma\iota\varsigma$)。

第七章:情节的长度。(对应悲剧定义中"有一定的长度"。)

第八章:情节应该有整一性。(对应悲剧定义中"完整"。)

第九章:诗和历史的比较。初谈悲剧效果:既能使人惊异,又能表现因果关系的事件,最能引发怜悯和恐惧,穿插剧。

第十章:简单情节和复杂情节。

第十一章:情节的三个成分:突转、发现和苦难。发现的对象。最

① 这里对各章内容的概括,是有目的的选择了跟此研究有关者来着重说明。为了能够一目了然,对于一些枝节问题没有完全列出。各章内容的详细概括,可参考 Stephen Halliweil《〈诗学〉的背景》一文。参见《经典与解释》第 15 期,《诗学解诂》,刘小枫、陈少明主编,陈陌等译,华夏出版社 2006 年版,第 69—70 页。另可参考陈中梅撰写的《诗学》各章内容提要。见亚里士多德:《诗学》,陈中梅译,商务印书馆 1996 年版,第 24—26 页。

好的发现和突转同时发生。这是《诗学》中第二次论及突转和发现。

第十二章：插曲，悲剧的结构。这一章被诸多学者认为是成书时窜入此处的，与上下文并无直接的联系。

第十三章：再次谈悲剧效果，着重讨论悲剧过失说，指出好的悲剧中主人公的特征：ἁμαρτια。列举最好的悲剧取材于几个特定家族的故事。

第十四章：第三次谈悲剧效果，论述怎样安排情节。

第十五章：这一章的前后都是对情节的谈论，唯独在此插入了对悲剧六成分之中的性格的讨论。

第十六章：处理发现的技巧。最好的发现应该出自情节本身。

第十七章：这一章同样与上下文无直接联系，可视为《诗学》中的第二段插曲，是对技巧性问题的讨论。

第十八章：情节的结和解。悲剧的四种类型。合唱。

第十九章：讨论悲剧六成分之中的思想。

第二十章：讨论悲剧六成分之中的台词及其组成部分。

第二十一章：论述悲剧中的名词。重点探讨了隐喻及其种类（借属代种，借种代属，借属代属，以及类比）和应用。

第二十二章：探究悲剧中的延伸词、缩略词、变体词。诗的不同形式和用词的关系。

第二十三章：史诗和历史的关系，重点谈论了史诗的整一性。

第二十四章：史诗和悲剧的比较。指出不可能发生但却可信的情节比可能发生但却不可信的情节更为可取。

第二十五章：对诗的诘难及其解答。

第二十六章：悲剧优于史诗。

在对亚里士多德《诗学》各章的内容有了一个粗略却宏观的统视之后，就可以在此基础上对《诗学》的内在文本结构进行分析，为具体的文本解读做好准备。

本书的目的是沿着如引文中所提出的道路，通过对亚里士多德《诗学》文本进行哲学解读，研究并澄明亚里士多德创制哲学思想。这一工作需要遵守传统哲学研究原则，严格地从文本出发，因此《诗学》一书的结构和讨论顺序就从某种意义上指引了亚里士多德创制哲学研究应有的结构和顺序。

关于文本的结构，可以看到，现有的亚里士多德《诗学》共有二十六章，这是后人所分的。① 如前文所说，虽然我们现在看到的《诗学》一书可能只是最初成品经自然光阴销蚀、人为破坏削减后所余的一个部分；又或者本书是亚里士多德在不同时期零散的著作被收集而成，其内部并无必然的联系（这一现象在其《形而上学》一书中表现得更为淋漓尽致）。然而这一文本仍是一个经过文明史淘洗、捏合而成的整体，在其被作者赋予的必然性上又加上了历史的必然性，在其被精神赐予的命运上又获得了时间之流的命运。那么，我们理应将这一作品当作一个整体看待、当作一个合目的性的有机物来看待。对于流传在这个时代的文本，或许可以这样来理解：某一个世纪的迷雾会造成虚幻之蜃楼，然而经 23 个世纪的时流雕塑所成之物则是必然性的显现。

罗念生先生在其《亚里斯多德的〈诗学〉》一文中，将现存的《诗学》二十六章分成五个部分，具体方式如下："第一部分为序论，包括第一到第五章。亚里斯多德先分析各种艺术所摹仿的对象（在行动中的人）、摹仿所采用的媒介和方式，由于对象不同、媒介不同、方式不同，各种艺术之间有了差别。亚里斯多德进而提出诗的起源，他随即追溯悲剧与喜剧的历史发展。第二部分包括第六到第二十二章。这部分讨

① 参见陈中梅引述观点。亚里士多德：《诗学》，陈中梅译，商务印书馆 1996 年版，第 28 页。

论悲剧，亚里斯多德先给悲剧下定义，然后分析它的成分。特别讨论情节和性格，最后讨论悲剧的写作，特别讨论词汇和风格。第三部分包括第二十三到二十四章。这部分讨论史诗。第四部分，即第二十五章，讨论批评家对诗人的指责，并提出反驳这些指责的原则与方法。第五部分，即第二十六章，比较悲剧与史诗的高低，结论是：悲剧能在较短的时间内产生艺术的效果，达到摹仿的目的，因此比史诗高。"①这种分段方法无疑是很科学的，但是这样就将第二十五和二十六章各单独列为一部分，略显琐碎。由于《诗学》的后四章实际上都是对主体部分（悲剧部分）的补充说明，而且也都与史诗有关，所以我在此将这四章合成一个部分。

因此，亚里士多德《诗学》一书可分为三个部分。其中第一章至第五章为第一部分，指出诗是摹仿，根据摹仿的媒介、对象和形式对诗进行分类。第六章到第二十二章是第二部分，为整个文本的主题部分，着重讨论悲剧。第二十三章到第二十六章为第三部分，重点讨论史诗。

其中第二部分仍可按照悲剧的六成分说再次划分结构：其中第六章至第十一章、第十三章和第十四章、第十六章、第十八章，这十章讨论最重要的成分、悲剧的灵魂：情节（$\mu\bar{v}\theta o\sigma$）；第十五章讨论人物性格；第十九章讨论思想；第二十章至第二十二章讨论语言。六成分中合唱和戏景处于次要地位，没有单独分章讨论。第十二章和第十七章是插曲，不隶属任何部分。在讨论悲剧情节的十章中，有以下几个关键词：第一，情节的长度和整一性；第二，恐惧（$\phi\acute{o}\beta o\sigma$）和怜悯（$\acute{\epsilon}\lambda\epsilon o\sigma$）的引发，悲剧效果；第三，突转（$\pi\epsilon\rho\iota\pi\acute{\epsilon}\tau\epsilon\iota\alpha$）和发现（$\grave{\alpha}\nu\alpha\gamma\nu\acute{\omega}\rho\iota\sigma\iota\sigma$）（由于亚里士多德多在其《诗学》中多次连用"突转"和"发现"，所以在此将二者视为一个关键词）；第四，苦难；第五，悲剧过失（$\acute{\alpha}\mu\alpha\rho\tau\iota\alpha$）。

① 罗念生：《论古希腊戏剧》，中国戏剧出版社1985年版，第146—147页。

这些关键线索相互交缠，织成了悲剧的情节之网，比如说后三者都可以看作实现悲剧效果的手段。然而关于悲剧的目的：卡塔西斯（κάθαρσισ），却在悲剧的定义之外再没有被提起，其含义有待探索。

至此就完成了宏观粗略地梳理亚里士多德《诗学》的脉络的工作。这虽然是必要和基本的工作，然而仍远远没有上升到哲学的高度上，只不过是一种阅读和整理。接下来可能选择的是不同的研究方式，我们可以从中挑选出符合现代美学的概念作为专题一一研究，并且将亚里士多德的悲剧理论同各种哲学家和非哲学家的悲剧理论进行比较，在某些地方提出对亚里士多德诗学思想的解读或者批判。这种方式的研究要以广博的阅读量为基础，需要对高乃依、伏尔泰、歌德、尼采等人的美学和诗学学说有足够的了解，还要对近年来这方面的所有研究成果了如指掌，除了哲学和美学上的知识，还要熟悉近几十年来《赫尔墨斯》、《德国博物馆志》、《语言学家》等期刊上的相关文章，以便在比较和补充中寻求一种高屋建瓴的"客观性"。这是具有非凡意义的研究方式，但是在这里我之所以没有选择此方式，一方面是由于上述的渊博知识大约需要多年的积累，不是我现在能够做到的。在对古希腊文化的了解上，即使知识储备丰富如《古希腊文学史》的作者吉尔伯特·莫雷，也不得不承认自己"在一大堆素材面前简直无能为力。"① 因此这种研究在此时还是太早了；另一方面是因为，有太多优秀的学者都已经对亚里士多德的《诗学》做过了这样的研究，已经将这样一种工作的创新空间挤压到微乎其微了。所以我选择的另一种研究方式，即停留在亚里士多德这里，停留在更早的古希腊悲剧那里，这种研究方式也是被一些现代学者们提倡的，如海德格尔所说的那样："在思想的领域中有一种努力，就是更

---

① 吉尔伯特·莫雷：《古希腊文学史》，孙席珍、蒋炳贤、郭智石译，上海译文出版社2007年版，第1页。

原初地深思那种原初地被思考的东西。"[①]在这样一种研究中，后世的悲剧研究和各方面资料同样是不可或缺的，但并不向前一种那样要求的巨细无遗。同时，这样一种研究的关键之处是，尽最大努力站在亚里士多德的文本中来对其进行观望与估量。

如我们在本章第三节中论述过的，作为亚里士多德创制哲学的中心著作，《诗学》并不是我们今天常见的那种美学著作，而更像是一本给青年诗人的教材。它与其他美学著作相区别的关键词是 $\tau \acute{\epsilon} \chi \nu \eta$。在古希腊，人们用相同的词 $\tau \acute{\epsilon} \chi \nu \eta$ 来称呼手艺和艺术。而亚里士多德更倾向于这样理解诗之存在，《诗学》通篇都是在讨论如何创制诗的 $\tau \acute{\epsilon} \chi \nu \eta$ 问题，而 $\tau \acute{\epsilon} \chi \nu \eta$ 是什么？如海德格尔所说：$\tau \acute{\epsilon} \chi \nu \eta$ 乃是一种解蔽方式。因此在研究的时候，不可先行地将亚里士多德的《诗学》理解为一种近现代意义上美学理论，也不可以将其事先定位为诗之本体论或者是将诗作为科学、作为对象、作为存在者的研究。由于诗学按照亚里士多德的划分，并非一门理论科学，而是一种创制科学，那么，其存在就必然要在能言说的创制机巧中被说出。我们在这里需要做的是沿着亚里士多德指出的技术道路探求诗之存在，最终要澄清《诗学》的内在哲学意义，并试图揭开遮蔽着的卡塔西斯（$\kappa \acute{\alpha} \theta \alpha \rho \sigma \iota$）概念之面纱。因为亚里士多德的《诗学》是以悲剧及其目的作为讨论主体的。这种工作所寻求到的可能并非是一种对本质的现成化规定，而是一种对诗的领悟。按照之前的准备性工作，即对于《诗学》文本的研究，我们有三条追问的道路延伸向期望的终点，这三条道路恰恰是由上面指出的，亚里士多德对史诗和悲剧的讨论中同时出现的值得注意之问题所延伸开来的，因此以下的内容也可视作对《诗学》第二部分（悲剧部分）和第三部分（史诗部分）

---

① 海德格尔：《演讲与论文集》，孙周兴译，生活·读书·新知三联书店 2005 年版，第 21 页。

关系的说明。亚里士多德《诗学》的史诗部分并未提出新的哲学层次的观点，而是对悲剧部分哲思的回响和回应、重申和强调。在这一意义上，也可以说亚里士多德《诗学》所关心的始终是那些哲学思想，而非悲剧和史诗本身，因为他无论在讨论悲剧还是在讨论史诗，归根结底说的都是其真正关心的哲学话题，而且在借悲剧和史诗重复论说这些哲学话题。虽然亚里士多德没有真正给出最终的哲学结论，但是却始终将之视为反复而行的运思路径，这三条路径为：第一，语言之路：集中在《诗学》悲剧部分的第二十一至第二十二章，并在史诗部分重述。第二，存在之路，《诗学》第七至第九章，并在史诗部分的第二十三章再次论及。第三，莫名之途，涉及命运、性格以及悲剧性过失（$\acute{\alpha}\mu\alpha\rho\tau\iota\alpha$），集中讨论于《诗学》第十三章，亦在史诗部分重复强调。三条道路共同指向被遮蔽的悲剧之定义，指向处于晦暗中的概念 $\kappa\acute{\alpha}\theta\alpha\rho\sigma\iota\sigma$（悲剧净化、卡塔西斯）。在此简单论述一下这三条道路，应注意，在进行具体的文本阐释之前，这三者皆是潜在的。

其一，语言之路。史诗适用英雄格，悲剧适用短长格，而讽刺诗适用长短格，是否其中的原因仅仅在于英雄格最适合容纳生僻和隐喻字，对话更接近于短长格？[①] 或者是一种语言的节奏和韵律中就包含了崇高或卑微？[②] 后者的说法在音乐中是容易理解的，同样，语言的格律先天就拥有其含义，如亚里士多德指出的"自然之道会教育诗人选择适当的格律。"那么，就并非是诗人工具性地使用韵律，而是韵律以其自然之道引导着诗人，一个在古希腊的旁证就是：许多爱好品达诗歌的人有一

[①] 参见亚里士多德：《诗学》，陈中梅译，商务印书馆1996年版，第169页。

[②] 亚里士多德没有明确指出格律和价值判断的关系，但是在另一处显露出了此类倾向，即把文体和价值判断相联系。他说："诗的发展依作者性格的不同形成两大类。较稳重者摹仿高尚的行动，即好人的行动；而较浅俗者则摹仿低劣小人的行动，前者起始于制作颂神诗和赞美诗，后者起始于制作谩骂式的讽刺诗。"见亚里士多德：《诗学》，陈中梅译，商务印书馆1996年版，第47页。

种相同的看法：他们都认为品达的诗歌使他们萦绕于怀的，不是思想，而是音乐。① 那么，语言之韵律先天就有其所持守之物，远在诗人未曾问津之前，它就在文明的开端守护着某物。这样的说法在有些地方或许会引起争议，然而对于一个柏拉图主义者这是最自然的，远在没有一个诗人用抑扬格五音步作诗之前，这种格律的形式就存在了，就像说没有一个人写作七言诗的时候，七个字一行的这种排列早已作为潜能存在。这就是韵律之存在。另外，如亚里士多德在《诗学》第二十二章中指出的，为什么在一行短长格的诗句中，只要用一个生僻字代替了常用字，就能使一首诗颇具神韵？显然这个问题仅能从生僻与常用的角度解释，因为亚里士多德指出，"一个字可以同时是常用的，又是生僻的，只是对于不同人而已。例如：sigunon 对塞浦路斯人来说是常用的，对于我们来说却是生僻的。"② （如果在这里指出上述神韵的产生是由于生僻字的其他属性，那么等于指出亚里士多德在这里是被假象所蒙蔽了。）这个论断所隐含之意义是：一种语言会在其被使用、被亲熟中失去其本真的力量，或者说被异化。而生僻字则能在陌生中持守语言的本真力量，直到一位诗人去叩问探访它，从而使这一语词在光明中仍能持守这种力量。语词和格律一样，皆在守护某物。而关于隐喻字，亚里士多德指出"善于驾驭隐喻意谓着能直观洞察事物之间的相似性"③，而这种相似性该在怎样的高度上理解？请看亚里士多德举出的这一例子："没有现成的字称呼太阳扬撒其光线的活动，但这种活动之于阳光，犹如播种之于种子，因此可以得到'播种神明创造的光线'一

---

① 参见吉尔伯特·莫雷：《古希腊文学史》，孙席珍、蒋炳贤、郭智石译，上海译文出版社 2007 年版，第 87 页。

② 亚里士多德等：《缪灵珠美学译文集》，章安琪编订，中国人民大学出版社 1987 年版。

③ 亚里士多德等：《缪灵珠美学译文集》，章安琪编订，中国人民大学出版社 1987 年版。

语。"①这里直观地体现了亚里士多德对相似性之领会，即播种者——人的存在与太阳之相似，这其中有两重维度，其一是作为自然的太阳之灵性，其二则是与作为神的太阳相似的人的神性。而语词和韵律所守护者皆可落脚于此。关于这条道路，由于上文指出的语言问题，就论述到这里。本书真正寻求落脚并践行的，是后面的两条研究道路。

其二，存在之路。这里应从亚里士多德的形而上学出发。如何理解《诗学》中反复涉及的存在问题？在亚里士多德的哲学体系中，现实即为包含着动力因的实现，就是"隐德莱希"，从而一切存在之物皆为绝对形式之活动。②然而亚里士多德为什么在《诗学》中指出过去存在和已存在之物同应当存在之物的区别？③这一观点和亚里士多德对悲剧和史诗的长度的论述有何关联？在对这些问题思考中，能得出一种怎样的存在领悟，这种领悟和人的生存有什么关联，都是值得探讨的。以这种视角来对亚里士多德的《诗学》进行解读，是一条可行的研究道路。

其三，莫名之途（关于悲剧性过失与悲剧性命运）。对于某个哲学家重要概念的解读，最好从其文本出发，因为哲学家往往会赋予自己的概念某种不同于日常用法的独特含义。但是在此之前可以借助一个基于日常概念用法的领悟的契机。在亚里士多德诗学思想的最伟大的实践者（并不是在遵守其硬性规则等方面，正如亚里士多德形而上学最伟大的实践者是亚历山大一样④）莎士比亚那里，有这样一段台词："在个人方面也常常是这样，由于品性上有某些丑恶的瘢痣：或者是天生的——这

---

① 亚里士多德等：《缪灵珠美学译文集》，章安琪编订，中国人民大学出版社 1987年版。

② 参见黑格尔：《哲学史讲演录》第二卷，贺麟、王太庆译，商务印书馆 1960年版，第 290—300 页。

③ 参见亚里士多德：《诗学》，陈中梅译，商务印书馆 1996年版，第 81、168 页。

④ 此观点参见黑格尔：《哲学史讲演录》第二卷，贺麟、王太庆译，商务印书馆 1960年版，第 274—275 页。

就不能怪本人，因为天性不能由自己选择；或者是某种脾气发展到反常地步，冲破了理智的约束和防卫；或者是某种习惯玷污了原来令人喜爱的举止；这些人只要带着上述一种缺点的烙印——天生的标记或者偶然的机缘——不管在其余方面他们是如何圣洁，如何具备一个人所能有的无限美德，由于那点特殊的毛病，在世人的非议中也会感染溃烂；少量的邪恶足以勾销全部高贵的品质，害得人声名狼藉。"①（《哈姆雷特》第一幕第四场），这本是由丹麦的酗酒习俗引出的台词，然而却变得很著名，仿佛直指哈姆雷特的延宕，亦指向奥瑟罗的嫉妒、麦克白的野心，并直穿过两千年的光阴，向古希腊的天穹上的伟大星宿飞去。由此再回到亚里士多德的诗学中，该如何界定悲剧性过失 ἁμαρτια？如莎士比亚所说，是天生的、脾气上的、或者是习惯？该将它翻译成错误、误解、道德缺陷、罅隙或是其他？

　　这里最直接的理解渠道是亚里士多德本人所举的例子，幸运（或许不幸）的是，他在此立刻举出了两个我们可以通过对现存古希腊悲剧的研读所熟悉之人：俄狄浦斯和堤厄斯忒斯。然而即使如此，ἁμαρτια 一词之含义对我们来说仍是不明的，可以做以下几种理解：第一，单纯从索福克勒斯的《俄狄浦斯王》剧中来看，此错误是指俄狄浦斯弑父娶母；第二，俄狄浦斯杀人的行为；第三，俄狄浦斯对其杀人行为的隐蔽，所谓隐蔽，并不是指有意之隐匿和隐瞒，而是：此行径不在他作为忒拜王的光荣之中，不在他当下之生命中在场。第四，俄狄浦斯是出生即背负着弑父娶母之命运之人，那么，他的过失实则是命运的罅隙；第五，恰恰是解答斯芬克斯之谜题的智慧才是其 ἁμαρτια，这一观点可以从俄狄浦斯的结局看出，他并没有像某些悲剧主人公那样以死亡收

_____

① 见《哈姆莱特》第一幕第四场。莎士比亚：《哈姆莱特》，朱生豪译，人民文学出版社 2001 年版。

场，而是刺瞎自己的双目，从明智沉沦到昏昧之中。然而这里需要做的不应该是这种列举可能性的工作，那将有使一切的追问都漂泊于玄想之中的危险。只有从这里被亚里士多德作为典型列出的六个人物的历史①中反复发掘、比较，才有望真正从原初的意义上理解亚里士多德所说的 $άμαρτια$，而 $κάθαρσισ$ 之意义只有从这里才能被澄明。二者的关系就显示于作为情绪的恐惧（$φόβοσ$）和怜悯（$έλεοσ$）之中，因为恐惧和怜悯是 $κάθαρσισ$ 的对象，同时亦是 $άμαρτια$ 所导致的苦难之效果。所谓的悲剧性过失、$άμαρτια$ 更像是一种命运之罅隙（或由于内在的性格，或由于一种无知、遮蔽，或由于外在的必然性因素），作为性格之命运由此才能进入现实之中。因此作为圣贤总不适于成为悲剧的主角，因为其自身对命运关闭，而俄狄浦斯恰恰由于其罅隙才能对弑父娶母之命运敞开。而唯有当命运作为现实而不是潜能之时，庄严之苦难才降临于当事者，并引发观看者的恐惧和怜悯。据此，为什么要激发或引发这种恐惧和怜悯，而不是单纯地将其消解？为什么要进行这种不断地引出和净化（$κάθαρσισ$）？这恰恰证明了此种待净化者是本真者，所谓引出，实则是一种呼唤，而此本真者在这种激发和净化中保持其生命（如果要做一个通俗的类比的话，这类似于人的生理欲望，勃发和释放都是本真之活动），那么，这种恐惧和怜悯或者痛苦就不只是一种普通情绪，而有其存在论意义（可以参考海德格尔之烦、畏），同样，悲剧净化往往要通过对生命的消解，即死。如亚里士多德指出的，悲剧应以单一的悲惨命运收场，这样处理情节，才能把悲剧精神表现得淋漓尽致。② 以上

---

① 亚里士多德在谈论 $άμαρτια$ 概念的《诗学》第十三章里指出："最好的悲剧都取材于少数几个家族的故事，例如，取材于有关阿尔克迈恩、俄底浦斯、俄瑞斯忒斯、墨勒阿格罗斯、提厄斯忒斯、忒勒福斯以及其他不幸遭受过或做过可怕之事的人的故事。"亚里士多德：《诗学》，陈中梅译，商务印书馆 1996 年版，第 98 页。

② 参见亚里士多德：《诗学》，陈中梅译，商务印书馆 1996 年版，第 98 页。

就是对亚里士多德《诗学》进行形而上学解读的三条预设道路。其中在本书中要重点对待的是后两条道路。

至此就已对亚里士多德创制哲学的中心文本《诗学》进行了最简略初步的研究，这样一种从宏观上把握文本整体及其内在思想结构的工作，其目的一方面是为后续的研究提供方向；另一方面是为了抓住一些原初性的思想，使惊奇之感持留于此。

关于先有文本中，何者为亚里士多德创制哲学研究中的重要部分，历来的注释家观点大同小异，《诗学》前四章的摹仿说、第六章悲剧之定义、第九章诗与历史的关系、最后一章悲剧优于史诗，自 15 世纪末亚里士多德诗学理论受到重视起，历经五百年一直处于被注目的焦点上。（虽然令人难以理解，但是有证据证明亚里士多德《诗学》直到 15 世纪才受到学界的广泛重视，正如陈中梅描述的："正当亚里士多德的物理学在某种程度上受到人们的怀疑和挑战之际，他的《诗学》却从故纸堆里走了出来，昂首阔步地迈进了学者的书房。……从 15 世纪末起，《诗学》受到了前所未有的重视。"①）在摹仿（$\mu\iota\mu\eta\sigma\iota\sigma$）、恐惧（$\phi\acute{o}\beta\sigma\sigma$）和怜悯（$\acute{\epsilon}\lambda\epsilon\sigma\sigma$）、悲剧卡塔西斯（$\kappa\acute{a}\theta\alpha\rho\sigma\iota\sigma$）、悲剧过失（$\acute{a}\mu\alpha\rho\tau\iota\alpha$）等重要概念上，各种解释之学说纷纭杂陈，缭乱交织，不知是以扭曲侵扰着古代概念的安宁还是正切中地向其本真含义内回溯，将唤醒沉睡千年的哲思。对文本的注释最重要的是，要令亚里士多德《诗学》的意义从原文中自行生长起来，而不是通过主观的断章取义、牵强附会、自身成见的刻刀将其塑造出来。唯有从文本中被唤醒之物，才是这一研究所寻取之物。在这一点上，历代的注释家已经做得很好，比如意大利学者 Francesco Robortello 撰写的《亚里士多德的诗艺诠解》（*In librun Aristotelis de arte poetica explicationes*）、Pietro Vettori 的《亚里士多德的诗艺

---

① 　亚里士多德：《诗学》，陈中梅译，商务印书馆 1996 年版，第 13—14 页。

第一卷评论》(*Commentatii in primus librum Aristotelis de arte poetarum*)等著作,都为我的研究工作提供了很好的榜样。

基于对亚里士多德创制哲学的先行理解,以及在此基础上形成的对《诗学》文本之宏观把握,在下文中并非随意地选出一些章节进行重点解读,而是有目的的按照原始文本的顺序选出一些内容,以期通过一种看似分散的注解来围绕成一个解释的整体,使《诗学》的真正哲学意义、亦即亚里士多德创制哲学的意义在此先行被领会的整体构境中呈现出来。在此,笔者力图通过摹拏亚里士多德《诗学》中潜藏的宏大创制哲学灵魂所依附蕴藏的经络,使这一精神所凝聚的生物之存在宏观地显现于眼前。

综合以上论述,基于创制哲学研究需要,可将亚里士多德《诗学》共 26 章,分为三个部分:第一部分,第一章至第五章,以摹仿($\mu \acute{\iota} \mu \eta \sigma \iota \sigma$)为主题(正如创制是存在之枢机,摹仿乃是创制之枢机);第二部分,第六章至第二十二章,以悲剧为主题(悲剧情节的构建乃是生存论境遇的创制);第三部分,第二十三章至第二十六章,以史诗为主题(这一部分为悲剧中呈现的创制主题之谐响)。正如诗之创制是亚里士多德创制哲学的核心,本书视悲剧部分为亚里士多德《诗学》的核心,所以亦可将三部分分别称为"前悲剧部分"、悲剧部分与"后悲剧部分"。为了一目了然,在此视悲剧为中心,将亚里士多德创制哲学的中心文本《诗学》文本分成三个部分,见下表:

	各章内容	本书解读要点
第 1—第 5 章前悲剧部分(以摹仿为主题)	第 1 章:诗是摹仿($\mu \acute{\iota} \mu \eta \sigma \iota \sigma$);摹仿的媒介 第 2 章:诗的摹仿对象 第 3 章:诗的摹仿方式 第 4 章:摹仿作为人的天性;摹仿的认知愉悦 第 5 章:喜剧的摹仿	1. 摹仿($\mu \acute{\iota} \mu \eta \sigma \iota \sigma$)的哲学意义 2. 基于摹仿的创制之形式结构 3. 诗学作为"创制技艺"($\pi o \iota \eta \tau \iota \kappa \tilde{\eta} \sigma$)的哲学意蕴

续表

	各章内容	本书解读要点
第6—第22章悲剧部分（以悲剧为主题）	第6章：悲剧的定义、六成分 第7—第14章：悲剧情节（μῦθοσ） 第15章：悲剧性格 第16章：悲剧情节中的发现（ἀναγνώρισισ） 第17—第18章：悲剧的诸类型 第19—第22章：悲剧语言	1.悲剧的情节构建与生存论境遇开显（存在论创制） 2.作为生存论情绪的怜悯（ἔλεοσ）和恐惧（φόβοσ） 3.悲剧净化、卡塔西斯（κάθαρσισ）的生存论解读 4.亚里士多德悲剧理论的创制哲学意蕴
第23—第26章后悲剧部分（以史诗为主题）	第23章：史诗情节（μῦθοσ） 第24章：史诗与悲剧异同 第25章：关于诗的诘难 第26章：悲剧高于史诗	1.创制哲学主题在史诗部分的重现

　　其中第一部分是亚里士多德创制哲学的前提部分，摹仿（μίμησισ）既是诗的创制机制，也是人的根本生存方式，在亚里士多德创制哲学语境下深入解读摹仿概念，才能够真正开显《诗学》文本在哲学维度的意义。第二部分对悲剧的讨论是主体部分，在创制的诸类型中，悲剧直接摹仿特定境遇下人的生存，最能凸显亚里士多德创制学的生存论意味，因此亚里士多德将悲剧视为其创制学的核心主题，其悲剧理论也是本书的重点阐释对象。第三部分是补充部分，是业已探讨的生存论创制哲学主题在史诗讨论中的重现，因此该部分的解读统一于悲剧部分阐释。三者处于一个有机的关系之中，共同构建并互文诠释了亚里士多德创制哲学思想，在以生存论为其灵魂的同时，也使自身具有了思想的活生生的生存和灵魂。如果不能将《诗学》文本看成一个统摄与创制哲学思想生命下的有机整体，而只是将之视为一系列陈述、论断、概念的外在结合，那么对文本的研读和阐释就始终是无根基的一场徒劳。文本有其生命，亚里士多德如此创制其著述，正如他如此理解以创制为机制之存在。而我们亦应如此阅读并研究，正如我们如此理解这位哲人的创制之思。

第二章 创制的基本机制——"摹仿"(μίμησισ) 与 "技艺"(τέχνη)

亚里士多德关于创制哲学的主要思想集中于其《诗学》之中。诚然，在该书中，亚里士多德并未像在其《形而上学》里那样，直接探讨易于被辨认且业已被接受的符合西方学术范式的哲学问题。但是，似乎有理由认为，当亚里士多德表达其关于创制学的智慧(以及创制哲学) 之时，其需要一种不同于思辨哲学的道说方式，在这里，创制相关的哲思并非被陈述出来，而是被显现的。

然而，或许由于这种道说和显现比起思辨论证而言更加隐晦，彰显亚里士多德创制哲学思想的《诗学》文本在相当长的时间中，并没有被当作亚里士多德的哲学著述之一来看待，更缺少对其相关哲学内涵的挖掘。《诗学》在漫长的亚里士多德注疏史中，绝大部分时间都被视为一部仅关乎文学艺术的理论著作或者是对如何作诗的技术指导，相比而言，其内在的哲学旨趣和深刻的思想内涵则在很大程度上受到了忽视。这种忽视严重到，甚至连亚里士多德的"创制哲学"这一概念，也向来未曾作为主题出现在主流学术视野之中。即便在哲学研究成为亚里士多德《诗学》研究主流方向的今天，这种忽视的遗迹依然在以或显或隐的方式发挥着作用：亚里士多德《诗学》可以具有道德哲学、政治哲学乃至形而上学的意义，但是其论断充其量不过作为上述论题中的某种旁证，而向来不能以创制哲学的姿态架构、充溢起自身的哲学视域。其具体表现为虽然《诗学》的哲学内涵在不断被发掘，但是这种发掘在大多数情况下都受到两种潜在成见的影响，并决定性地将当代《诗学》的哲学研究引导到了如下两条远不能尽如人意的道路上（在这种成见构成的语境中，仅存在着《诗学》文本研究，而并没有所谓创制哲学的研究）：

第一，现今对亚里士多德创制哲学中心文本《诗学》研究常常被从亚里士多德哲学的整体研究中割裂开来，成为一个孤立的专题，《诗学》的研究者往往对亚里士多德整体创制哲学缺少思想上的宏观把握乃至必要的相关理解。

第二，对亚里士多德创制哲学中心文本《诗学》的研究往往被"嫁接"在现代的主流学术根脉上，"移植"在现代的学术土壤中。这种"嫁接"和"移植"往往倾向于忽视亚里士多德诗学思想的原初旨趣，表现为对其政治内涵或道德内涵的过度关注，而对亚里士多德对诗学本身的原初洞见视而不见，致使《诗学》被从其创制哲学领会的根脉上扯断，在现代学术语境下沦为了政治哲学家或伦理学家"六经注我"的平台和案板。

基于以上考虑，在通过《诗学》解读对亚里士多德创制哲学进行研究的时候，就要格外注意将研究归还于亚里士多德的原初关怀上，唯有通过不断地回溯与去蔽才能使这一古代文本上所蒙的尘土被扫除，并唯有如此才能使其真正在现时代焕发出新的生机，而非作为一个制造虚假话题的"学术道具"。《诗学》作为一个古代伟大哲人具有深邃洞见的作品，同亚里士多德的《形而上学》、《物理学》等著作一样，唯当现代学者越深入地通过求索回到其运思的初衷和原貌上，才能越丰富、越有意义地向着现时代的问题开敞自身。

一、"创制"（*ποιητικῆσ*）与 "摹仿"（*μίμησισ*）

（一）一般创制与典型创制

关于《诗学》的创制哲学旨趣，其实亚里士多德在该书的开篇就有明确的暗示，他说："关于创制技艺（*ποιητικῆσ*）本身及其形式（*εἶδοσ*），每种类型的潜能（*δύναμιν*），应如何组织情节（*μῦθοσ*）才能写出优秀的诗作，诗的组成部分的数量和性质，这些以及属于同一范畴的其他问题，都是我们要在此探讨的。"① 应注意，《诗学》开篇这段话中的关键词 *εἶδοσ* 与 *δύναμιν* 都是亚里士多德形而上学中的重要术语（参见本书第一章），可以说在《诗学》的第一句话中，亚里士多德就有意将其探讨置入了业已被其《形而上学》打开的哲学语境中。

εἶδοσ 在亚里士多德哲学中的位置近似于柏拉图哲学中的 "理念"（相）概念，是高于可感事物的更高存在，在脱离了质料的束缚后，*εἶδοσ* 具有一种纯粹肯定性的存在论意义。在此，诗的诸类型就被亚里

---

① 这一段译文为了凸显《诗学》的哲学内涵，同时也为了更贴近亚里士多德的原意，在几个中译本的基础上结合原文做了改动，尤其是在 *ποιητικῆσ*、*εἶδοσ*、*δύναμιν* 这几个词的译法上，着重突出了其在亚里士多德哲学整体中尤其是其与《形而上学》的联系中的意义。在此附陈中梅和崔延强的中译以供参考：陈中梅译本："关于诗艺本身和诗的类型，每种类型的潜力，应如何组织情节才能写出优秀的诗作，诗的组成部分的数量和性质，这些，以及属于同一范畴的其他问题，都是我们要在此探讨的。"亚里士多德：《诗学》，陈中梅译，商务印书馆 1996 年版，第 27 页。崔延强译本："关于诗学本身，它的类属，每一类属所具有的某种功能；如果打算做一首好诗，其情节应如何安排；诗的组成部分的数目和特点；以及适宜于同一类研究的其他问题，这些都是我们将要讨论的。"《亚里士多德全集》第九卷，苗力田主编，中国人民大学出版社 1994 年版。

士多德提升到了理式的高度，同时诗又是 ποιητικῆσ（创制技艺）的产物，暗示了 εἶδοσ 作为更高存在范畴，其存在同创制紧密相关。在此意义上，抒情诗、史诗或悲剧就绝不是我们当今所理解的"文学体裁"，而是有其更深刻的存在论根源，其植根于该民族的语言、文化和生存方式中，亦根植于主体对其自身生存、命运乃至形而上者的领会之中。拓展开来说，正由于诗的诸类型乃是先在、基于创制的"理式"，而非在对诸多诗歌的归纳中抽象出的后在的"普遍者"，所以不同语言构建、文化背景下的诗体才有根本性的不同。如果要对中西诗歌进行比较，分析史诗、悲剧与骚体诗、赋体诗、近体诗之间的差别，探求其如何基于不同的精神特质和文化基因而形成，这种对诗体的"形式"理解就是奠基性的。结合其思想整体和术语使用，在亚里士多德的理解中，诗的类型（εἶδοσ）乃是第一性的，正是在这种理解下，亚里士多德才能将悲剧、史诗、喜剧等不同的诗体作为专题来进行讨论，而非将个别的史诗或悲剧，如《阿伽门农》、《伊利亚特》作为专题，而仅仅是将后者作为例子来谈及。这与现代的艺术哲学有根本性的区别，如海德格尔倾向于针对具体的作品来展开分析，如梵高以农鞋为主题的画作，荷尔德林、特拉克尔等人的具体诗歌乃至个别诗句，里尔克的某段论述等。① 其实这种不同的划定对象之方式中就隐含了一种对诗的存在论理解，即将二者中的哪个，个别诗作还是作为"形式"的诗的类属作为第一性的存在者。黑格尔的《美学讲演录》无疑更贴近亚里士多德的古代理解，其对悲剧、史诗的讨论可以视为亚里士多德诗学理念的一种近代回响。

---

① 以上海德格尔对艺术的讨论，散见于其《林中路》、《荷尔德林诗的阐释》、《在通往语言的途中》、《现象学之基本问题》等著作。可参见海德格尔：《林中路》，孙周兴译，上海译文出版社 2004 年版。海德格尔：《荷尔德林诗的阐释》，孙周兴译，商务印书馆 2000 年版。海德格尔：《在通向语言的途中》，孙周兴译，商务印书馆 1997 年版。海德格尔：《现象学之基本问题》，丁耘译，上海译文出版社 2008 年版。

　　虽然亚里士多德确立了诗之类属的先在存在，但是诗之形式还不是完成了实现过程的存在者。作诗的过程被亚里士多德领会为一个由潜能到现实的实现活动。而这种潜能（δύναμιν）的实现则要通过对情节（μῦθοσ）的组织和构架。如果说现存亚里士多德《诗学》文本以悲剧为中心，那么亚里士多德的悲剧理论则是以"情节构建"为中心，可以说情节是亚里士多德诗学理论中心的中心。但是在诗学语境下的情节（μῦθοσ）却并不是庸常理解上的故事发展方式，而是对诗之何所是的呈现。情节的构建就是由潜能到现实的过程，在这一过程中现实先于潜能，情节的发展乃是对业已存在者的显现过程。亚里士多德关于诗的具体创制，尤其是情节的构建常常有如此是好的、如此是不好的等说法（具体参见本书讨论亚里士多德悲剧理论相关内容），这并非是考虑到艺术效果的一种判断，而是基于其对诗之 εἶδος，即诗之所是的理解，诗的创制过程、情节的开展和构建就是对那个先在的诗之本质的实现。每种诗的类属的潜能，作为其可能性已经被开放出来了，但是诗的类属或者说诗的形式、诗的所是还不是现实的诗，需要依赖情节的展开、折转、显现和完成来实现自身，这一现实化过程所实现的不仅仅是具体的诗，同时也是诗的本质，诗在获得质料的实现过程中也在最完满的意义上成为了其自身，但是其自身之所是却并不依赖于实现过程中质料的添加，而是在一开始就已经潜在地但是又完整地在此了。

　　在古希腊语言环境中，诗被命名为"创制技艺"（ποιητικῆσ）。这种语言的内在逻辑无疑对亚里士多德创制哲学——诗学思想的形成、亚里士多德对创制——诗的根本领会有不可忽视的意义。同时，在亚里士多德哲学中，"创制"首先不仅仅指人工的制作，更是存在者之所以存在的基本枢机。亚里士多德具有一种将存在者理解为创制物的倾向，在其存在论思想背后潜藏着一个创制学的语境，这是已经被诸多学者发现并承认的。以下事实可供参考：基督教的思想内核根源于柏拉图和亚里士多德哲学，除了其内在的理性精神外，创制维度的存在论理解也是重要的内容。《圣经》开篇即为"创世纪"，上帝的创世虽然有一种无质料的神学特征，但仍然将世界乃至人本身都视为被创制者，也就是说，将存在者视为被创制者，而其之所以存在的根据则是"被创制"。这里无疑能够看出亚里士多德存在论的影响，形式和质料的存在论构建，正是以创制为摹本的，可以说，对创制的理解深深地影响到了亚里士多德对于实体、存在和现实的领会。我们从亚里士多德阐述其形而上学思想时采取的例子即可清楚地看到这一点：在论述其形式和质料学说时，亚里士多德选择青铜雕像为例，正是以人工制品来比喻全体存在者。应该理解，对于一个哲学家而言，其所举的例子看似偶然，其实恰恰表现了其思想的初衷和端倪，甚至能揭示其运思的内在脉络和隐含奥秘，思想的真正内核往往隐藏于潜意识之中，这一点已经由精神分析学派做了很详尽的论证。① 如海德格尔前期哲学中，其将世内存在者规定为除此在（Dasein，我们向来所是的那种存在者，用通俗但却被海德格尔认为不够准确的说法来表达即为人）外的所有存在者的总称，但是当其举例时，则一定首先选择人造用具（如锤子、车上的指路标等）来进行说明，这无疑体现了海德格尔世界现象理论的发端之处，而这种发端却是其不会明言甚至不自知的。② 据此可以说，亚里士多德的形式和质料理论，乃至其整个存在论理解，背后都有一种将存在者视为被创制者的领会发生着作用，虽然在其运思论证的过程中会不断反思或消解这种滥觞处的影响，但开端的作用依然是强大的。

---

① 参见弗洛伊德：《释梦》、《精神分析引论》中的相关论述。虽然其精神分析理论存在着内在缺陷，但关于潜意识的观点对于通过特定举例、语法习惯等辨析哲学家思想的隐含内核有重要的方法论意义，但是这种解释途径的具体践行还有待深入探索。

② 参见海德格尔：《存在与时间》十五至十七节。海德格尔：《存在与时间》，陈嘉映、王庆节译，生活·读书·新知三联书店 2006 年版，第 78—97 页。

在以上意义下，当亚里士多德将《诗学》的主题理解为"创制技艺"
（ποιητικῆσ）时，就赋予了其诗学思想以一种存在论维度的重要意义，
因为其所理解的存在者之存在机制、"是者之所是"即为创制。而这种
创制经过反思，则具有深刻的哲学深意在其中。对于亚里士多德来说，
创制出自理智、技艺和潜能，他说："创制的本原或者是心灵或理智，
或者是技术，或者是某种潜能，它们都在创制者之中。"①这三个创制的
本原共同构成了创制活动的三个环节，即：理智对形式的先行把握、出
于技艺的质料聚集、由潜能到现实的实现过程。

在亚里士多德形而上学思想中，创制是对形式和质料的聚集，在此
形式先于质料，但形式绝不是已经首先摆在那里的现成者，并以这种方
式首先存在，反倒是现成者必然是形式和质料的统一体。因此，形式的
在先需要一种非现成的先在收拢或者说先行把握，这种先行的把握就需
要亚里士多德所说的创制的第一个本原：心灵或理智。对于人工制品的
创制来说，这个先行把握形式的心灵或理智就是制作者的理智；而当创
制被理解为存在者的存在机制时，这个心灵或理智就是那普遍的理性、
"客观"的世界心灵，近似于黑格尔哲学之中的绝对精神。这个由主观
或客观的理智先行把握的形式如果要实现为具体的存在者，还需要获得
其质料，而这种获得则需要一种有所选择、有所归置的对质料的聚集，
这一聚集过程所凭借的就是技艺。技艺（τέχνη）一词，从词源学上讲
即为对构建房屋之木材的聚集，也就是说在创制过程中，在先行把握其
所是的基础上（如对房屋样态的先行谙熟于心或按照已绘制好的建筑蓝
图）依靠质料的搭建。正如创制第一环节中的理智具有主观的和客观的
之双重含义，创制之第二环节中的技艺也具有两层意义，其既是指个人

---

① 《亚里士多德全集》第七卷，苗力田主编，中国人民大学出版社 1997 年版，第 145—
146 页。

的技艺,同时也指那种世界理性的运作或者说"自然的机巧"、"造化之功",是存在者之存在、存在者之所以存在、存在者之所以如此这般存在的必要环节。先行洞见的形式通过有所选择、有所分配的抛弃和收集之技艺而获得其质料后,就脱离了潜能而实现,因此创制的前两个环节归结为第三个环节,即由潜能到现实的实现过程。综合三者,创制就是将某物带入存在之中、使某物存在,具有存在论维度上的内涵。

　　如果说创制是亚里士多德存在论的内在核心,那么何以亚里士多德以"创制技艺"为题的著作,主题却仅仅是作为文学作品的诗或者说悲剧?仅仅是由于在古希腊语言中一种偶然的双关吗?是否以上的分析虽然涉及存在与创制,但是同《诗学》文本的真实旨趣毫无联系呢?或者说其实亚里士多德《诗学》正由于这种创制和存在的关系而具有还有待发掘的深意?如果对最后一个问题作出肯定的回答,那么这种深意该如何理解呢?在这里我们应看到,亚里士多德《诗学》的主题的确是诗甚至概念外延更狭窄的悲剧,但是这里的诗和悲剧却并非作为一种供人欣赏、消遣、审美乃至消费的文学体裁。悲剧作为亚里士多德钦选的诗之代表,乃是对人类行动的摹仿,而人之行动,则是存在之所以存在的根基。这样解读的话,那么亚里士多德的观点十分近似于海德格尔前期的此在哲学,在海德格尔看来,正是此在(Dasein、人)的展开状态(Erschlossenheit)决定了其他世内存在者的被揭示状态(Entdecktheit),而这种被揭示状态则是世内存在者之存在的根据。① 从另一方面来说,从哲学上看,存在者之存在向来不是指现成地、可感地摆在那里,而是"其所是的是"(参见本书第一章"亚里士多德形而上学思想概述"相关内容)。这里所谓"是"则并非是某种属性,而是在意义中呈现自身。

---

① 参见海德格尔:《存在与时间》第十八节。海德格尔:《存在与时间》,陈嘉映、王庆节译,生活・读书・新知三联书店 2006 年版,第 97—104 页。

人既是那种接受意义者，又是那原初的赋予意义者。这种接受意义和赋予意义，绝不是在抽象的、无时间的真空之境里，而是在其特定的生存境遇下发生的。人唯有在不同的人生生存境遇下才能觉解意义并肇始意义。也就是说，意义在人的特定生存境遇下的行动之中显现自身、成为自身。而哲学维度上的意义乃是"其所是的是"的本质，也就是存在者之存在的根本内涵。因此特定生存境遇下人的行动就是存在的根基，是那存在论前提。创制作为存在者之存在的机制，同特定生存境遇下人之行动、同那最基本的意义性活动具有根本性的关联。而诗，则是对意义的澄明，是对特定生存情境下人之行动的显示。在这种意义下，亚里士多德讨论诗的著作被冠以"创制技艺"之名，无疑是合理的。同时，唯有在对其《诗学》的解读中，真正理解了诗由于其同人之行动和意义的关联而获得的在创制学中的核心地位，进而通过创制的存在论意义理解了诗的存在论意义，才能对亚里士多德诗学思想做出恰当的阐释。

（二）作为创制机制的摹仿（μίμησισ）

如果说创制在亚里士多德哲学语境中是存在的基本机制，那么摹仿（μίμησισ）则是亚里士多德诗学语境中创制的基本机制。亚里士多德在其《诗学》的开头部分指出了包括诗在内的大部分艺术都是摹仿，他说："史诗的编制，悲剧、喜剧、狄苏朗勃斯的编写以及绝大部分供阿洛斯和竖琴演奏的音乐，这一切总的说来都是摹仿。"[①] 摹仿，希腊原文为：μίμησισ，其含义大概有扮演、表演、拟声、拟形、对行为的效仿和相似等含义，[②] 同 τέχνη 一词一样，这是一个含义广大的词汇。包括诗在

---

① 亚里士多德：《诗学》，陈中梅译，商务印书馆 1996 年版，第 27 页。
② 参见亚里士多德：《诗学》，陈中梅译，商务印书馆 1996 年版，第 206 页。

内的诸多艺术都是摹仿，并不是亚里士多德的首创，柏拉图亦如此认为。同时，早在柏拉图那里，摹仿就具有了形而上学和诗学上的双重含义。在柏拉图哲学中，理念世界与可感世界间的联系就是摹仿，可感世界依赖其与理念世界间的联系而获得其可感存在，靠的正是摹仿。在柏拉图诗学中，摹仿也有重要地位。柏拉图认为正如感性之物是对理念的摹仿，艺术品之类也是对感性之物的摹仿，因此距理念更远，比作为幻象的感性之物更是幻象。对于此观点，柏拉图在其《理想国》的第十卷中有较为详细的说明，他用了一个著名的三张床的例子加以说明：他认为木匠所制造的个别的床只是理念的摹本，而画家所画的床则是木匠所制的床的摹本，只不过是画出了床的外形，而不是实质，跟作为理念的真理隔着两层。而悲剧诗人在这里就相当于画家，其作品只是一种远离理念和真理之物。这样柏拉图就否定了诗的真实性。①

———————

① 柏拉图说："我们设有三种床，一种是自然的床（指床的理念），我认为我们大概得说它是神造的。……其次一种是木匠造的床。再一种是画家画的床。因此，画家、造床匠、神，是这三者造这三种床。……神或是自己不愿或是有某种力量迫使他不能制造超过一个的自然床，因而就只造了一个本质的床，真正的床。神从未造过两个或两个以上这样的床，它以后也永远不会再有新的了。因为，假定神只制造两张床，就会又有第三张出现，那两个都以它的形式为自己的形式，结果就会这第三个是真正的本质的床，那两个不是了。因此，我认为神由于知道这一点，并且希望自己成为真实的床的真正制造者而不只是一个制造某一特定床的木匠，所以他就只造了唯一的一张自然的床。那么我们把神叫作床之自然的创造者……这个名称是肯定正确的，既然自然的床以及所有其他自然的东西都是神的创造。木匠怎么样？我们可以把他叫作床的制造者吗？可以。我们也可以称画家为这类东西的创造者或制造者吗？无论如何不行。那么你说他是床的什么呢？我觉得，如果我们把画家叫作那两种人所造的东西的模仿者，应该是最合适的，很好。因此，你把和自然隔着两层的作品的制作者称作模仿者？正是。因此，悲剧诗人既然是模仿者，他就像所有其他的模仿者一样，自然地和王者（指最高者）或真实隔着两层。……因此我们是不是可以肯定下来：从荷马以来所有的诗人都只是美德或自己制造的其他东西的影像的模仿者，他们完全不知道真实？"柏拉图：《理想国》，郭斌和、张竹明译，商务印书馆1986年版，第391—394页。

应该看到，尽管柏拉图将理念、可感事物、艺术品三者置于一个被摹仿连接的整体关系结构中，但是其对摹仿的领会仍是二元的。因为与其说可感事物对理念的摹仿之内在机制等同于艺术品对可感事物的摹仿，不如说二者是出于一种比喻联系在一起的。亚里士多德就指出可感事物的摹仿乃是一种诗意的比喻。同时，由于柏拉图倾向于最大限度地否认可感世界的存在，（柏拉图反对可感物为第一等的存在，而这种存在性的缺失则会导致向虚无的堕落，在这种意义上，激进的柏拉图主义者就接近于虚无主义者，同时激进的柏拉图主义也相通于认为万事皆空的东方哲学。如叔本华哲学即可证明此点，其并行不悖地接受了柏拉图二元哲学和印度哲学中的悲观主义。）那么，摹仿就不是一种建设性的机制，而恰恰是一种否定性的机制。在柏拉图哲学中，与其说摹仿是一种创制，不如说摹仿是一种通向虚无，可感事物和艺术品与其说是由于摹仿而存在，不如说恰恰是由于摹仿而不存在。

亚里士多德在其创制哲学思想中，从两个方面扬弃了其老师的摹仿观。首先，亚里士多德统一了柏拉图哲学中摹仿的形而上学意义和诗学意义，在其《诗学》中，诗通过摹仿而形成，同时也由于摹仿而获得其实存而非作为实存的影像。正是由于亚里士多德对存在的创制性领会，这种统一才是可能的。其次，亚里士多德消解了柏拉图思想中摹仿的否定性含义，在其哲学话语中，摹仿并不是虚无的根据，而是存在的根据。当柏拉图指出可感世界是对理念世界的摹仿时，其实际是在借此否认可感世界的真实存在，在其区分两个世界并且用摹仿说明其关系的同时，我们所认识的可感世界就开始了堕入虚无的过程；同理，当其将艺术品规定为对可感世界的摹仿时，艺术的自在存在之权利也被取消了。但是无论从存在论角度还是诗学角度，无论是可感者对理念的摹仿，还是艺术对可感者的摹仿，柏拉图都只是泛泛地使用摹仿这一概念，而从来没有对其基本环节、运作机制，概括地说就是对何谓摹仿有过任何实质性的规定或考察。

　　而在亚里士多德诗学中，摹仿被真正作为专题来看待了，这种对摹仿的专题探讨是以对它的肯定性理解为前提的。诗并非因为摹仿而是虚无的，而是因为摹仿而存在。而且恰恰由于诗是摹仿，它才获得了一种高于可感事物或具体事件的存在论意义。笼统地说，如果说摹仿在柏拉图哲学中大多在简单拷贝的意义上被理解，其在亚里士多德学术话语中则具有了显现共相的含义。这种显现并不是简单的照亮，而是带入存在的光照之中。诗人通过摹仿将生存论意义带入光照之中，这种带入光照也就是形上意义上的初次存在，也就是说在摹仿中形成（被创制）的诗，具有构建生存论意义的作用。同样将诗规定为摹仿，但是对摹仿的不同理解决定了亚里士多德和柏拉图在对待诗的态度上的巨大分歧。柏拉图依据摹仿说贬低诗和诗人的地位，而亚里士多德则以摹仿说为诗及诗人辩护，他认为诗能够反映现实世界所具有的普遍性，诗所描写的是合乎可然律和必然律的，[①] 所以能呈现现实中的本质的东西，揭示现实的规律。因此，正如海德格尔指出的那样，艺术是具有认识作用的，这种认识指的并不是理论上对现成知识的获得，而是对真理的澄明。[②] 在亚里士多德这里，艺术被归还了其崇高性，因为如上文提过的，技艺的摹仿并非是一种对真实的遮蔽，反而正是一种解蔽，因此这种摹仿就不再是幻象之幻象，而是对真实的显现。

　　不仅个别的诗作为一种特定创制基于摹仿（μίμησισ），诗这种创制活动本身即来源于摹仿。因此可以视为在亚里士多德的创制哲学语境中，摹仿（μίμησισ）和创制（ποιητικῆσ）这两个概念具有等位的思想高度。亚里士多德指出："作为一个整体，诗艺的产生似乎有两个原因，

----

① 参见亚里士多德：《诗学》，陈中梅译，商务印书馆1996年版，第64页。

② 参见海德格尔：《演讲与论文集》，孙周兴译，生活·读书·新知三联书店2005年版，第11页。

都与人的天性有关。首先，从孩提时候起人就有摹仿的本能。人和动物的一个区别就在于人最善摹仿，并通过摹仿获得了最初的知识。其次，每个人都能从摹仿的成果中得到快感。"① 如我们在上文所论证的，在亚里士多德诗学语境中，摹仿作为创制之机制，绝非单纯的复制，而是在先行把握、先行视见的前提下有所抉择、有所构建的呈现。那么这种亚里士多德重视的摹仿本能就同时具有学习和创制的双重含义。亚里士多德认为诗出于人类摹仿的本能，这样就把诗提高到了本能、即人类的生存方式的层面上。正因为诗之技艺是人类的本能，是根植于人类命运之中的，所以在诗中探求人之存在与命运也就成为了可能。那么在亚里士多德那里，这种诗和人类生存的关系何以可能呢？在现代哲学中，对生存的理性解释受到了多方面的质疑，因此一种诗意的对生存的解释越来越受到推崇。其实，这种诗意的对生存的理解，是在古希腊，在亚里士多德的创制哲学之中就有其根基的。海德格尔正是在对古代哲学的研究中，论证自己的此类见解。他认为从诗的角度来理解人的生存，不是新产生的思想，而恰恰是属于古代希腊的，被近代的主客对立观点所遮蔽的。②

如前述，摹仿是创制的根本机制，这种机制之诗性有赖于技艺活动，而技艺作为对质料之聚集的实现过程，是创制之三环节中的中心环节。因此摹仿（$\mu\acute{\iota}\mu\eta\sigma\iota\sigma$）和技艺（$\tau\acute{\epsilon}\chi\nu\eta$）先天有一种密不可分的关系。技艺是一种在不断的学习和实践中生成之物，它基于和伴随它流逝的时间之亲熟。所谓技艺之生成，其实从本真的意义上来说是一种对时间的操持，而这种同人类的实践活动共在的时间，乃是本真的时间。一个泥瓦匠练习或实践其手工、一个演奏者练习或演奏小提琴、一个思辨者在

---

① 亚里士多德：《诗学》，陈中梅译，商务印书馆 1996 年版，第 47 页。
② 此观点参见海德格尔：《世界图像的时代》一文，海德格尔：《林中路》，孙周兴译，上海译文出版社 2004 年版。

思辨，这都是产生技艺的活动，而有过类似经历的人会明白，他们在这样一种行为中，其实真正在与之打交道的普遍者正是时间，不是匀质的流逝之物理学上的时间，而是生存论意义上的时间。（可参见《存在与时间》第二篇"此在与时间性"中的相关内容）这种时间乃是人的生存之根本。因此，技艺也就是人类的命运和本真生存。那么既然艺术创作（技艺）是一种摹仿，而无论从技艺的层面上，还是从摹仿的层面上，它都源自人类的本质和命运，那么，就可以看在以诗为代表的特定创制中可以呈现出人类的生存之命运。因此亚里士多德这部表面上讨论诗之技艺的著作，实际上亦是一种对命运和生存的显现和建构，而这种有所澄明的建构，正是亚里士多德所理解的作为是某物去存在的"创制"。

在这种理解下，正像海德格尔做过的那样，亚里士多德也明确地把摹仿（在此是摹仿之技艺）同认识联系起来，也就是把创制同解蔽（$\alpha\lambda\eta\theta\epsilon\iota\alpha$）联系起来。亚里士多德把摹仿中得到的快感归结为求知的快感，他说："尽管我们在生活中讨厌看到某些实物，比如最讨人嫌的动物形体和尸体，但当我们观看此类物体的极其逼真的艺术再现时，却会产生一种快感。这是因为求知不仅于哲学家，而且对一般人来说都是一件最快乐的事，尽管后者领略此类感觉的能力差一些。因此，人们乐于观看艺术形象，因为通过对作品的观察，他们可以学到东西，并可就每个具体形象进行推论，比如认出作品中的某个人物是某某人。倘若观赏者从未见过作品的原型，他就不会从作为摹仿品的形象中获取快感。"① 为什么人在观看艺术摹仿品的同时产生了对事物的认识并因而产生了快感？那是因为创制者在利用技术创制之时，当他将质料聚集到已直观完成之物那里时，完成了将某物带入存在光照的解蔽。为什么摹仿品之制成可以起到解蔽的作用，其原型又为何被遮蔽？如果站在康德

---

① 亚里士多德：《诗学》，陈中梅译，商务印书馆1996年版，第47页。

哲学的立场上，或许应该如此认为：人并不是直接地认识事物和思考事物，认识活动只能在其先验的直观形式和知性形式中来进行，在时空之内，在范畴之中，知性是不能直接认识命运的，或者说，人的知性不能解蔽，而只能认识表象之物，认识的一个前提是所谓的"先验统觉"，自我应该伴随着自我的一切概念。一个经验的对象只有放进自我的意识之内、经过了先验统觉的作用之时，唯有当这个对象在一个单一、简单、单纯的统觉内被简单化、单纯化之后，才能成为自我认识的内容。凡是思维面对的都是一种统一性的东西，自我意识之纯粹统觉是一种综合的功能，所有被认识之物必须是进入统一性形式中的东西。① 在此，摹仿起到了类似先验统觉的作用，将杂多的经验简单化、单纯化，变得可以被人认识，从而给人以快感。在创制哲学语境中，创制内蕴了认识但又超出认识。

以摹仿（$\mu\acute{\iota}\mu\eta\sigma\iota\sigma$）作为创制（$\pi o\iota\eta\tau\iota\kappa\grave{\eta}\sigma$）之基本机制，使某物进入存在（实现）的观点，是亚里士多德创制哲学的根本特征。如亚里士多德所说，创制的本原在于心灵和技术（1025b）。据此，在亚里士多德创制哲学的存在论中，存在之为存在的根据亦在于心灵（理智），而非质料性的自然。之后，亚里士多德又在其悲剧创制探讨中将这种生存论存在论的创制哲学观点推向了极端：不仅存在（创制）的根据在于心灵，首要的存在者（被创制者）也并非"物"，而是人的"行动"、"事件"。

作为创制哲学的中心著作，亚里士多德《诗学》不仅如表面上那样，是对作诗技艺的讨论，同时它也是在讨论何以创制是一种"带入存在"、"促成真理"之意义上的创制，亦在探讨怎样进行创制，才是对命运和生存的解蔽。

---

① 参见康德：《纯粹理性批判》，蓝公武译，商务印书馆1960年版，第97—103页。另见黑格尔：《哲学史讲演录》第四卷，贺麟、王太庆译，商务印书馆1960年版，第268页。

二、逻各斯（λόγοσ）与人的生存活动
——摹仿的媒介与对象

摹仿（μίμησισ）作为创制的根本性枢机，具有其媒介和对象。（1447a）亚里士多德看来，诗的创制因其特定的摹仿媒介和对象，在诸多创制中具有别具一格的地位。正是在此意义上，诗学才能作为亚里士多德创制哲学的核心著作，呈现创制哲学的根本内涵。诗之摹仿（μίμησισ）的媒介是语言；而诗之摹仿（μίμησισ）的对象则是人的生存活动。

如前文在梳理亚里士多德《诗学》的文本结构中指出的，共计二十六章的《诗学》可以说具有三个主题，分别是摹仿、悲剧和史诗。三者中只有摹仿并不是诗的一种特定类属，而是对所有种类的诗的共性规定，可以说从关于摹仿的探讨中，可以透析出亚里士多德对诗的普遍性、本质性理解。

（一）摹仿（μίμησισ）与 λόγοσ

如果说诸多诗的共性在于摹仿，那么不同类属的诗之个性同样也基于其乃是不同的摹仿。亚里士多德指出，不同的诗之间的区别在于摹仿的媒介、对象和方式的不同，他说："它们（指上文所说的史诗、悲剧、喜剧、狄苏朗勃斯和音乐等）采用不同的媒介，取用不同的对象，使用不同的，而不是相同的方式。"①

就摹仿的媒介来说，如果考虑所有种类的创制而不仅仅考虑诗，那

---

① 亚里士多德：《诗学》，陈中梅译，商务印书馆1996年版，第27页。

么其包括色彩、形态、声音、节奏、语言、音调以及其他质料等。亚里士多德指出，以色彩和形态为摹仿媒介的是包括绘画和雕塑在内的造型艺术，以声音为摹仿媒介的是音乐，仅用节奏为摹仿媒介的是舞蹈，以语言为摹仿媒介的则是诗。但是应注意，在古希腊，正如前文论述过的那样，用来表征诗的乃是广义的"创制"一词，所以亚里士多德指出对于那种使用无音乐伴奏的话语或格律文，仅仅以语言（λόγοσ）为摹仿媒介的艺术并无专名指称。而这种艺术则正是亚里士多德《诗学》、亦即创制学所讨论的主要对象。① 单从摹仿媒介上来看，即可发现诗在诸摹仿艺术中的特殊哲学性，因为 λόγοσ 乃是古希腊最重要的哲学概念之一。极端地说，正由于其从词源学上而言具有话语、道说等诸多含义，因此才将西方哲学发展的各种可能性在源头上敞开了。这一概念具有类似"道"在中国哲学中的复杂源发的意义。如赫拉克利特最重要的两条残篇都以逻各斯为主题，他说："但于此恒久有效的逻各斯（λόγοσ），人们总证明其不解，无论在听到之前，还是闻及之后。因为，虽万物的发生与此逻各斯吻合，人们在体验我所提供的言行——（像我所做的那样）按（其）实际构成来辨识每一物，亦即指明该物何以成其所是——之时，仍

---

① 诗这一概念几乎在任何民族的语言系统中都是较晚形成的，这与诗的实存本身在各个文明中极早产生形成了鲜明对比。比如在我国的语言中，诗这一概念就演化自作为专名的《诗经》，而早在这一词语获得其普遍性的意义之先，我国先民们就已经在对何谓诗有先行领会的前提下对民间的相关对象进行搜集和整理了。事实上直到现今，诗仍远不是一个自明的概念。对于"何谓诗"每个人都有其理解，但是使诗之为诗的诗性本身却恰恰就在这样虚假的自明性中被遮蔽了。试想杜甫的"诗史"、荷马关于特洛伊战争的弘大史诗与艾略特的 Four Quartets 之间，存在着无限的不同，却都被称为"诗"即可窥见这一现象。亚里士多德早已否定了诗是以带有格律或韵律的语言写成的文本这种标准，他说："除了格律以外，荷马和恩培多克勒的作品并无其他相似之处。因此，称前者为诗人是合适的，至于后者，与其称他为诗人，倒不如称他为自然哲学家。"见亚里士多德：《诗学》，陈中梅译，商务印书馆1996年版，第28页。

然一如毫无经验者。不过人类之余者，醒后不知其所做，恰如眠时不记其所为。"（赫拉克利特残篇 1）"此即何故须跟随（一般）即普遍。虽此逻各斯为公器，许多人的生活却显示出他们对之各有私议。"（赫拉克利特残篇 2）① 海德格尔在其 1935 年开设的课程《形而上学导论》中，也对逻各斯的含义有反复的论证，并将之阐释为"采集"，认为这一概念在西方形而上学的开端具有奠基性的理论力量。②

亚里士多德在对各种诗并无专名指称的古希腊，把以逻各斯（λόγοσ）为摹仿媒介的所有艺术单独提取出来作为其"创制技艺"一书的主题，不能不说是基于其哲学上的敏感。逻各斯的哲学意义在亚里士多德进行分类、选择主题的时候无疑就发挥着作用，因此其《诗学》在探讨之初就处于一个哲学逻辑学的语境之下了，而《诗学》第 19—22 章对诗之语言，即逻各斯的具体讨论，则不过是隶属于这一宏观的逻各斯理解构境下。同时，《诗学》的重要探讨对象乃是悲剧的情节（μῦθοσ），这一概念经过考证与（λόγοσ）具有内在的亲缘性，在这一点上，我国学者陈明珠曾作出了富有新意的考察，可以作为参照。③

（二）摹仿（μίμησισ）与生存行动

关于诗摹仿的对象，如果说亚里士多德将诗之摹仿媒介规定语言（λόγοσ 逻各斯）体现了他对创制哲学与思辨哲学之联系的先行把握，那么其对诗之摹仿对象的规定则体现了他对创制哲学与实践哲学的内在

① 《赫拉克利特著作残篇：希腊语、英、汉对照》，罗宾森英译，楚荷中译，广西师范大学出版社 2007 年版，第 11—12 页。对赫拉克利特逻各斯思想的解读，可参见海德格尔：《逻各斯〈赫拉克利特、残篇第五十〉》一文。海德格尔：《演讲与论文集》，孙周兴译，生涛·读书·新知三联书店 2005 年版，第 219—249 页。
② 参见海德格尔：《形而上学导论》，熊伟、王庆节译，商务印书馆 1996 年版。
③ 参见陈明珠：《谜索思：〈诗学〉的"情节"》，《浙江学刊》2014 年第 6 期。

统一之事先领会。(正是在这种意义上，才能够将亚里士多德的创制哲学视为其思辨哲学和实践哲学的居间者和连接者。)亚里士多德认为诗，尤其是被其视为诗之代表的戏剧的摹仿对象乃是行动中的人，更进一步说是在特定的生存境遇中的行动的人。而人则是实践哲学的主体，同时又是那开敞世界并赋予意义者。所以亚里士多德从摹仿媒介和摹仿对象两个方面都突出了诗的哲学意蕴，进而证实了我们将《诗学》视为其创制哲学中心著作的论点。

随后，亚里士多德对于诗的摹仿对象做了更为具体的分析，他说："既然摹仿者表现的是行动中的人，而这些人必然不是好人，便是卑俗低劣者，他们描述的人物就要么比我们好，要么比我们差，要么是等同于我们这样的人。"[1]下一步，他又根据摹仿对象的不同而区分了悲剧和喜剧："悲剧和喜剧的不同也见之于这一点上：喜剧倾向于表现比今天的人差的人，悲剧则倾向于表现比今天的人好的人。"[2]如亚里士多德所说的，悲剧和喜剧的差别并不在于其结局的"悲"或"喜"。事实上，古希腊著名悲剧中不乏具有大团圆结尾的剧目，尤其体现在早期三连剧的最后一部中。如埃斯库罗斯的《奥瑞斯提亚》三部曲中的《报仇神》(或翻译为《福灵》)就以奥瑞斯提亚的弑母罪被宽恕为结局，据传已佚的埃斯库罗斯之《普罗米修斯》三部曲中的尾剧《解放的普罗米修斯》也是皆大欢喜的结局。但是应注意，虽然在古希腊戏剧环境中，悲剧并不一定具有悲惨结局，但是在亚里士多德诗学语境下，这位哲学家则强调最好的悲剧应有痛苦结局，因为这样更能引发观众的怜悯和恐惧，实现悲剧的效果，换言之，痛苦结局的悲剧更符合亚里士多德心中悲剧的理念。亚里士多德更倾向于赞赏一种对人之生存之悲剧性境域的呈现，在

---

① 亚里士多德：《诗学》，陈中梅译，商务印书馆1996年版，第38页。
② 亚里士多德：《诗学》，陈中梅译，商务印书馆1996年版，第38页。

这样的理解之下，悲剧的悲惨结局和严肃性就得到了统一。这种诗学中表现的洞见在西方哲学史中长期受到忽视，直到现代，才在克尔凯郭尔、叔本华、尼采以及海德格尔哲学中有所体现。但是其在西方文化史中却一直起到了或显或隐、或多或少的作用，如基督教哲学中的原罪思想等，都在某种程度上承接了亚里士多德的诗学思考。

虽然有一种对悲剧性生存与现实之间的同一领会，但亚里士多德还是明确强调古希腊悲剧和喜剧的区别在于摹仿对象是比普通人更好或是更卑劣的人，同时也是戏剧的基调是庄严还是轻浮的。（在这种意义上，国内有些学者提倡将古希腊悲剧翻译成"肃剧"，是可取的。）从何种意义上理解亚里士多德所说的"好"和"差"，是值得探讨的，正如亚里士多德哲学语境中的"善"是复杂而非自明的哲学问题。《诗学》中所说的好人和坏人，并非完全是从道德上讲的，可以说亚里士多德《诗学》在其《尼各马可伦理学》之外提供了一种新的伦理路向。首先，亚里士多德认为道德上的好人不能作为悲剧摹仿的对象，在《诗学》第十三章中他指出，悲剧的主人公应是有错漏、缺陷或过失（άμαρτια）之人，这里道德上的缺陷也是成立的。[1] 同样，道德上的坏人也未必适合做喜剧的摹仿对象，而是有许多被用作了悲剧的主人公。比如说在亚里士多德所推崇的悲剧诗人索福克勒斯那里，传世的七部悲剧中，至少有两部以道德上的恶人做主人公。如奇斯佳科娃在其《论索福克勒斯的剧中悲剧人物的形象问题》一文中指出的那样："埃阿斯企图杀害全希腊军队的首领，在人们及其首领们看来，甚至在他自己的军队看来，他都是变节者，对这种人通常的惩罚方法是当众用石头砸死。……赫拉克勒斯是常见的恶人角色、暴食者、酒徒、好追逐女人的人，同时也是罪犯，他狡猾地杀死了伊菲托斯，由于对伊奥勒炽烈的爱摧毁了她的城市，最终

---

[1] 参见亚里士多德：《诗学》，陈中梅译，商务印书馆1996年版，第97页。

受到了惩罚，可耻地死去。"①这还仅仅是以主观动机为标准评判道德的结果，如果以实际行为为标准，那么包括弑父娶母的俄狄浦斯、弑母的奥瑞斯提亚和厄勒克特拉在内，几乎所有索福克勒斯悲剧中的主要人物都具有道德上的污点。这一择取主人公的标准还不断地在人类悲剧史中重新演历，如在莎士比亚的悲剧《麦克白》中，主人公麦克白听到女巫预言后，出于自身野心以臣子之身逆弑君王，行主人之职却杀害客人，阴谋篡位，杀死了在自己家中做客的苏格兰国王邓肯，逼走王位继承人，即位为国王后展开血腥统治，以暗杀之手段诛除异己，因女巫的预言便试图杀死战友班柯与其子弗里恩斯，同样因女巫预言杀尽麦克德夫全家，无论妇孺，最后终于众叛亲离而死，其在道德上可谓劣迹斑斑，但是仍可以作为悲剧的主人公，而且公正地说，麦克白仍符合亚里士多德所说的比普通人"更好"的标准。那么何以亚里士多德认为悲剧所表现的是比普通人"更好"的人呢？这一"好"的根据应如何理解？是否这种诗学上的"好"要明显地异于伦理学上的"善"呢？在亚里士多德诗学语境中，道德上的恶人，却不是卑俗低劣者。②因此亚里士多德所说的"比今天好的人"、"比今天差的人"并不是指道德上的，通俗地说，是指一种生命力的雄健和缺失。被亚里士多德定义为"好"的旺盛的生命力一方面具有美感，另一方面又往往是被社会所不能接受的。其绝不是卑微，但亦不是善良，这就是亚里士多德诗学中的"好"。古希腊神话语境中的诸神往往具有这种特征，其比平常人更为高大、英俊、有力量，早在伦理观点并未形成的时期，这些特征就已经作为正面积极的表现被接受，但是这种英伟和强力恰恰由于过度而造成了道德上的恶，尤其不同于后世西方的基督教道德标准。亚里士多德的诗学就处于这种健

---

① 《古希腊三大悲剧家研究》，陈洪文、水建馥选编，中国社会科学出版社1986年版，第482—483页。
② 参见莎士比亚：《麦克白》，商务印书馆1998年版。

旺之美和道德之善的辩证维度之中，因此在文本中，亚里士多德既认为这种人是比一般人"好"的，同时又认为其是具有过失或缺陷（$\acute{\alpha}\mu\alpha\rho\tau\iota\alpha$）的。其实在我国古代也存在着这种对道德和生命力的辩证思考，殷商的末代君王帝辛即纣王被视为高大英武有力者，但是却由于其暴虐而失去天下。可以说对这种个体生命的旺盛和社会道德间的矛盾，我国儒家思想是敏感的。但是我国的儒家思想能以其中道的人生智慧中和这种矛盾，其将生命力乃至权力视为有益的，而非绝对的恶，更不是如基督教哲学语境中，将人生的各种欲望视为"原罪"。儒家思想强调这些旺盛者只要处在一种限度之中，就能达到善和美的统一，如文王和孔子亦都被理解为高大孔武者。其实在古希腊，这种对力量的赞颂和对节制的提倡也是存在的，并在一定的程度上引导了后世的相关思考。

　　另外，亚里士多德亦有如下倾向：他认为对庄严的摹仿造成悲的效果，而对轻浮之物的摹仿则造成喜。考虑这一观点可借助康德在其《判断力批判》里的滑稽理论："笑是一种从紧张的期待突然转化为虚无的感情。"[1] 卑劣之人由于其轻浮，造成了他不能填满人日常生活中正常维持的期待感，给人以虚无之感，所以造成笑的效果；相应的，由于高贵之人的庄严性，超出了常人习惯于承受的生命重量，因此令人感到崇高，所以有悲痛之感。悲剧之"悲"并不是人们日常生活中体验到的悲，而是一种形而上的恐惧与怜悯。人切身的哀伤比之于悲剧之"悲"，相当于日常之"怕"比之于海德格尔的"畏"，是一种生存论上的感受。相关内容可参见《存在与时间》第一篇"准备性的此在基础分析"第五章"'在之中'之为'在之中'"的第二十八节专题分析"'在之中'"的任务、第二十九节"在此——作为现身情态"、第三十节"现身的样式之——怕"、第六章"操心——此在的存在"；以及第二篇"此在的时间

---

① 康德：《判断力批判》下卷，韦卓民译，商务印书馆 1964 年版，第 41 页。

性"中第一章"此在之可能的整体存在，向死存在"等相关章节的内容。由此应看到，亚里士多德《诗学》中所谓的好人和坏人，其实从某种意义上说是一个的意义的重量问题，"或重于泰山，或轻于鸿毛。"这也是为什么悲剧诗人喜欢使用历史传说中的人物的原因，因为人物的重量感已经由历史赋予了。并不是每一个诗人都有能力为虚构之人赋予重量的，同样的原因，喜剧不适宜使用神话或历史中的人物，因为诗人还要为其减轻重量。鉴于以上原因，亚里士多德认为悲剧的摹仿对象是非道德意义上的好人，而喜剧的摹仿对象则是坏人，亦即低劣之人。

如果说亚里士多德在讨论不同的摹仿媒介和摹仿对象时，更注重诗与其他艺术的不同，从诗是对语言的摹仿，以及诗是对行动中的人之摹仿这两个角度来暗示其《诗学》的哲学内涵，那么其对摹仿方式的论述中则更注重其最重视的两种诗——悲剧和史诗的区别。亚里士多德指出史诗和悲剧的区别在于摹仿方式的不同。他说："从某个角度来看，索福克勒斯是与荷马同类的摹仿艺术家，因为他们都摹仿高贵者；而从另一个角度来看，他又和阿里斯托芬相似，因为二者都摹仿行动中的和正在做着某件事情的人们。"① 这里亚里士多德说的"某个角度"是指从摹仿的对象来看，索福克勒斯和荷马摹仿的都是比一般人好的人；而"另一个角度"就是从摹仿的方式来看，悲剧和喜剧是通过扮演来表现行动和活动中的每一个人，而史诗则是通过叙述来进行摹仿。

通过对亚里士多德对摹仿（$\mu\iota\mu\eta\sigma\iota\varsigma$）的媒介、对象乃至方式的论述可知，诗是一种摹仿，摹仿的媒介是语言，摹仿的对象是行动中的人，摹仿的方式是叙述（史诗）或者是扮演（悲剧和喜剧）。这三者中，

———————

① 亚里士多德：《诗学》，陈中梅译，商务印书馆1996年版，第42页。

对摹仿的媒介（语言）和摹仿的对象（行动中的人）之规定是有其深刻的哲学内涵的，表面上只是对诗的事实性描述，实际却体现了亚里士多德深刻的创制哲学思想。诗是以逻各斯（λόγοσ）即语言为媒介的摹仿，因此其深深植根于古希腊的哲学传统中。或者说古希腊的哲学肇始于一种对逻各斯的理解，而这种逻各斯却首先是在荷马、赫西俄德乃至俄耳甫斯教派的诗歌中深化自身并完成自身的。正如在文学史上人们常常说的那样，现代德语完成于歌德，而现代俄语则完成于普希金。一种语言、一个民族的逻各斯往往在诗之中才真正获得了其全部的可能性。在此意义上，进行诗学研究，就是一种根源意义上的逻各斯研究，也就是根本的哲学研究。同时诗又是以人之行动为对象的摹仿，人的行动同样是哲学的根本主题，当今我国的部分学者就提倡"哲学即人学"的观点。这种以人的生存行动为对象的哲学，不同于将我思、意识、主体作为其主题的哲学，在某种程度上，生存比上述三者更具有本原性。在现代，无论是马克思哲学，还是海德格尔哲学都有这种倾向，同时这一理解维度也更贴近于古代哲学的质朴之思。可以说，对人之生存维度的研究，既是现代性的，同时又是根本性的。在这种意义上，诗作为对特定境遇下人之生存的摹仿，对其进行学理化研究无疑是哲学的重要课题，因为人的活生生的行动并非抽象者，而是唯有在特定情境下才能如其所是地展开自身。基于以上两点，将逻各斯视为诗之摹仿媒介、将人之行动视为诗之摹仿对象的亚里士多德《诗学》，无疑是一部重要的哲学著作。其开敞了一种不同于又相关于思辨哲学和实践哲学传统的新哲学视域，即创制哲学视域。事实上，所谓思辨哲学和实践哲学的区分，也正是基于由亚里士多德的工作所决定的西方传统思想范式，在此意义上，创制哲学就是在这种思想传统中不可或缺、但却遭遗忘的重要哲学主题。

　　承接对摹仿（μίμησισ）的论述，亚里士多德还探讨了诗之创制的产生与发展，这表面上看是一种历史性的陈述，实则其更关注一种创制之形式、创制之理念的完成。在诗之创制的发展中，其样式不断趋于完善，并终于形成了古希腊悲剧全盛时期的那种悲剧形式。当时著名的三大悲剧家埃斯库罗斯、索福克勒斯、欧里庇得斯的作品都以其情节的完整庄严、语言的雄壮隽永、人物的丰满生动而获得了在文明史中永不褪色的赞誉，同时其剧作也成为文学史上永恒的丰碑，不断指引并滋养着后世诗人的写作。不过如果说这些悲剧在人类文化史中的地位更多来源于其非哲学的价值，那么这种悲剧形式之所以被亚里士多德视为诗的典范，则是更多出于创制哲学层面上的考虑。

　　亚里士多德认为古希腊全盛时期的悲剧最符合其对创制之本质的把握。悲剧是对人之行动的直接摹仿，而且是在最极端的生存论情境中的摹仿。所谓戏剧性事件，其实并不是着意于其偶然和巧合，而是着意于对人生根本处境的全然吻合之开敞。所以亚里士多德《诗学》中的绝大部分篇幅都用来进行悲剧讨论。后世研究者往往根据亚里士多德本人的承诺，认为其《诗学》本来还有关于喜剧的部分，在这种揣测之上写成的畅销小说《玫瑰之名》为人津津乐道。但是如果深入思考亚里士多德《诗学》的写作初衷，其对于创制哲学的聚焦和旨趣，则可以推测其目的在现存文本的范围内就已经完成了，即使还有关于喜剧的部分亡佚，也并不影响对于亚里士多德创制哲学思想的研究。因为亚里士多德旨在通过悲剧研究言说哲学问题，诗作为创制、通过语言对人之行动进行摹仿，因而依其本质而具有哲学性。而悲剧则是亚里士多德眼中最完善、最成熟、最能彰显并承载创制之本质的诗，所以对悲剧的探讨能在最大程度上开展其创制哲学理解。在这种对亚里士多德创制哲学的宏观把握之下，我们将展开对亚里士多德《诗学》悲剧部分的探讨。这一阐释乃是亚里士多德创制哲学的核心部分，正如悲剧讨论是亚里士多德《诗学》文本的核心部分。本书之前所重点论及的，对作为代表性创制的诗的领会、对创制之三环节的澄明、对诗与语言和行动之人的关系的梳理、对作为诗之创制机制的摹仿的本质之揭示都是为之后的阐释工作开敞的前提语境，这些结论将在后文的探讨中始终在场。

三、创制哲学语境下的"技艺"（τέχνη）

亚里士多德创制哲学的最重要特征是将创制这一生成、使某物"去存在"之机制视为一门技艺（τέχνη），他说："创制的本原或者是心灵或理智，或者是技术（τέχνη），或者是某种潜能，它们都在创制者之中。"[①] 三者中唯有 τέχνη 是亚里士多德创制哲学语境中独有的重要概念。同时 τέχνη 一词又是西方语言中艺术一词的词源，与诗直接相关。对技艺的把握既是透析亚里士多德创制思想的关键，也是理解亚里士多德诗学思想这一创制哲学文本之表层主题的重要钥匙。在此意义上，τέχνη 是一至关重要的创制哲学概念。因此在具体进入亚里士多德创制哲学研究、《诗学》文本研究之前，就有必要剖析一下古希腊的技艺概念以及亚里士多德的技艺观。

从另一角度来看，创制哲学的主题"ποιητικῆσ"，本身与技术（τέχνη）有其含义上的亲缘性，创制本身就内蕴了"制作技术"、"创制技艺"的意思。亚里士多德在《诗学》开篇这样说："关于诗艺本身和诗的类型，每种类型的潜力，应如何组织情节才能写出优秀的诗作，诗的组成部分的数量和性质，这些，以及属于同一范畴的其他问题，都

---

① 《亚里士多德全集》第七卷，苗力田主编，中国人民大学出版社1993年版，第145页。

是我们要在此讨论的。"①从这句开首词就可以看出，亚里士多德在创制哲学语境中，格外重视制作的"技艺"。②正是基于一种对技艺和创制之内在关联的特定理解，亚里士多德的诗学才不同于一般的美学或文艺学著作，而有了其创制哲学层面的意义。

τέχνη 的基本含义是指生产性、生成性的技术或者技艺。然而这个词含义在使用中、在语言的发展中被不断扩大了，带有了一种纯粹理性的意义。比如赫西俄德在他的《神谱》中多次使用了"狡诈的计划"一词，其中计划即用 τέχνη 来表示③。可以看到在那个时代的古希腊，多数需要计划、筹措、运用理智的人类行为，都可以用 τέχνη 来表示。在古希腊人的使用中，τέχνη 的意义是十分广泛的，该词同时具有现代语言中的技术、工艺、技艺、艺术等含义，几乎所有从事一定职业者，都有其 τέχνη。④ 摆弄木石者，上至神庙的建筑者、神像的雕塑者（如菲迪亚斯），下至矿工与采石者，皆因其 τέχνη 而是其所是（如不会雕刻的菲迪亚斯便不再是菲迪亚斯）；公民的牧者——政治家，与普通之牧羊者，亦皆依赖其 τέχνη（如智者普罗泰戈拉所说，管理城邦、疏导公民

① 亚里士多德：《诗学》，陈中梅译，商务印书馆 1996 年版，第 27 页。本书中引用的亚里士多德《诗学》，大多选取陈中梅（商务印书馆版）或崔延强译本（亚里士多德全集版）为底本，有时会根据论证需要参考原文（I.Bywater, *Aristotle on the Art of Poetry*, Oxford, 1909）及其他译本（包括罗念生、缪朗山译本等）略有改动，特此说明，不再一一注明。

② 此观点参看 *Aristotle On Poetics*, Translated by Seth Benardete and Michael Davis With an introduction by Michael Davis.St,Augnstine's Press, 2002:1 及陈明珠：《技艺与迷狂——柏拉图〈伊翁〉与亚里士多德〈诗学〉对观》，《浙江学刊》2011 年第 2 期。

③ 参见赫西俄德：《工作与时日·神谱》，张竹明、蒋平译，商务印书馆 1996 年版。另关于 τέχνη 的词义，可参看宋继杰：《柏拉图〈蒂迈欧篇〉的宇宙论——一种内在的自然目的论解释》，中国社会科学院研究生院 2001 年博士论文。

④ 参见海德格尔《技术的追问》一文。海德格尔：《演讲与论文集》，孙周兴译，生活·读书·新知三联书店 2005 年版，第 11 页。另见亚里士多德：《诗学》，陈中梅译，商务印书馆 1996 年版，第 234 页。

乃是政治技艺）①；甚至连德性本身亦可称为技艺，如苏格拉底乃是掌握照料灵魂之技艺之人②。值得注意的是，并非是一种古代人对概念分析的懵懂造成了这种语言中的含混，毋宁说这种含义过分庞大的语词之存在正是古代语言的伟大力量之呈现。这种现象乃是对浑成自然的切近、对世界中琐碎操心的远离，造成了这种非工具性的（现代语言相对而言更清晰、更方便、工具性更强、同时也更没有力量）、形而上学式的拥有弘大内涵的词语，这种广泛与其说是朦胧，毋宁说是丰富；与其说是混杂，毋宁说是辩证，每一个语词中内在包含的诸多意指实则都是在未经操持的自然层面上浑然一体、紧密联系的。而当一个语词被人类知性进行了工具化的分割和规定之后，这种原初的语言之意义便消失殆尽了。那么，在古希腊的原初、庞大之意义上，"τέχνη"一词被什么所界定，它的含义之广延与什么概念、以何种方式相邻或交错，它的界限在哪里，都是有必要探讨的。在这样一项工作中，"τέχνη"一词的自身意义才会澄明出来，使我们有望看到亚里士多德对诗之存在的理解。

（一）技艺（τέχνη）与灵感

柏拉图和亚里士多德都在讨论诗的时候提到了技艺和灵感的区别，因此可以通过对二者的比较来澄清技艺这一概念。通常认为，灵感是不同于技艺和自然的一种可以导致生成的有效力量，灵感的生成与技艺的生成所不同的是，它的运作不能被理性和常识来解释；与自然的生成不同的是，灵感的生成是通过人的主体活动的生成。但是这样理解，就割

---

① 参见柏拉图：《普罗泰戈拉篇》319A。《柏拉图全集》第一卷，王晓朝译，人民出版社 2002 年版。

② 参见柏拉图：《拉凯斯篇》185E。《柏拉图全集》第一卷，王晓朝译，人民出版社 2002 年版。

裂了灵感和技艺的关系，这两个概念其实是对立统一的。

讨论技艺和灵感的关系，就不得不提及亚里士多德的老师柏拉图的诗学观点。柏拉图的行文方式，其实并不像传统一直认为的那样，是十分优美典雅的，实际上，是他在哲学家中相对流畅的语言给人造成了这样一种错觉。对话体的形式与其说是为阅读提供了方便，为读者提供了审美快感，不如说是为写作带来了方便，更有益于作者的思路展开，因为许多哲思正是在这样的一种辩论中展开的。柏拉图式的对话体就其本身实际上并无严肃庄重可言，反而给人一种喜剧式的轻浮感，单就文体而言，柏拉图比起他的学生亚里士多德，比起后世采用叙述体著述的伟大哲人们，是有欠缺的。然而，柏拉图却以他思想的重量和严肃性赋予了这种有缺陷的文体以庄严，使智慧在琐屑闲言之间散发光芒。柏拉图认为，诗并非是理智或者技艺的产物，而是来自神的赐予，是从灵感和激情中诞生的。① 这是因为，一方面，诗或悲剧的成品并不像其他人造之物那样，有着明显的技艺烙印。比如一座浮雕，其雕琢之印记历历在眼，每一道岩石化成的衣服褶皱都可看到雕塑家的精湛技术，然而诗却并非如此，人们看到的是日常被使用的语言之排列，以及似曾相识的情节之蜿蜒，而那种化平庸为惊奇的排列看上去更像是来自天启的神秘灵感而非技术；作曲方面也与此相似，七个音符，加上五个半音，乘以寥寥几个八度，佐以有限的节奏，却能产生神奇的组合，让人相信这一切皆来自莫名的灵性；另一方面，诗作为具有独立性、整一性的美的存在，给人一种并非人工创制，而是自然生成的感觉。有何物既是经人类活动产生，亦是出于自然形成的呢？那便是人的幼体。繁衍活动既是一个人类的行动，同时又是自然的律动，所

① 柏拉图的灵感说，见他的《申辩篇》和《伊安篇》。《柏拉图全集》第一卷，王晓朝译，人民出版社 2002 年版。

有此类活动皆极少依靠技巧，而是靠激情来支撑。这里可以看到有一种倾向：即柏拉图虽然对诗进行了种种贬低①，认为诗只是"低贱的父母所生的低贱的孩子。"②但仍将诗视为有生命之物，对诗的产生做自然式的理解。

还要说明的是，不只是柏拉图，古希腊的大多数哲人，都把诗看作有生命之物，这是一种古老严肃的世界观，即将万物与世界皆看作合目的性的有机物，人类的创制品皆有其灵魂，不只是神庙、雕像和诗歌悲剧，一切实用之物皆是如此。③然而这种世界观在历史的流逝中，在惊奇的荒芜下悄然被扭曲，本来是将创制之物视作有机的神性之物，却渐渐不可避免地演变为将神性之物（自然）视为被创制之物，神成为创世者，上帝创世如工匠制成物品，一种绝对的活动、"隐德莱希"被视为一现成存在者，就在这样一种看似遵循古代思想的遮蔽与扭转中，古希腊的智慧与现代的实体性思维渐行渐远。④

亚里士多德关于灵感的看法是对柏拉图说法的扬弃，一方面他承认悲剧创作可以出自于迷狂；另一方面他亦承认技艺的作用。他说："诗是天资

---

① 柏拉图对诗的贬低，几乎贯穿于他的全部著作，从早期的《申辩篇》到晚年的《法篇》。如伽达默尔所说："柏拉图宣告，荷马及希腊伟大剧作家们要永远地被赶出城邦，流放至外地。或许我们再也找不到另一个哲学家如此完全彻底、如此激烈地摒弃艺术的价值，否定它所宣称的对最深刻、最难以获得的真理的解释。"见伽达默尔：《伽达默尔论柏拉图》，余纪元，光明日报出版社 1992 年版，第 43 页。

② 柏拉图：《理想国》，郭斌和、张竹明译，商务印书馆 1986 年版，第 401 页。

③ 如"泰利士说，神就是宇宙的心灵或理智（nous），万物都是有生命的并且充满了各种精灵（daimona），正是通过这种无所不在的潮气，一种神圣的力量贯穿了宇宙并使它运动。"见《古希腊哲学》，苗力田选编，中国人民大学出版社 1989 年版，第 22 页。

④ 关于对这种将何所是视为现成之物的观点，以及自然被视为制品的观点的论述，可以参见海德格尔的相关论述。海德格尔：《存在与时间》，陈嘉映、王庆节译，生活·读书·新知三联书店 2006 年版。海德格尔：《现象学之基本问题》，丁耘译，上海译文出版社 2008 年版。

聪颖者或疯迷者的艺术，因为前者适应性强，后者能忘却自我。"① 有的人认为埃斯库罗斯的创作是基于迷狂，而索福克勒斯的作品则因技巧产生，这并非是恰当的看法，和亚里士多德的思想完全不同。在亚里士多德的诗学思想中灵感和技艺不是对立的，而是辩证统一的，没有无灵感的技艺，亦没有无技艺的灵感（更不能通过量化的方式来衡量技艺与灵感在艺术创作中的作用比例）。灵感并非被现成给予之物，如有些人认为的，诗神可以将灵感像笔或其他现成之物一样置于伟大悲剧作家的怀中；反之，灵感是在灵魂中生长、生成和涌现者。柏拉图的灵感说之缺陷正如其理念论的缺陷一样，缺少活动性，因而就缺少了实现的充足理由，而在亚里士多德那里，所谓灵感是在一种基于技艺的创制活动中自行产生的。

关于诗学语境下的技艺和迷狂问题，还可以在另一个特定的论域下加以专题的考察，这就是智与癫两极之间的诗人的生存。这个专题使得能在一个极端特例下开敞出技艺和迷狂的生存论意义，即诗对诗人自身生存的意义。关于诗人，历来有两种不同的看法。其一认为诗人乃是有渊博学识和最高智慧的人，比如尼采在其《悲剧的诞生》中提到过一则德尔菲的神谕，指示在最有智慧的三个人之中，诗人占据两席，分别为欧里庇得斯和索福克勒斯。另外，古代人在论证某些事情的时候，也喜

---

① 亚里士多德：《诗学》，陈中梅译，商务印书馆 1996 年版，第 125 页。这句话的原文如所引。但有一些学者基于亚里士多德对技艺的重视和灵感的轻视，对其可靠性产生了怀疑，如文艺复兴时期的意大利研究者卡斯泰尔维特罗（Lodovico Castelvetro）就认为抄本将亚里士多德原本的 ou 抄写成了 e，而这句话亚里士多德的本义是：作诗需要天分而不是迷狂。许多学者接受这一改动，其中有 17 世纪的英国文学家 John Dryden 和法国文学家 Rene Rapin，18 世纪的英国研究者 Thoma Tyrwhitt 等；另有 20 世纪的部分学者认为阿拉伯文的译本对这种改动提供了依据。如我国学者罗念生对此句的翻译便是："因此诗的艺术与其说是疯狂的人的事业，毋宁说是有天才的人的事业，因为前者不正常，后者很灵敏。"见亚里士多德、贺拉斯：《诗学 诗艺》，罗念生、杨周翰译，人民文学出版社 1962 年版，第 56 页。这里我还是依照未修订的原始文本来理解亚里士多德。

欢援引诗人的作品作为真理的标准。另一种说法则认为诗人往往是近于疯癫的，那些最崇高的诗人总是走在疯狂的边缘。如屈原在《天问》中表现出的狂乱以及他自沉于汨罗江的结局，再如荷尔德林陷入丧失理智的永夜、幽居塔楼达 40 年之久。依照此类看法，太过正常的诗人每每不那么纯正，比如歌德总比荷尔德林多了些中庸，而雨果则比波德莱尔少了些味道。这种诗人疯癫的看法古已有之。如前文指出，柏拉图就认为诗人的创作不是出自于技艺，而是出自于迷狂。但古人对迷狂的评价却大多不同于柏拉图所持的否定态度。理性在古代尚不是通达真理的唯一途径，也不是最高的途径。理智显得贫乏，而疯狂则往往意味着丰沛，因而虽然比前者更加危险，可是也更有揭示的力量。在古希腊神话中，卡珊德拉能预见未来、道出真相之时，也正是她理智破碎、陷入疯狂之时。只是到了现代，疯癫更多从病理学的角度来被看待，成了精神的疾病，这样就使得那最初作为解蔽之光明和混淆之混沌之统一体之疯狂，成了完全的黑暗和虚无。古代对于诗人的看法，一般都同这种迷狂对理智的超越联系起来，但是当理智被看作通达真理的唯一渠道时，诗人就从处在智与癫之间的神性吟唱者，变成了与真理无关的、善于歌吟的、某种程度上的精神病患者。诗人被逐出理想国之时，也正是西方理性主义在柏拉图哲学中最初确立之时。然而诗人并不是那非理性者，而是高于理性者。这种理性主义一味地强调静观与认识，忽略了人之生存本身，只有从诗的角度，才能更真实无蔽地领会人生。因此，就需要将诗人那种处于智与癫两极之间的生命张力重新确立起来。

　　在上一章中，亚里士多德形式理论和柏拉图理念论的区别曾被讨论，可以借助那里的结论来看技艺与灵感的关系问题：柏拉图是对灵感作其理念式的理解的，因此灵感就没有自身的动因，只能是外在被给予的；然而实际上并没有一种现成的灵感降临于诗人，诗人随后将其化为文字，而是文字的涌现过程这一创制活动就是灵感本身，这就是亚里士多

113

德对灵感和技艺的统一体所作的形式性的理解。两人对技艺的态度不同，是植根于他们的本体论思想的。而亚里士多德的技艺和灵感的统一体的自发运动也就是潜能到现实的绝对活动，由此就引出了技艺与潜能的关系。

（二）技艺（τέχνη）与潜能

在古希腊，另一个跟技艺相近的概念是能力或者说潜能（δύναμιν）。亚里士多德也把技艺看成是潜能。① 在亚里士多德的形而上学中，自然的生成是由潜能到现实的过程。在对自然和技艺以及二者之间关系的研究中，亚里士多德指出，技艺同自然一样，都是有目的的绝对运动，由技艺到制成品的活动，正像由潜能到现实的自然生成活动一样，技艺因其自身必然遵循的目的论原则转化为技艺之成品，正如潜能之所以为潜能，就是因为它必然地向在先的现实性转变，在此现实先于潜能，技艺之目的亦先于技艺。二者的活动依循了相近的方式和原则。自然和技艺都有生成的内在能力，或者说，自然和技艺都并非现成之物，而是纯粹运动之实体。因此，和自然中的潜能、能力一样，τέχνη 也是一种潜能、能量或动能（δύναμιν）。据此，在某些上下文里，亚里士多德将 δύναμιν 一词与 τέχνη 通用。在亚里士多德的形而上学里，δύναμιν 被分为两种②，一种是有生命或附属于

---

① 这一观点陈中梅有过相对详细的论述，他指出："自然和技艺都具有生成的能力，因而都可凭事物本身的潜力或潜在属性进行合规律的变形或改变状态的活动。所以，和自然中的力一样，τέχνη 也是一种力，一种能量和动能（δύναμιν）。"亚里士多德：《诗学》，陈中梅译，商务印书馆 1996 年版，第 236—237 页。

② 这是从 δύναμιν 的主体有无生命的角度进行的分类，还可以从含义上将 δύναμιν 分成四类：其一，作用于他物或物自身的运动或者变化的动能；其二，物体之接受由他物引起的变化与本身的运动或者变化的潜能；其三，导致运动或者变化的能力；其四，承受运动或者变化的能力。参见亚里士多德：《诗学》，陈中梅译，商务印书馆 1996 年版，第 237 页。

生命的，比如人或其他生物的感觉和动力等；另一种是无生命的，比如火具有的延烧和运动之能力。有生命的 δύναμιν 又可以分为有理性的和无理性的两类。同潜能和现实问题紧密联系的是生成问题，一方面，技艺是生成创制品的前提；另一方面，技艺自身也是生成的。关于技艺的生成途径：实践和学习，我们要看到二者并不是彼此孤立的，而是一个辩证的整体，这种区分只是一种概念上的区分而不是现实的区分。由于技艺是一种能力（δύναμιν），那么我们可以将认识能力看成一种技艺，以认识能力为例子对 τέχνη 进行说明。① 黑格尔关于认识能力如此举例："认识能力就像犹太人一样，生灵渗透在他们中间，但他们自己不知道。考察认识能力就意味着认识这种能力。因此这种要求等于是这样的：人在认识之前，他应该认识那认识能力。这和一个人在跳下水游泳之前，就想要先学习游泳是同样的。考察认识能力本身就是一种认识，它不能达到目的，因为它本身就是这样的目的——它不能达到它自身，因为它原来就在自身之内。"② 在这里，游泳的实践和游泳的学习是一起进行的，是不可分割的同一个活动，同样的，认识能力的学习和对认识能力的使用（实践）亦是同一个行动；由于已经交代过的认识能力和技艺的关联，我们可以推出，技艺也是这样的，对技艺的获得过程同时也是使用技艺的过程，二者是同一

---

① "τέχνη 这个词指的是一种认识模式，认识指看见，而广义的看，指对在场者本身的理解。希腊人思想中，认识的本质在于 κάθαρσισ，也就是说，在于存在者的解蔽。它支持并引导所有朝向在者的举动。在希腊人的体验中，作为认识的 τέχνη 就是存在者的产生，在这样一种产生中，τέχνη 产生这样的出于遮蔽又特别地入于其显现的无蔽的在场的在者，τέχνη 从来不专指制作行为。τέχνη 因而也是真理的形成和发生。"海德格尔：《人，诗意地安居：海德格尔语要》，郜元宝译，广西师范大学出版社 2000 年版，第 87—90 页。

② 黑格尔：《哲学史讲演录》第四卷，贺麟、王太庆译，商务印书馆 1960 年版，第259 页。

的。我国的哲学中也有类似的说法可以做相近的理解，如："学而不思则罔，思而不学则殆。"（《论语·为政》）在此论及的是"思"之技艺的获得，"学"是对此技艺的学习，而"思"则是此技艺的实践，只有二者并行时，才可期待技艺之有成。由于技艺是生成之物，所以便具有其不可分离性，只有可现成获得之物才可现成失去。比如人的记忆是获得之物，那么它亦可在遗忘中失去，而技艺则是一经掌握就很难失去的。（因此，当知识可以忘记之时，那么与其说它是知识、episteme，毋宁说它是一种记忆。）真正的技艺是在生成时便与灵魂融为一体，或者更准确地说，技艺是灵魂的延伸，技艺将构成一个人是其所是的存在。比如说一个不懂的诗艺的荷马则不是荷马，一个不懂得政治艺术的伯里克利亦不再是伯里克利。（如果站在亚里士多德《范畴篇》以及《形而上学》的某些论点上，那么这种说法是不成立的，因为技艺是不属于实体范畴的，而是和"白皙的"、"塌鼻的"一样属于属性，然而在此处，我们着眼的并不是逻辑，并非属性和实体的关系，而是旨在说明技艺和主体的存在是不可分割的。）此时，技术和主体的存在已经合而为一了；同时，技艺在主体上的生成亦不是偶然的，这一观点早已根深蒂固地植入了西方人的认识之中，即便在今日亦有其力量。从通俗的观点上看：天赋决定主体可以生成的技艺，而技艺决定职业，一个人的存在就是他身为从事此职业者的存在。综上，既然技艺已经与存在方式同一，那么某主体的技艺也就成为了他的"性格"。

从词源学上看，希腊文中的性格一词指的是居所、应在的位置，亦指习惯。① 而这种性格则是生成于又显现于实践之中的。在此意义上，

---

① 荷马曾用 ethos 一词指马经常去的地方，而赫西俄德则用它指人的住所，参见亚里士多德：《诗学》，陈中梅译，商务印书馆 1996 年版，第 39 页。

性格和技艺是相近的。① 一个人在人群中，或者说在社会中的居所，便是他的职业，那是由他的技艺所造成的。因此从这种角度来看，技艺便是性格，技艺在来源于命运的同时，它本身也是命运的一部分。

（三）技艺（$\tau\acute{e}\chi\nu\eta$）与知识

在古希腊，技艺又和知识（episteme）紧密联系。正像亚里士多德为存在者和共相进行区分、划分等级一样，他同样为认识划分级别。在亚里士多德看来，认识是一个由低级到高级的通向真理的阶梯，在他的《形而上学》一书中，他将认识分为以下几个阶段：其一，aisthesis（感觉、感受），其二，phantasia（幻影、幻象），其三，mneme（记忆），其四，empeiria（经验），其五，hupolepsis（理解），其六，$\tau\acute{e}\chi\nu\eta$（技艺），其七，episteme（知识），其八，智慧（sophia）。② 在这里我们看到了 $\tau\acute{e}\chi\nu\eta$ 和 episteme 在认识等级上的临近关系，这种技艺和知识的关系，在柏拉图那里就是存在着的。柏拉图在他的《理想国》中说过这样一段话："我的意思是说：不论谈到什么事物都有三种技术（$\tau\acute{e}\chi\nu\eta$）：使用者的技术、制造者的技术和模仿者的技术，是吧？……于是一切器具、生物和行为的至善、美与正确不都只与使用——作为人与自然创造一切的目的——有关吗？……因此，完全必然的是：任何事物的使用者乃是对它最有经验的，使用者把使用中看到的该事物的性能好坏通报给制造者。例如吹奏长笛的人报告制造长笛的人，各种长笛在演奏中表现

---

① 亚里士多德指出，不仅仅如通常认为的那样，有正义感的人做出正义的行动，同时，人们亦通过正义的行动而成为有正义感的人，因此伦理美德得之于习惯或习惯性活动。亚里士多德：《尼各马可伦理学》，廖申白译，商务印书馆 2003 年版。在此意义上，性格出自实践，也体现于实践。参见亚里士多德：《诗学》，陈中梅译，商务印书馆 1996 年版，第 69 页。

② 参见亚里士多德：《形而上学》，苗力田译，中国人民大学出版社 2003 年版。

出来的性能如何，并吩咐制造怎样的一种，制造者则按照他的吩咐去制造。……于是，一种人知道并报告关于笛子优劣，另一种人信任他，照他的要求去制造。……因此，制造者对于这种乐器的优劣能有正确的信念，而使用者对它则能有知识（episteme）。"① 在这里，使用者是拥有技艺的人，使用者之所以有技艺，是因为他最有经验，而且他因为这种由于经验而获得的技艺而得到了知识，这里柏拉图的这段对话可以看成是亚里士多德所说的认识等级的雏形。在这里技艺一方面被柏拉图看成是获得知识的途径，另一方面则被同知识等同起来，因为拥有技术的同时也就拥有了知识，如果把技术和知识割裂来看，认为技术是比知识先获得的，那是不可想象的，二者是一个相辅相成的统一体。

亚里士多德发展了其老师的思想，在此我们看到 τέχνη 处于比 episteme 低一级的位置，上承经验（empeiria）和理解（hupolepsis），下启知识（episteme）。亚里士多德认为技艺高于经验是因为知道原因 ②，

---

① 柏拉图：《理想国》，郭斌和、张竹明译，商务印书馆 1986 年版。

② 亚里士多德说："在业务上看，似乎经验并不低于技术，甚至于有经验的人较之有理论而无经验的人更为成功。理由是：经验为个别知识，技术为普遍知识，而业务与生产都是有关个别事物的；因为医师并不为'人'治病；他只为'加里亚'或'苏格拉底'或其他各有姓名的治病，而这些恰巧都是'人'。倘有理论而无经验，认识普遍事理而不知其中所涵个别事物，这样的医师常是治不好病的：因为他所要诊治的恰恰真是些'个别的人'。我们认为知识与理解属于技术，不属于经验，我们认为技术家较之经验家更聪明（智慧由普遍认识产生，不从个别认识得来）；前者知其原因，后者则不知。凭经验的，知事物之所然而不知其所以然，技术家则兼知其所以然之故。我们也认为每一行业中的大匠师应更受尊敬，他们比之一般工匠知道得更真切，也更聪明，他们知道自己一举手一投足的原因（我们认为一般工匠凭习惯而动作，——与非生物的动作相似，如火之燃烧——趁着自然趋向，进行各自的机能活动，对于自己的动作是不知其所以然的）；所以我们说他们较聪明并不是因为他们敏于动作而是因为他们具有理论，懂得原因。"参见亚里士多德：《形而上学》，苗力田译，中国人民大学出版社 2003 年版。

这样一方面将技艺和经验区别开来，同时也把技艺和知识联系了起来，因为所谓知识，应该是知道原因，因而可以向人传授的。在此意义上，亚里士多德有时会混用或者合用这两个词①。但是 τέχνη 和 episteme 亦是不能完全等同的，episteme 是指可以实现自我论证的一种知识，而 τέχνη 则不具有这种能力，一个拥有技艺的人显然不能论证自己的技艺。②

由于 episteme 一词具有一种高层次思辨的含义，我个人觉得为了避免误解，不应将 episteme 一词译为知识，因为在我们现代汉语中，知识一词有一种"可获得之物"的倾向。尤其是在通俗语言中，对"知识"一词的滥用较为广泛，会造成学术上的困扰。比如说小学生在学校也可以学习自然科学知识和人文知识，人们看了一件新鲜事物之后，会说"长知识了"。在此，知识沦为一种表面化的东西。现在所说的知识，往往指空泛之物，比起作为技艺的潜能，是更低层次的潜能，因此我认为 episteme 一词的意义，更接近于我们语言中的"道"。道是从技艺之中所体悟之事，是技艺之发展，比如说精通思想之技艺，其发展便是深谙思想之道。技艺是具有普遍性的，因为对某一通熟技艺的个体来说，他可以凭此技艺普遍地生成各种技术制品。③例如，索福克勒斯因其技艺创造出《安提戈涅》、《俄狄浦斯王》、《菲罗克忒忒斯》等诸多悲剧，他所使用的都是那个作为共相的技艺，而非每一部悲剧都对应某一个别特殊技艺。但是我们应看到，这种技艺的普遍性是作为潜能的普遍性，是现实性低于其所生成个体的普遍性。在此，这种共相还不是等级更高

---

①　在此举一例加以证实："我们认为知识与理解属于技术，不属于经验。……与经验相比较，技术才是真知识。"在这里亚里士多德把知识归于技术，又认为技术乃是知识。亚里士多德：《形而上学》，苗力田译，中国人民大学出版社 2003 年版。

②　参见亚里士多德：《诗学》，陈中梅译，商务印书馆 1996 年版，第 239、245 页。

③　"技术为普遍知识。"见亚里士多德：《形而上学》，苗力田译，中国人民大学出版社 2003 年版。

的实体，而只是一种实现的潜能而已，其存在仍依赖于其活动，而这种活动则是潜能和现实的统一，是超越了技艺的生成本身，是一"个体"。再看 episteme，它的普遍性是作为现实的普遍性，所谓"道"是具有绝对活动性和现实性的存在，是作为现实的共相，是理性的活动本身。在此，如果审视一下手中的《诗学》文本可以看到，亚里士多德的《诗学》是"诗的创制艺术"，是描述技艺的理论，在这种意义上，它并非技艺，而是技艺之上之道（episteme）。

（四）技艺（τέχνη）与真理

经过以上与其他概念的比较，大概地界定了 τέχνη 一词的范围，从古代语言的朦胧中找出其边界，辨认其轮廓。接下来的工作是对 τέχνη 一词的含义在其疆域内部进行较深入的挖掘，使 τέχνη 的意义真正澄明起来，并因此对亚里士多德《诗学》有一个整体的把握。在此应说明的是，在本节的内部探索中所找到的一些结论可能是与外部界定的工作中所得出者相同的，因为内外本为一体，外部如何占据广延，内部便怎样充实自身。

在现代人的观念中，总是把技术理解为一种工具性的东西，是一种作为手段的人类行动。实际上，现代人的世界观亦是一种工具化的世界观，即从有用性上来理解世界。但是在古希腊人那里，当人类还没有将作为自然的世界工具化之时，当大自然还强有力地对人类显现自身时，在本书所要研究的文本亚里士多德《诗学》写作的时代中，τέχνη 一词究竟是何种含义？如我们指出的，亚里士多德把作诗看成一种技术性的活动，因此，不可以把《诗学》看成一种美学或者文学评论性质的读物，毋宁说它更是一本如何创作诗与悲剧的技术性指导，我们应将此书视为对技术的描摹，那么，如何去理解亚里士多德所说的技术，就成了本真地理解《诗学》的首要工作。①

　　在希腊人如何理解技术这一问题上，我们要参考海德格尔给出的具有洞察力的说明。因为他是这样一位哲学家：能令古代哲人再度呼吸，使古代文本豁然开口。如前文所说，关于希腊文 $\tau\acute{\epsilon}\chi\nu\eta$ 的含义，最先引起我们注意的就是它的意义之广博：一方面它是表示手工行为与技能的名称（如纺织锻造皆归于此类）；另一方面，它也表示精湛技艺以及各种类的艺术的名称（如造型艺术、诗、音乐）。这些含义如何统一在一个语词之上？海德格尔指出，从柏拉图所处的时代起，甚至从人类思想的源头起，$\tau\acute{\epsilon}\chi\nu\eta$ 一词就一直同 erkennen（认识、认知）交织在一起，这两个词同时是表示最广义的认识的名词，它们指的都是对某物的精通，对某物之理解。② 技术一词与"精通、理解"的内在联系是不难看出的，比如说一名足球运动员技艺精湛，同样也可以说他精通此项运动，他对这一运动理解至深；在艺术活动上亦是如此，说一个诗人擅长作诗，既是说他有优秀的诗歌技艺，也是说他能理解诗，认识诗。因此在这种意义上，拥有对某个对象的技艺和真正地认识某对象，乃是同一回事。从另一个角度看，认识活动是学习和实践的辩证统一体，而如前文所说，技术之生成过程也是如此，由此亦可以看出技术与认识的联系。在古希腊哲学中，认识乃是一种解蔽方式，所以希腊人理解的 $\tau\acute{\epsilon}\chi\nu\eta$ 也是一种解蔽方式。$T\acute{\epsilon}\chi\nu\eta$ 通向真理（$\alpha\lambda\acute{\eta}\theta\epsilon\iota\alpha$），那么以 $\tau\acute{\epsilon}\chi\nu\eta$ 为主题的亚里士多德《诗学》，从这个意义上看，也是真理之学。对此，海德格尔在其《演讲与论文集》中《技术的追问》一文中如是

———————————

① "它（诗学）的主要内容是有关大多数注释家们认为是文学理论和文学评论的思想。不过亚里士多德……并不这样认为，（他认为）《诗学》归属于创制科学，它的目的不是要告诉我们怎样判别艺术品，而是怎样创造艺术品。"见乔纳逊·波内斯：《亚里士多德》，余继元译，中国社会科学出版社1989年版，第167页。

② 参见海德格尔：《演讲与论文集》，孙周兴译，生活·读书·新知三联书店2005年版，第11页。

说:"τέχνη 是一种解蔽方式。它揭示出那种并非自己产生自己而且尚未眼前现有的东西,这种东西可能一时这样一时那样地表现出来。谁若利用技术建造一座房子或者一艘船,或是一只盘子,他就在四种引发方式之各个方面揭示着那有待产出之物。此种解蔽首先把房子或船或盘子的外观、质料聚集到已经全然被直观的完成之物那里,并且由此规定着制作的方式。因此 τέχνη 的决定性的东西并不在于操作和制作,亦绝不在于工具性的使用,而是在于前文所说的解蔽。作为此种解蔽,而不是作为制作,τέχνη 才是一种产出。"① 随后海德格尔总结道:"技艺乃是一种解蔽之方式。技艺是在解蔽和无蔽状态的发生之领域内,在无蔽即真理的发生之领域内成其本质的。"② 技术作为潜能,其产生的并非现成已有之物。技术是一种对先在的被直观之物的解蔽,而这种存在虽然是先在的,却在技术因素参入之前处于分散的遮蔽之中。我们理解技术,需要从认识、解蔽的角度去理解,那么,亚里士多德的《诗学》表面是对作诗技艺的描述,实际上则是一种解蔽的努力。据此,《诗学》所真正指向的,乃是真理。而这种真理、亚里士多德意欲解蔽者究竟为何物,为什么亚里士多德对真理的解蔽要选择作诗这一种技艺,而不是雕塑、造船或其他种种?为什么在诸多创制技艺中,亚里士多德仅对诗学和修辞学专门立论,是出于一种对以语言为载体的创制品的偏爱吗?语言在此解蔽的过程中究竟扮演着怎样的角色?这种解蔽是否就是卡塔西斯(κάθαρσισ)的真义?这些问题的答案是我们在研究中需要寻找的。

Τέχνη 是否真正与解蔽有其必然的联系,还可以从另一角度,即词

---

① 海德格尔:《演讲与论文集》,孙周兴译,生活·读书·新知三联书店 2005 年版,第 11 页。

② 海德格尔:《演讲与论文集》,孙周兴译,生活·读书·新知三联书店 2005 年版,第 12 页。

源的角度上进行讨论。$T\acute{\epsilon}\chi\nu\eta$ 从词源学上讲是"将构建房屋的木材安置在一起"的意思，随着语言的发展，才渐渐有了技术、技艺的含义。①值得注意的是，这种"安置在一起"是聚集着的放置的意思，而这恰恰和海德格尔对逻各斯（$\lambda\acute{o}\gamma o\sigma$）的解释相近，海德格尔指出："logos（逻各斯）作为纯粹的聚集着和采集着的置放而成其本质。logos（逻各斯）乃是从原初的置放（lege）而来的原初的采集（lese）的原始聚集。o'logos（这个逻各斯）乃是：采集着的置放（die lesende lege），而且仅仅是这种采集着的置放。"②这样一来就从词源学上把 $\tau\acute{\epsilon}\chi\nu\eta$ 和 $\lambda\acute{o}\gamma o\sigma$ 联系在了一起。而 $\lambda\acute{o}\gamma o\sigma$ 究竟是什么？一方面，$\lambda\acute{o}\gamma o\sigma$ 有道说之意义，海德格尔指出："置放是让一起在场者聚集于自身而呈放于眼前。"③同时，"道说乃是被聚集起来又有聚集作用的让事物一起呈放于眼前。"那么在此意义上，作为置放的 $\lambda\acute{o}\gamma o\sigma$ 同时也是道说。而如我们所知的，作诗也是一种道说，这样，就将诗、$\tau\acute{\epsilon}\chi\nu\eta$ 和 $\lambda\acute{o}\gamma o\sigma$ 联系起来了：作诗乃是一种 $\tau\acute{\epsilon}\chi\nu\eta$ 活动，从词源学上讲就是一种聚集和安置的活动，因此它也是 $\lambda\acute{o}\gamma o\sigma$，也是道说。与此同时，$\lambda\acute{o}\gamma o\sigma$ 在另一方面也是真理（$\alpha\lambda\acute{\eta}\theta\epsilon\iota\alpha$）或者说解蔽。海德格尔说："logos（逻各斯）把在场者置放入在场中，并且把它放入（即放回）在场之中。但在场却意味着：已经显露出来而在无蔽之域中持存（hervorgekommen im Unverborgenen）。只要 logos（逻各斯）让眼前呈放者作为本身呈放于眼前，它就是把在场者解蔽入其在场之中。但解蔽就是真理。这个真理（无蔽）与 logos

① 转引自宋继杰：《柏拉图〈蒂迈欧篇〉的宇宙论———一种内在的自然目的论解释》，中国社会科学院研究生院 2001 年版。

② 海德格尔：《演讲与论文集》，孙周兴译，生活·读书·新知三联书店 2005 年版，第229 页。

③ 见海德格尔《逻各斯〈赫拉克利特残篇第五十〉》。此句原文为：in sich gesammelte vorliegen-Lassen des beisammen-An-wesenden. 海德格尔：《演讲与论文集》，孙周兴译，生活·读书·新知三联书店 2005 年版，第 224 页。

（逻各斯）是同一的。"① 综上所述，可以看到从语言本身的词源学角度，$\tau\acute{\epsilon}\chi\nu\eta$ 的含义也是和真理、解蔽紧密联系在一起的。

海德格尔指出，在古希腊时代，不只是技术被冠以 $\tau\acute{\epsilon}\chi\nu\eta$ 的名称，在那个时候，$\tau\acute{\epsilon}\chi\nu\eta$ 亦指那种把真理带入显现者之光辉中而产生出的解蔽。② 而何谓闪现者、开敞者？所谓显现、闪现与光和视力有关，被带入视域中之物才是显现者，而所谓诗、悲剧，则是一种把命运的因果性、现实性带入视域中者，因为这种命运之存在由于其晦暗或者是庞大，是不能被视及的，在这里所谓的解蔽，是将决眦之物化为瞳孔中之成像。③ 这便是悲剧，而所谓悲剧引起的恐惧和怜悯，乃是被解蔽的来自命运的恐惧和怜悯，悲剧净化，即卡塔西斯（$\kappa\acute{\alpha}\theta\alpha\rho\sigma\iota\sigma$）之含义唯有在解蔽的基础上才可显现。海德格尔又指出，在古希腊，$\tau\acute{\epsilon}\chi\nu\eta$ 是指那种将真带入美之中的产出，$\tau\acute{\epsilon}\chi\nu\eta$ 是指美的艺术的产出与创作。④ 为什么要将真理带入美中？或者说，为什么解蔽要通过一种对诗的描述来完成？是否是因为真与美之间有一种内在的必然联系，或者说人的认识就其本身来说就是对美的追求？因为亚里士多德曾说过，求知的快感是最大的快感，思辨的幸福是最大的幸福，在此，真与美被思辨与快感联系起来。⑤ 如亚里士多德在《诗学》第四章中指出的："人们乐于观看艺

① 海德格尔：《演讲与论文集》，孙周兴译，生活·读书·新知三联书店 2005 年版，第 235—236 页。

② 参见海德格尔：《演讲与论文集》，孙周兴译，生活·读书·新知三联书店 2005 年版，第 35 页。

③ 此观点参见亚里士多德：《诗学》，陈中梅译，商务印书馆 1996 年版，第 74、78、163 页。

④ 参见海德格尔：《演讲与论文集》，孙周兴译，生活·读书·新知三联书店 2005 年版，第 35 页。

⑤ 黑格尔对这种观点有整理好的叙述，他复述亚里士多德的观点说："对于我们作为个体，只被允许在这个系统之中作一短时间的停留，过一种美好的生活。而那整个系统则永远如此，对于我们这却是不可能的。而因为它（天）的活动自身也就是一

术形象，因为通过对作品的观察，他们可以学到东西，并可就每个具体形象进行推论，比如认出作品中的某个人物是某某人。"这里就把审美的快感和认识的快感联系了起来，证明了一种审美的效果同时也应该是一种解蔽的效果。

　　海德格尔认为，在西方命运的滥觞处，各种古老艺术在希腊登上了被允诺于它们的解蔽之奥林波斯山峰。这些艺术使诸神现身当前，使诸神的神性命运与人类的有限命运的对话灼灼生辉。在那个时候，艺术仅被称为 $\tau\acute{\epsilon}\chi\nu\eta$。$T\acute{\epsilon}\chi\nu\eta$ 乃是一种唯一的、多重的解蔽，它顺从于真理之运动和保存。[①] 而古希腊的悲剧，是亚里士多德眼中所有艺术中最崇高者，如亚里士多德指出的，悲剧高于史诗，又如传统文化所承认的那样，在古希腊登峰造极，充满神性的艺术只有两类：悲剧与雕塑。由于 $\tau\acute{\epsilon}\chi\nu\eta$ 是唯一的解蔽方式（如海德格尔所说），而悲剧技艺又是所有 $\tau\acute{\epsilon}\chi\nu\eta$ 中最崇高者、在那时的最完善者，而且悲剧的形式在亚里士多德时代就已经完成发展了。（亚里士多德在《诗学》第四章中指出，在当时悲剧已然在经过了许多转变之后，具备了它的自然属性因而停止了发展[②]），那么，悲剧就理应在此肩负其解蔽的最高任务。所以说亚里士多德的《诗学》乃是一部解蔽之作，亚里士多德关于诗学的论述是具有哲学维度的解蔽含义的"创制哲学"。

　　种快乐，因此警醒、感觉和思维就是富于欢乐的——与睡眠正相反，因为这个缘故，希望和记忆才是快乐，因为它们乃是活动。但纯粹的自为的思维，乃是关于那绝对美好的东西的思维——绝对的最终目的本身。这个最终目的就是思想自身，因此，理论是最美好的。"见黑格尔：《哲学史讲演录》第二卷，贺麟、王太庆译，商务印书馆 1960 年版，第 298 页。

①　参见海德格尔：《演讲与论文集》，孙周兴译，生活·读书·新知三联书店 2005 年版，第 35 页。

②　"悲剧缓慢地成长起来，每出现一个新的成分，诗人便对它加以改进，经过许多演变，在具备了它的自然属性以后停止了发展。"亚里士多德：《诗学》，陈中梅译，商务印书馆 1996 年版，第 48 页。

　　而且我们有理由认为，经过岁月的淘洗、历史的筛选，或者是出于亚里士多德的故意，现存的亚里士多德创制学著作仅仅留存《诗学》，现存《诗学》仅存留了以论述悲剧为主体的这一部分，是有其必然性的。其必然性就在于，唯有讨论悲剧的部分承载了亚里士多德创制哲学的思想重量，那就是在神性的氛围中的解蔽。因此，此处对 $\tau \acute{\epsilon} \chi \nu \eta$ 的讨论将为后面的研究指明道路：对亚里士多德创制哲学的研究，乃是对真理（$\alpha \lambda \acute{\eta} \theta \epsilon \iota \alpha$）的研究、对解蔽的研究、对存在论（生存论）的研究。

第三章 创制哲学视域下的亚里士多德悲剧理论

一、悲剧——生存论创制

古希腊悲剧，因其是对极端处境下人的生存活动之摹仿($\mu\acute{\iota}\mu\eta\sigma\iota\sigma$)，所以最符合亚里士多德对于创制本质理解，最能彰显创制活动的创制哲学意义。正如《诗学》是亚里士多德创制哲学的中心文本，悲剧理论被亚里士多德选择为其《诗学》的中心论述对象。人的生存就在这些由悲剧情节构建出的特定的生存论境遇中将其各种可能性开敞、显现出来，而这些可能性在离开了特定处境的情况下往往是隐而不显的。在这种意义上，亚里士多德悲剧理论具有一种生存论解蔽维度的意义，而重点探讨古希腊悲剧的亚里士多德《诗学》，则可据此视为一部生存论解蔽之书。如前述，在亚里士多德创制哲学语境中，所谓创制并非是物之制造，而是人出于理智、技艺或潜能的先行筹划，而对其特定生存进行的非现成化建构，是对在诸行为中聚集的非实体己身存在的创制，亦即首先具有生存论存在论维度含义的创制。因此，具有生存论解蔽意义的亚里士多德悲剧理论，无疑可视为亚里士多德创制哲学的核心论题。

在亚里士多德创制哲学的中心文本《诗学》的前五章中，亚氏论及了悲剧的产生和发展，并指出悲剧是以语言（λόγοσ）为媒介对严肃的人的行动的摹仿。① 在此基础上，亚里士多德基于其对创制哲学的先行领会在《诗学》的第六章提出了悲剧的定义："悲剧是对一个严肃、完整、有一定长度的行动的摹仿，它的媒介是经过'装饰'的语言，以不同的形式分别被用于剧的不同部分，它的摹仿方式是借助人物的动作，而不是叙述，通过引发怜悯和恐惧使这些情感得到净化。所谓'经过装饰的语言'，指包含节奏和音调（即唱段）的语言，所谓'以不同的形式分别被用于不同的部分'，指剧的某些部分仅用格律文，而另一些部分则以唱段的形式组成。"② 从悲剧的定义中可以看到：悲剧是一种摹仿（作为创制之机制），对摹仿的规定是这样的：它是对行动的摹仿（由于是对行动的摹仿，所以创制生存论境遇的情节在创制哲学视域下的悲剧中是最重要因素，因为行动构成的是情节），而对这个被摹仿行动有三个要求：第一，严肃的；第二，完整的；第三，有一定长度的。这三个要求亚里士多德都或多或少地分别讨论过，对于严肃，可以参考出现在《诗学》的第二章中，对悲剧和喜剧之摹仿对象的区分，由于悲剧摹仿的对象是高贵严肃庄重之人，那么其所摹仿的行动也应是严肃庄重的；③ 对于完整这一要求的解释，主要出现在《诗学》的第八章；④ 关于有一定的长度，则在第七章中被讨论。⑤ 这三个对作为创制之实行方式的摹仿之要求，亦是对于创制本身的要求，而创制是亚里士多德哲学理

① 关于这种具有特定媒介和对象的摹仿，以及以之为基本建制的创制活动之哲学内涵，在本书第二章第二节"逻各斯（λόγοσ）与人的生存活动——摹仿的媒介与对象"中已进行了较为详细的论述。
② 亚里士多德：《诗学》，陈中梅译，商务印书馆1996年版，第63页。
③ 参见亚里士多德：《诗学》，陈中梅译，商务印书馆1996年版，第38页。
④ 参见亚里士多德：《诗学》，陈中梅译，商务印书馆1996年版，第74页。
⑤ 参见亚里士多德：《诗学》，陈中梅译，商务印书馆1996年版，第78页。

解中的存在机制，因此，这三个要求（尤其是后两者）亦具有了存在论维度的意义。如前述，在创制哲学语境中，摹仿有三个要素：摹仿媒介、摹仿方式、和摹仿对象。悲剧的摹仿对象就是上诉的具有三个标准的行动。

亚里士多德在其《诗学》的第一章中指出：诗之摹仿媒介是语言。对最具代表性的创制物即悲剧的语言，亚里士多德又有其规定，即经过"装饰"的语言。在这里"装饰"的希腊文原文是 Hedusmenoi logoi。Hedusmenoi 的本义是调味品，陈中梅先生将其翻译为"经过装饰的语言"①，罗念生翻译为"具有悦耳之音的语言"②，而缪灵珠先生翻译成"具有增华作用的语言"③。亚里士多德自己对 Hedusmenoi logoi 作出的说明是：指包含节奏和音调（即唱段）的语言，由此看来，亚里士多德的意思是悲剧的语言需要有音律的要求。如上文所说的，这时的悲剧作为一种特定的、具有哲学意义的创制形式已经是实现了其自然属性的、用以解蔽的存在，那么这种音调和节奏感，对于解蔽有何意义？如学者们在对古代典籍的研究中发现的，箴言谶语适宜以带韵的句子或者骈句形式出现，如巴门尼德的著作即具有诗的格律，古罗马哲学家卢克莱修的《物性论》亦如是；再比如我国古代哲学家老子的箴言体著作《道德经》便是有韵的，同样，记录孔子言行的《论语》亦有其内在的、更雍容典雅的节律。④ 究其原因，一方面，语言的格律是其保存自身的方式，在

---

① 亚里士多德：《诗学》，陈中梅译，商务印书馆 1996 年版，第 63 页。

② 亚里士多德、贺拉斯：《诗学　诗艺》，罗念生、杨周翰译，人民文学出版社 1962 年版。

③ 缪灵珠：《缪灵珠美学译文集》第一卷，章安祺编订，中国人民大学出版社 1998 年版。

④ 格律并不等同于用韵，对此英国诗人弥尔顿说："韵脚在一切灵敏的耳朵听来，并没有真正音乐的快感。悦耳的音乐在于和谐的拍子，配上适当的音节，从一个诗节到一个诗节的推移中，在字里行间给人的各种快感，并不在于句尾音韵的雷同。"

那些文本的流传还主要靠传抄或者传诵的时代中，只有以具有必然性的格律将语言固定起来，才能保证其不被篡改，因此才能保存其中显现的真理；另一方面，悲剧创制作为一种对命运和自然的摹仿，它需要在其语言中承载起命运与自然的律动，从而将其显现出来。我们往往能从卡珊德拉的迷狂哀鸣中，从安提戈涅的凄凉哀叹里感到命运的脉搏，若抽去声音之铿锵或婉转，命运之显现便将离场；最后还要补充的一点是：这种被修饰的语言还有助于煽情，能够辅助引发怜悯和恐惧的情感，以实现悲剧的目的卡塔西斯（$\kappa\acute{\alpha}\theta\alpha\rho\sigma\iota\sigma$）。关于具有音乐感的语言有解蔽作用，还可以从亚里士多德创制哲学文本本身中，在《诗学》的第一章中看到。在那里，亚里士多德将无音乐伴奏的话语称作：无光的 logoi，无修饰的话语。[①] 亚里士多德将节奏音调感比喻为光，而光的作用是显现、解蔽。

在创制哲学视域下，悲剧摹仿方式是借助动作而非陈述，关于这一点，亚里士多德在《诗学》第三章中亦有更详尽的说明，他指出当人们使用同一媒介语言来进行摹仿时，可以凭借叙述，如除荷马之外的史诗作者所做的那样，也可以用叙述加上带入角色，如荷马就是这样创作的，他既让剧中人物自身说话，也自己来叙述。[②] 而悲剧的摹仿方式是表现行动以及活动中的每一个人物。从这个角度来看，索福克勒斯和阿里斯托芬是同一类的摹仿者。戏剧和其他语言类艺术形式的区别在于摹仿的方式。而在戏剧内部看，喜剧和悲剧的区别在于摹仿的对象是高贵者还是卑微者。

基于对悲剧的创制哲学内涵之理解，亚里士多德还规定了悲剧的作

弥尔顿：《失乐园》，朱维之译，上海译文出版社 1984 年版，第 1 页。

① 参见亚里士多德：《诗学》，陈中梅译，商务印书馆 1996 年版，第 27 页。其中"无音乐伴奏的话语"一次从字面上讲即"无光的话语"。

② 参见亚里士多德：《诗学》，陈中梅译，商务印书馆 1996 年版，第 42 页。

用：通过引发恐惧和怜悯使这些情感得到净化（卡塔西斯 $κάθαρσισ$）。由于卡塔西斯一词在诗学中仅出现一次，而且对其含义历来有较大争议，是亚里士多德《诗学》中最难解的概念之一，所以本书在此首先从恐惧和怜悯着手，粗略提示一个解读路径。这种路径的提示有助于在创制哲学视域下展开对亚里士多德悲剧理论的研究，而唯有在这种有目的地展开的研究工作之后，创制哲学视野中的卡塔西斯概念才有望得到充分的理解。这并非是一种循环论证，而是哲学研究中必须的先行开敞、意义充盈、显现结论之方法。

亚里士多德在其《修辞学》中，曾讨论过怜悯和恐惧。他对怜悯下的定义是：看到其他人遭受了其不应遭受的痛苦或者损害，联想到此类不幸的事情也可能发生在自己身上或亲友身上，因而产生的痛苦的感觉。[①] 在这里，怜悯落脚到了痛苦上，是一种痛苦的感觉，是一种他人的痛苦投射到自己的精神上引起的情感。关于怜悯或者说恻隐之感情的生存论意义，可对照并参考我国古代哲学家的相关论述。（应注意，这种参考仅仅提供了一个理解之便门，用以较简化地说明所要论述的观点。在两个不同的文化语境、学术范式下，任何过度的比较、对于相同或相异的臆想，都无疑是一种带来不严谨的僭越。）孟子曰："人皆有不忍人之心。先王有不忍人之心，斯有不忍之政矣。以不忍人之心，行不忍人之政，治天下可运之掌上。所以谓人皆有不忍人之心者，今人乍见孺子将入于井，皆有怵惕恻隐之心——非所以内交于孺子之父母也，非所以要誉于乡党朋友也，非恶其声而然也。由是观之，无恻隐之心，非人也……"（《孟子·公孙丑》）在此处，孟子所进行的并非是如通常理解的一种道德教育，而是对人的本真情感状态的陈述。所谓不忍人之

---

① 参见亚里士多德：《修辞术·亚历山大修辞学·论诗》，颜一、崔延强译，中国人民大学出版社 2003 年版。

心，就是因看到他人的痛苦而感到痛苦的先验情感，之所以说是先验的，因为在这里实则是不存在一个推理过程的，这种痛苦之感，并不需要以对"如果此事发生在我或我亲友身上"这一思考为前提，而是直观地使痛苦在此涌现，这就是怜悯的意义。无恻隐之心者非人，在此，这种怜悯之情是与人之为人的存在统一的，是根植于人的本真生存的。关于恐惧也是如此，亚里士多德对恐惧的定义是：一种由于对不幸的事情的预感而引起的痛苦或者烦躁的感觉。① 在这里，恐惧的情感与上文说的怜悯一样，也是一种生存论上的情感，人生在世，就将有其畏惧，并不是因为对某件事的害怕。（可参考海德格尔在其《存在与时间》第二篇"此在与时间性"中讨论"畏"的相关章节）如亚里士多德所说，恐惧来自于预感，而预感则是不可知的未来之广阔，挟着其时间性的巨大潮流对人之生存之侵袭，所谓预感，是无限广延的命运在人狭小生存里的寄居。因此，在此的恐惧不可作为对某物之害怕来理解，而是接近于海德格尔的"畏"之情感，这种恐惧乃是深植于人的生存之中的，悲剧就是通过一种对庄严行动的摹仿，来唤起这种"畏"，从而起到解蔽的效果。为什么严肃之物会唤起恐惧，可以参见康德在《判断力批判》第二卷"崇高的分析论"中对崇高的理解。当有一种超出判断力范围的重量和广延向我们的生存袭来之时，那本真的恐惧也就被唤起。因此，悲剧一定是对严肃、庄严之行动的描述，悲剧之"悲"并非是日常之悲，而是生存本身之悲。

综上，亚里士多德指出，悲剧是通过摹仿他人的痛苦，唤起人的生存论意义上的怜悯或恐惧，以实现卡塔西斯之目的。据此，由于恐惧和怜悯都是来自于生存情境构建的生存情绪，而这种生存情境之构建又来

---

① 参见亚里士多德：《修辞术·亚历山大修辞学·论诗》，颜一、崔延强译，中国人民大学出版社 2003 年版。

自于对悲剧情节的创制，所以作为悲剧目的的卡塔西斯实应理解为一种生存论创制意义上的净化。而悲剧这一特定创制是如何引发生存论意义上的恐惧和怜悯，则是一个解蔽的过程，亚里士多德《诗学》看似论述悲剧创制技艺，实际上是对"将特定存在者（人之处境化行为集聚而成的非实体此在）带入存在之创制"意义上的生存论解蔽的引导，通过此种解蔽，本真的恐惧和怜悯之情绪才显现出来，并因此得以被净化（卡塔西斯 $κάθαρσισ$）。

　　基于对创制哲学思想的先行领会，亚里士多德又提出了悲剧的六成分："作为一个整体，悲剧必须包括如下六个决定其性质的成分，即情节、性格、言语、思想、戏景和合唱，其中两个指摹仿的媒介，一个指摹仿的方式，另三个为摹仿的对象。形成悲剧艺术的成分尽列于此。不少诗人使用了这些成分，因为作为一个整体，戏剧包括戏景、性格、情节、言语、合唱和思想。"① 在这六个成分中，言语和合唱是摹仿的媒介，戏景是摹仿的方式，情节、性格和思想则是摹仿的对象。

　　悲剧首先是依赖创制活动对人之行为的构建，这种行为的可被把握之单位呈现为事件。因此亚里士多德提出事件的组合，即情节（$μῦθοσ$）是悲剧六成分中最重要的成分。他说："事件的组合是成分中最重要的，因为悲剧摹仿的不是人，而是行动和生活，人的幸福与不幸均体现在行动之中；生活的目的是某种行动，而不是品质；人的性格决定他们的品质，但他们的幸福与否却取决于自己的行动。所以，人物不是为了表现性格才行动，而是为了行动才需要性格的配合。由此可见，事件，即情节是悲剧的目的，而目的是一切事物中最重要的。……因此，情节是悲剧的根本，用形象的话来说，是悲剧的灵魂。"② 如我们所提示过的，亚

---

① 亚里士多德:《诗学》，陈中梅译，商务印书馆 1996 年版，第 64 页。
② 亚里士多德:《诗学》，陈中梅译，商务印书馆 1996 年版，第 64 页。

里士多德的创制哲学实则具有生存论解蔽之意义，而解蔽之关键在于悲剧的特定创制，《诗学》的主体部分是通过对悲剧技艺的讨论，来澄明创制哲学真理。那么，为何情节对于悲剧是最重要的，为何对于创制悲剧的技艺来说，安排情节乃是最重要的技艺？亚里士多德说写作悲剧之技艺乃是解蔽，而对于解蔽来说，最首要的是情节之解蔽，而非性格。从某个角度上看也就是说，对于主体认识世界之真理，关键的不是在于对世界中存在之物的认识，而是对世界之整体运动的认识，在这里，世界之作为整体的活动性是第一位的（相当于悲剧成分之情节），而世界中的现成存在者是第二位的（相当于悲剧成分之性格）。

创制哲学的重要特征之一，即在于对非现成、非实体的存在之把握，在此，作为一种存在机制的创制活动先于任何被静观的存在者（而思辨哲学，如亚里士多德所说更多是对事物的静观）。基于创制哲学的这一内在规定，在悲剧性格和悲剧情节的比较中，后者更为受到重视，而前者是不能充实一个悲剧的。亚里士多德说："此外，没有行动即没有悲剧，但没有性格，悲剧却可能依然成立。"[1] 如亚里士多德指出的，没有行动即没有悲剧，而情节和性格往往不是全然割裂的，而是一个统一体，在情节中就包含了性格，因为性格在情节之发生中就已然显现了。因此，在亚里士多德讨论悲剧情节的《诗学》第十三章中，他实际也讨论了人物的性格。[2] 他指出悲剧中的人物应该是有缺点或犯了错误之人，如果说悲剧过失（άμαρτια）一词从犯过错误的意义上解释的话，还可以说不是性格，那么如果要把 άμαρτια 理解为小瑕疵，那么就不能不说是对性格的规定了。究其原因，则是因为性格往往蕴含在行动（情节）之中，人的固有属性乃是作为潜能的性格，而人的行动才是作

---

① 亚里士多德：《诗学》，陈中梅译，商务印书馆1996年版，第64页。
② 参见亚里士多德：《诗学》，陈中梅译，商务印书馆1996年版，第97页。

为现实的性格，亚里士多德在这里对情节和性格的区分，实际上是一种概念上的区分。因为同样的原因，《诗学》中讨论性格的第十五章，被安排在讨论情节的部分之中，此前的第七章至第十四章，此后的第十六章至第十八章，几乎皆讨论情节。基于以上的种种讨论，我们应该对亚里士多德将情节视为悲剧成分的最重要者有更深层、更立体的了解：情节往往能统摄六成分中的其他成分。亚里士多德说："情节是悲剧的灵魂，而性格占据第二位，就好像一幅无色彩的素描画比各种美丽颜色的堆砌形成之画作更令人产生快感。"①在这里能清楚地看到，亚里士多德把情节理解为形式，把性格理解为质料的倾向。因为一堆胡乱的颜料是无形式的质料，而黑白素描则是具有形式之物。如我们在本书第一章亚里士多德形而上学概论中介绍过的，质料乃是某种意义上的虚无，其存在性是低于形式的，而纯粹的形式则可以是纯粹的存在。在此意义上，亚里士多德指出即使没有性格，悲剧依然可能成立。②另外，质料亦是一种潜能，正如性格一样，性格只有在行动之中才能成为现实，"王莽谦恭未篡时。"（白居易《放言五首·其三》）在这里性格还只是一种有待实现的可能性。因此，从亚里士多德的存在论内部，这种情节的重要性、首要性就是早已确定的。情节的创制乃是悲剧创制的核心，正如生存论境遇的构建和相关解蔽乃是创制哲学的核心。

在此，亚里士多德创制哲学把悲剧的构造同其关于形式和质料的思辨学说联系起来的想法，并不是任意的。事实上，形式和质料的这种存在论思想，首先就是以对创制的理解为基底的。（参见亚里士多德所举关于雕像之创制的例子）。然而，这种物理学的创制存在论，还更多着眼于物，没有聚焦于事件以及人之行动的生存论创制。完整、源发的创

———————
① 亚里士多德：《诗学》，陈中梅译，商务印书馆 1996 年版，第 65 页。
② 参见亚里士多德：《诗学》，陈中梅译，商务印书馆 1996 年版，第 65 页。

制思想唯有在亚里士多德的创制哲学中、在关于悲剧的讨论中，才能得到更深刻的蕴藏和更澄明的显现。之于亚里士多德，悲剧创制体现了一种比其思辨哲学中的物之存在更为源初、根本的创制—存在思想，即生存论创制思想。

二、创制哲学视域中的"诗史之辩"

在亚里士多德创制哲学思想境域中，悲剧是一种以 $λόγοσ$ 作为摹仿媒介的特定创制，而 $λόγοσ$ 则具有通过聚集将某存在者置入存在的哲学意义。$λόγοσ$ 与语言、心灵、理性相关，具有超出个体存在者的理念、共相之哲学意义。悲剧创制以 $λόγοσ$ 为媒介即呈现共相、又收拢于个体，在此意义上，调和了亚里士多德《范畴篇》和《形而上学》间关于个体和共相孰为第一实体之矛盾。可以说亚里士多德在其创制哲学中，用一种非现成、非实体、着眼于生存论存在论的方式，解决了其思辨哲学中留下疑难的存在论问题，这种解决就集中于亚里士多德对诗和历史的辩证性考察之中。基于亚里士多德创制哲学可知：通过心灵、技艺或潜能之创制获得存在者，并非物，而是诸行为所拢聚之生存，是一作为共相的个体；人之生存先于物体，占据存在论序列的最高层级。

（一）创制之整一性

亚里士多德的这一创制哲学洞见是如此展开的：在提出悲剧的定义以及悲剧的六成分、暗示悲剧乃是生存论创制之后，亚里士多德一一讲解了悲剧定义中出现的概念。首先他讨论的是悲剧定义中"完整、有一定长度"这一表述的含义。他在《诗学》的第七章里指出："根据定义，悲剧是对一个完整划一，且具一定长度的行动的摹仿，因为有的事物虽然可能完整，却没有足够的长度。"①

亚里士多德对被创制之存在者的长度的强调有重要的哲学意义。他从生命体的美感的角度来论述这一问题，指出"无论是活的动物，还是任何由部分组成的整体，若要显得美，就必须符合以下两个条件，即不仅本体各部分的排列要适当，而且要有一定的、不是得之于偶然的体积，因为美取决于体积和顺序。因此，动物的个体太小了不美（在极短暂的观看瞬间里，该物的形象会变得模糊不清），太大了也不美（观看者不能将它一览而尽，故而看不到它的整体和全貌——假如观看一个长一千里的动物便会出现这种情况）。"②某物要显得美的必要条件有两点：首先要比例适当，其次要体积适当。关于第一点，大多数人都有认识：美感在于比例的协调；而对于后者，则是被多数人忽略的。人们往往没有考虑过巨大得不可尽览之物的美感问题。亚里士多德似乎倾向于通过考虑这一话题来影射如下问题：即如何将对真理之领悟带入人的有限思维之中？那么便需要一个具有可一览而尽的长度的载体，如后文中将提到的，这也是亚里士多德认为悲剧比历史更严肃、更具有哲学性的原因之一。另外，对情节长度的要求也是与对整一性的要求相辅相成的，对此亚里士多德说："所以，就像躯体和动物应有一定的长度一样，以能被不费事地一览全貌为宜，情节也应有适当的长度，以能被不费事地记住为宜。"③因为情节如果不能一览而尽，那么人的知性便会对所认识之物进行切割，那么，被认识之物的整一性就被破坏了，所以如果要使具有整一性之物被依照其本性整体地被认识，就要求此整一之物具有能被

---

① 亚里士多德：《诗学》，陈中梅译，商务印书馆1996年版，第74页。
② 亚里士多德：《诗学》，陈中梅译，商务印书馆1996年版，第74页。
③ 亚里士多德：《诗学》，陈中梅译，商务印书馆1996年版，第74页。

人的精神整体接受的适当长度。

亚里士多德指出在一定限度内，越长者越美："若从以事物本身的性质决定其限度的观点来看，只要剧情清晰明朗，篇幅越长越好，因为长才能显得美。"① 实则在我们的语言里也是如此，指代长的"修"这个字一向有美之含义，如屈原说："纷吾既有此内美兮，又重之以修能。"（《楚辞·离骚》）汉赋中亦有"伊中情之信修兮，慕古人之贞洁"（张衡《思玄赋》）之句，作为对作品长度讨论的总结，亚里士多德指出悲剧的长度应以从逆境转入顺境或从顺境转入逆境为适宜，他说"作品的长度要以能容纳可表现人物从败逆之境转入顺达之境或从顺达之境转入败逆之境的一系列按可然或必然的原则依次组织起来的事件为宜。长度若能以此为限，也就足够了。"② 一方面，这样的转折和上文要求的完整划一有关，应为原初之境—顺境—逆境，或者是原初之境—逆境—顺境，正是一完整事物的自然形式。一情境由平和之境，转入逆境，再转入顺境，实际上是这一事物获得其内容的辩证运动，反之也是如此。亚里士多德要求悲剧摹仿的事物是具有其起始和结尾的，而只有在经历了这样一种否定自身，再否定之否定的过程以后，事物才是完成了其自身发展的，才是完整的。（参考亚里士多德在《诗学》第十一章中对突转的讨论以及黑格尔在《小逻辑》第 94、95 节关于"否定之否定"的论述。）亚里士多德认为复杂剧优于简单剧，也是根据这方面的考虑，因为简单剧中没有突转（$\pi\varepsilon\rho\iota\pi\acute{\varepsilon}\tau\varepsilon\iota\alpha$），因此没有完成其自身的辩证发展，还具有潜能方面的局限，因此不够完整，不能更好地起到生存论解蔽之效果，而复杂剧则是在突转中，保证了情节依照其自然属性的完全性。而且，只有一个经历了辩证运动的情节，才能是对世界之运动和人生开敞

---

① 亚里士多德：《诗学》，陈中梅译，商务印书馆 1996 年版，第 74 页。

② 亚里士多德：《诗学》，陈中梅译，商务印书馆 1996 年版，第 74 页。

之可能性的完整映照，才能揭示生存论真理。

　　除了对长度的要求，亚里士多德还指出情节应该是完整的，他说："一个完整的事物由起始、中段和结尾组成。起始指不必承继它者，但要接受其他存在或后来者的出于自然之承继的部分。与之相反，结尾指本身自然地承继它者，但不再接受承继的部分，它的承继或是因为出于必须，或是因为符合多数的情况。中段指自然地承上启下的部分。因此，组合精良的情节不应随便地起始和结尾，它的构合应该符合上述要求。"① 这种对完整性的把握要求了一个作者的才能或者说技艺，而这种技艺是建立在对事物的洞悉之基础上的。如果要理解一个事件的完整性，需要对因果的洞察力。在历史文献的写作中可以更清楚地看到这一点，在描述事件时，怎样从诸多前事中寻找其起始，怎样在适当的地方为此事作结，都是值得推敲的。比如说在我国的历史著作《左传》中，对每一年《春秋》经文中记载事件的解释都可能追溯到一个遥远的年代，从一个不同的时间说起，这就是历史学家对一个完整事件的开端的寻找。对于悲剧诗人来说，这方面的压力相对较小，因为他需要做的不是分辨寻找，而是自己创建，但是仍要求诗人深谙因果性的联系。一个悲剧的情节主体、一个完整的事物并不是时间和空间上的切近者之聚集，而是在繁芜的时空联系中对事物自然的发展的洞察。在此，悲剧就被视为一有机物、生命体，只有能完整又不多余地表现这一生命的人，才是优秀的悲剧诗人（或史诗诗人），这便是构造情节的技艺之一。亚里士多德多次从这一角度上论述荷马比一般诗人高明，例如，他在《诗学》第八章内指出："（荷马）围绕一个我们这里所谈论的整一的行动完成了这部作品（指《奥德赛》）。他以同样的方法创作了《伊利亚特》。"②

①　亚里士多德：《诗学》，陈中梅译，商务印书馆 1996 年版，第 74 页。
②　亚里士多德：《诗学》，陈中梅译，商务印书馆 1996 年版，第 78 页。

通过对亚里士多德创制哲学中心文本《诗学》第七章的解读，可以尝试性地思考，为何说悲剧之创制技艺乃是对存在论真理的解蔽？其原因之一便在于这是对因果性从诸多杂乱现象中的求索。关于亚里士多德此处的对因果性之庄严的间接肯定，是同休谟及康德对于因果性之贬低站在不同的维度和思维模式上的，在此他对因果性的理解，是基于一种古希腊式的领会。所谓完整的事物，是出于自然连接在一起的，亚里士多德在此多次使用"自然"一词，如他说起始并不承继前者却"自然"承继中段，而中段"自然"引发结尾。在这里亚里士多德所说的"符合多数的情况"一语，大致相当于后文说的按照可然或必然的规律。

亚里士多德在《诗学》第八章中继续讨论对悲剧整一性的要求，他指出所谓整一性并不仅仅要求没有遗缺，还要求没有与整体无关的多余部分。他说："有人以为，只要写一个人的事，情节就会整一，其实不然。在一个人所经历的许多，或者说无数的事件中，有的缺乏整一性。同样，一个人可以经历许多行动，但这些并不组成一个完整的行动。"[1]在此要求悲剧作者把一个事件按照其内在的必然性完整又无旁支地提取出来，这就要求了诗人对事件的自然属性有明确的认识。亚里士多德指出悲剧最好是复杂剧，[2]但是复杂并不等于混杂，如同某化合物不同于混合物。在此可以参考一下近代化学中对二者是如何定义的，以便更好地区分复杂与混杂的区别：混合物是由两种或多种物质混合而成的物质，无固定的组成和性质，组成混合物的各种成分之间没有发生过化学反应，它们都保持着原来的性质。所谓混合物可以用物理的方法将其所含物质加以分离，但没有经化学合成而组成。而化合物是由两

---

[1] 亚里士多德：《诗学》，陈中梅译，商务印书馆 1996 年版，第 79 页。

[2] 参见亚里士多德：《诗学》，陈中梅译，商务印书馆 1996 年版，第 89 页。

种或者两种以上的元素所组成的纯净物。可以在此意义上对亚里士多德所推崇的复杂剧进行理解：所谓复杂剧，乃是摹仿其自身经历了突转（περιπέτεια）和发现（ἀναγνώρισις）的单纯事件的悲剧，而若是摹仿了不同的事件，即便是这些事件有同一个主人公，那也不是复杂剧，而是混杂剧了。就此亚里士多德说："那些写《赫拉克勒斯》、《瑟塞伊特》以及类似作品的诗人，在这一点上似乎都犯了错误。他们以为，既然赫拉克勒斯是单一的个人，关于他的故事自然也是整一的。然而，正如在其他方面胜过别人一样，在这一点上——不知是得力于技巧还是凭借天赋——荷马似乎也有他的真知灼见。在写作《奥德赛》时，他没有把俄底修斯的每一个经历都收进诗里，例如，他没有提及俄底修斯在帕那耳索斯山上受伤以及在征集兵员时装疯一事。在此二者中，无论哪件事的发生都不会必然或可然地导致另一件事的发生。"① 亚里士多德把悲剧视为生物有机物，他说："事件的结合要严密到这样一种程度，以致若是挪动或删减其中的任何一部分就会使整体松裂和脱节。如果一个事物在整体中的出现与否都不会引起显著的差异，那么，它就不是这个整体的一部分。"② 因此，这一节也在此印证了我们在注释《诗学》第四章时看到的观点：悲剧之存在犹如生命体，悲剧之发展恰如种子长成为树木，胚胎发育作成人。③ 而亚里士多德对世界的认识也是这样，他认为世界是一个合目的性的整体，因此也是一个"个体"，在亚里士多德眼中，人之存在、悲剧之存在、世界之存在是具有同构性的。关于为何一

---

① 亚里士多德：《诗学》，陈中梅译，商务印书馆1996年版，第79页。但是在这里亚里士多德的举例是令人费解的，因为他说荷马并未提及俄底修斯在帕那耳索斯山上受伤一事，实际上《奥德赛》中记录了此事，见荷马：《荷马史诗·奥德赛》，王焕生译，人民文学出版社1997年版，第392—466页。这是由于亚里士多德手中的荷马史诗文本和今天看到的并不一样，还是其他原因，不得而知。

② 亚里士多德：《诗学》，陈中梅译，商务印书馆1996年版，第79页。

③ 参见亚里士多德：《诗学》，陈中梅译，商务印书馆1996年版，第48页。

整体可以同时是个体的问题，正如上文所说，是一混合和化合的问题。一个人是一个体，但同时他也是其手臂、下肢、躯干、内脏、性格和思想等的整体。在这里整体不同于总和，因为这些部分是处于整一性联系之中的，而不是单纯的相加。因此，所谓情节的整一性，也可以说成，情节是一个有机的整体，而非许多事件的堆砌。比如说在亚里士多德推崇的荷马史诗中，在《伊利亚特》中，一切事件都是围绕着阿基里斯的愤怒展开的，史诗的开头句子便是："歌唱吧，缪斯！歌唱裴琉斯之子阿基里斯的愤怒！"① 事实上，整个二十四卷史诗，皆是这一歌唱的延伸，首先是阿基里斯对阿伽门农的愤怒，因为后者抢夺了其战利品，结果是阿基里斯愤然罢战，导致特洛伊人反攻至海岸线，开始焚烧希腊人的战船，这期间一切战场上英雄们的活动和奥林波斯山上诸神的活动都是因裴琉斯之子的愤怒而起；随后是阿基里斯因为战友帕特洛克罗斯的被杀而产生的对特洛伊主将赫克托尔的愤怒，并以后者的被杀，尸体被哀求的老王普里阿摩斯取回作结。在这部史诗作品中，我们看到了对亚里士多德所说整一性的完美诠释：没有遗缺、没有多余。

这就是创制哲学的整一性，并非是创制某一个体，而是所谓整体、一的概念都是在创制中被给予的。如果说"存在"与"一"在概念上密不可分，那么据此，存在本身亦是由创制先行给予的，创制乃是存在之机制，因此，创制哲学是根本的，却又非思辨的存在论哲学。

（二）诗与历史之辩

在对创制之整一性理解的基础上，亚里士多德通过比较了诗和历

---

① 荷马：《荷马史诗·伊利亚特》，罗念生译，人民文学出版社 2003 年版，第 1 页。

史，用创制哲学的内在思想和外在方式，解决了其思辨哲学中存留的共相与个体之矛盾，论证了在创制哲学这一更高视域下，二者可以达成生存论维度的统一。

亚里士多德指出历史学家和诗人之所以不同不是因为写作的形式，而在于描述的对象。"历史学家和诗人的区别不在于是否用格律文写作（希罗多德的作品可以被改写成格律文，但仍然是一种历史，用不用格律不会改变这一点），而在于前者记述已经发生的事，后者描述可能发生的事。"① 由于这种描述对象的不同，导致了诗高于历史，因为可能发生的事情是具有普遍性的，而已经发生的事情则是具体事件，或许是偶发的。因此前者比后者更有助于人对共相的认识，更有解蔽作用，也更严肃。对此亚里士多德说："诗是一种比历史更富哲学性、更严肃的艺术，因为诗倾向于表现带普遍性的事，而历史却倾向于记载具体事件。所谓'带普遍性的事'，指根据可然或必然的原则某一类人可能会说的话或会做的事——诗要表现的就是这种普遍性。"②

亚里士多德的《诗学》中多次出现对可能者或已成现实者作为创制的对象谁更优先（好）的讨论，同时也是诗和历史谁更严肃的讨论。比较集中的，在此处是第一次，另一处在第二十四章讨论史诗之时。这是一个创制哲学论题，同时也是一个形而上学的论题，对于亚里士多德《诗学》的历代研究者，尤其对于试图在文本中挖掘亚里士多德创制哲学思想的研究者来说，这是一个不可忽视的重要段落。

第一个解释是从"历史"一词着手。历史是对一种对已经发生之事的记录，而并非已经发生之事本身。关于如何记录历史，一直是文明史上的难题，困扰着中西历代的历史学家们。以中国的史书来说，一般是

---

① 亚里士多德：《诗学》，陈中梅译，商务印书馆 1996 年版，第 81 页。
② 亚里士多德：《诗学》，陈中梅译，商务印书馆 1996 年版，第 81 页。

采用断代纪传体的，对一个时代中的历史人物分别纪传，这样的优点是每一个传记相对来说更有整一性。（只是相对来说的，因为如亚里士多德所说，并不是写一个人的事，情节就会整一，恰恰是一个人经历的所有事件并不具有整一性。①）但是这种记录历史方式的缺点更为明显，就是并不能正面描述时代的特征，比起信史，更像故事集，而且同一事件会在不同人物的传记中被反复提及。另外，如果是以传记组成的历史，那么人物的性格和决断等往往会遮蔽历史的必然性，这样就造成了英雄史观。其他的记史方式也各有缺陷，比如编年体之史书，其整一性是完全不存在的，一个作为整体的事件会被切割得支离破碎。或许亚里士多德是在此意义上认为通过诗更能表现社会历史现实，因为可以无视历史的时间空间上的巨大跨度，以一个完整的时间表现历史之缩影。对于写作历史的人，是不允许其随意增删内容的，但是如此一来，同一时间中事件的繁杂性或者同一人物经历中史实的无关联性，就会遮盖了应然性和必然性，虽然这种应然性或必然性仍是如缭乱纠缠的草灰蛇线一般隐藏于此的。在写作历史时，一个历史学家不必洞悉事件的必然性，亦可以相对不错地完成其工作，他所做的更多是搜集、整理和记录材料，而一个诗人则需要把握事物的因果联系。因此，历史更像是一种在遮蔽中的呈现，而诗则是一种解蔽。所以，亚里士多德从解蔽的角度上认为，诗比历史更具有严肃性。但是如上面那样解释这一段话会有一个问题，就是亚里士多德说的不仅仅是写作方式的问题，而还有写作对象的问题。因此对于这一问题还需要更进一步的解释：目的论的解释。

亚里士多德在其《诗学》第九章中看起来是想表述诗并不需要描写已发生的事，而是要描写可能会发生的事。描述已发生之事者不是诗，而是历史。亚里士多德在此指出：诗比历史更具有哲学意味，更应被严

---

① 参见亚里士多德：《诗学》，陈中梅译，商务印书馆 1996 年版，第 78 页。

肃对待、地位也更高。① 值得注意的是，这里看似出现了一个同其形而上学观点之间的矛盾。此处的"可能"一词在希腊文中用 δύναμιν 来表示，而 δύναμιν 同时亦是亚里士多德哲学中的重要概念"潜能"。如果说诗所描述的是可能发生却未发生之事，那么即是说，其还缺少一个实现的充足理由，因此尚处于存在与非存在之间，还是一种作为潜能的存在。也就是说：诗的对象可以是作为 δύναμιν 之事，即作为"潜能"之事。而已经发生之事，虽然并不可等同于亚里士多德哲学中的"现实"，但是我们却应该看到，在亚里士多德的形而上学中，现实就是包含着内在动力因的实现活动，也就是"隐德莱希"。（参见本书第一章相关内容）现实在这里是具有时间性的，或者说，时间作为诸多范畴之一，是界定是否为现实的一个属性，现实需要具有其"当下"的时间性。所谓现实，不能是将要发生、必将发生，而是发生的现在进行时、正在发生。比如说一个没有正在从事雕刻活动的雕塑家，雕刻只是其 δύναμιν，能力、潜能，而唯有当他正在从事雕刻时，雕刻才是现实。由此看来，似乎作为存在的过去时的历史，在亚里士多德哲学中并不能完全等同于现实。但是我们需要注意的是，在文字作品中、在历史中，显现的已发生之事、过去之事是以其现在时出现的，比如修昔里德的《伯罗奔尼撒战争史》中的伯罗奔尼撒战争对于其作者来说是已经发生之事，但是却以现在时（并非是在语法意义上的，而是在表现方式意义上的）在历史作品里显现。那么由此来说，历史所表现的即为现实。因此，当亚里士多德认为描述可能发生之事的诗高于描述已经发生之事的历史时，会令人产生一种误解，就是说他似乎表达了潜能高于现实的倾向。

在此，如果仅仅基于亚里士多德思辨哲学，有一个矛盾出现了。因为如上文介绍过的，亚里士多德在其《形而上学》的第九卷里，明确地

---

① 参见亚里士多德：《诗学》，陈中梅译，商务印书馆1996年版，第81页。

论定了现实高于潜能，并且从原理上、时间上和实体上这三个方面做出过详细论证。① 相类似地，这里还有第二个矛盾。在文本中亚里士多德指出：诗描述普遍性的事，即合乎或然律或必然律的事，而历史叙述个别之事，即已发生过之事，以此作为对诗高于历史的论断的补充，在此处，亚里士多德似乎持普遍高于个体的观点。但是亚里士多德亦在其《形而上学》第七卷的第十三章中指出过的个体的实体是个别所独有的东西，它不依存于他物，普遍则是共同的。所谓的普遍，在本性上就意味着依存于众多。因此第一实体不是普遍性的。② 这一矛盾和在亚里士多德《形而上学》一书内部亦出现过的矛盾是不同的。因为当亚里士多德在《形而上学》中指出第一实体是共相时，他并不是否定了第一实体的个体性。恰恰相反，他想说明的是：共相之间有其区别，第一实体一定是一种作为个体的共相。（参见本书第一章相关内容）这种共相不是一种抽象活动的结果，而必须理解为"多"的原因和源头。抽象出的是普遍的、在后的，而在先的才是作为实体的共相。在这里所说的共相，其意思是较为接近柏拉图的"理念"或者说"相"的。而第一实体的个体性，或者说非普遍性何以可能？这是柏拉图的理念论所遇到的困难，唯有在亚里士多德的形而上学体系中才能够解答：如果实体只是像柏拉图哲学中的理念那样，是静止的，那么无论怎样生硬地从外部进行规定其个体性，终究都逃不过普遍的意义对其的影响，因为柏拉图的理念是从各具体事物里活生生地拖拽出的被规定为个体的普遍。只有把实体理解为自身包含实现的动因，由于其本身自发地实现者、"隐德莱希"，它才能够不依存于多，反而成为多的原因。③ 重要的不是作一个

---

① 参见亚里士多德：《形而上学》，苗力田译，中国人民大学出版社 2003 年版。
② 参见《亚里士多德全集》第七卷，苗力田主编，中国人民大学出版社 2003 年版，第179 页。
③ 参见黑格尔：《哲学史讲演录》第二卷，贺麟、王太庆译，商务印书馆 1960 年版，

空泛的外在规定说实体不是普遍的，而是真正提出其作为个体的存在何以可能，这就是亚里士多德哲学对柏拉图哲学的超越之一。在《形而上学》的另一章中，亚里士多德再次从不同的角度论证了实体是个体，以及个体高于普遍的观点，他指出："实体其本义就是不述说主体（主词）的，而普遍却总是述说某一主体（主词）。"[①] 在他的《范畴篇》中同样有这样的论题："实体，在最严格、最原始、最根本的意义上说，是既不述说一个主体，也不存在于一个主体之中。"[②] 在这里需要说明的是，第一实体虽然不是普遍，但可以是共相，共相并不等于普遍性，我们应该知道怎样从正确的意义上理解共相这一概念。在柏拉图的哲学里，所有的共相，无论在感性事物之先的和之后的，都被不加区分地提升至理念的高度上。然而这种被柏拉图忽略的区分在存在论上却是必要的。[③] 有一种共相是不能够独立存在的，如果要把共相理解为实体的话，也可以称为虚幻的共相，也就是不能作为实体的共相。这种共相不因其自身而存在，而是存在于认识主体中，是主体对感性事物进行抽象的结果，因而时间上和逻辑上都是在后的，所以其存在是低于感性事物的。而真正的、可理解为实体的共相之存在无论在原理上、实体上还是时间上，都是先于感性事物的，这种共相相似于柏拉图的理念，是更高的存在，比感性存在更接近那个第一实体。所谓非实体的共相或者是主体对许多个别感性事物抽象的结果；或是实体作为不可分的个体被认识主体切割、划分的产物（比如感性、知性、理性等。这其实是一种近代哲学发展后产生的概念。在古希腊哲学中并没有这种在精

第 325 页。

① 亚里士多德：《亚里士多德全集》第七卷，中国人民大学出版社 1990 年版，第 25 页。

② 亚里士多德：《亚里士多德全集》第一卷，中国人民大学出版社 1990 年版，第 6 页。

③ 首先认识到这一点的正是柏拉图本人，他在其《巴门尼德篇》中指出这种不区分造成了理念论的困难。见柏拉图：《巴曼尼得斯篇》，陈康译，商务印书馆 1982 年版。

神中更加细致的区分，古希腊人所谓理性、努斯，亦是亚里士多德所说的神，就是那个精神的运动的整体。）由此看来，被某些学者认为的，《范畴篇》同《形而上学》之间的矛盾实则是不存在的。亚里士多德在其《工具论》和《形而上学》中，无论是着眼于逻辑还是存在，都贯彻了个体高于普遍的思想，然而却和其在《诗学》中的看法相反。所以问题是，亚里士多德的诗学思想和形而上学思想之表面上的矛盾应如何解释？

（三）创制哲学视域转换

对于上述矛盾，就需要一个视域转换，即认识到：亚里士多德思辨哲学的观点难以解决创制哲学领域内的问题，在此，一种创制哲学视域，对于解开束缚是必要的。解答问题的突破口往往隐蔽在原始文本的微小之处。应予以注意的是《诗学》第九章中的开头一句：根据前面叙述……这句话正确地把我们的视线引入了《诗学》的第七、第八章之中。如在此前提到的，《诗学》第七章主要讨论悲剧的长度，亚里士多德曾在此作出两个要求：第一是完整，要求有头、有身、有尾，悲剧的开头不必上承他事，结尾亦不必有后继之事，而中间的内容则须承前启后。第二是长度适当，不应过长而导致不可一览无余，破坏美感。《诗学》第八章主要讨论悲剧情节应统一，只描写一个行动，而每一个情节都应是整体的有机构成部分。关于诗高于历史的疑问之解答在于对作品的长度和整一性的思考中这一观念的产生。在后文中，在《诗学》中另一处论及此问题的第二十三章中，亚里士多德在论述史诗之时再度将两个问题结合起来说明："史诗的情节也应像悲剧的情节那样，按照戏剧的原则安排，环绕着一个整一的行动，有头、有身、有尾，这样它才能像一个完整的活东西，给我们一种它特别能给予的快感，显然，史诗不应像历史那样结构，历史不能只记载一个行动，而必须记载一个时期，即这个时期内所发生的涉及一个人或一些人的一切事件，它们之间只有偶然的联系。"①因此可以初步判断，解决矛盾的钥匙正应该藏在亚里士多德对诗歌长度的论述里，而此处真正隐藏的关键词却并非长度，而是目的性。

　　在这两段解答问题的关键性文本中，亚里士多德明确地指出应将诗（悲剧和史诗）作为有机体、活的东西来看待。②而所谓有机体、生物体，其核心的特征在于其构成和行动的合目的性。在这里先要研究的是亚里士多德的目的论思想。在《形而上学》第一卷对之前哲学思想的回顾中可以看到，很长一段时间目的论思想并未得到重视，直到亚里士多德把其作为重要的哲学概念提出。③然而目的论是具有危险性的观点，是否我们因为人类自身的行为是为有目的的，因而错误地将此类推到了自然界之上？或者说，宇宙是否可以作为有机物来理解，这一切都是存疑的。因此康德在《判断力批判》里谨慎地指出的目的论原则只能作为主观调节性原则而非客观构成性原则。④危险的结果可能导致沃尔夫式的世界观。对于这种庸俗目的论和合理的目的论，亚里士多德早已作出区分，他指出此种对目的的歪曲是由于它们出于偶然性或自发性，而那些出于自然的东西，才真正像技艺制品一样包含着真正的目的性。在亚

---

① 亚里士多德：《诗学》，陈中梅译，商务印书馆 1996 年版，第 168 页。

② 亚里士多德对此以生物举例说："动物的个体太小了不美，太大了也不美，因为观看者不能将它一览而尽，故而看不到他的整体和全貌，假如观看一个长一千里的动物便会出现这种情况。"亚里士多德：《诗学》，陈中梅译，商务印书馆 1996 年版，第 74 页。

③ 此处及以下关于目的因的讨论，俱参见亚里士多德《形而上学》第一卷。亚里士多德：《形而上学》，吴寿彭译，商务印书馆 1997 年版，第 1—36 页。

④ 具体论证参见康德：《判断力批判》"导言"部分。康德：《判断力批判》，韦卓民译，商务印书馆 1964 年版。

里士多德那里，目的不仅是原因，而且是第一因，① 大概按照古希腊人的思维，无穷回溯是不可接受的，而轮回论是未曾被认真设想的，所以第一因的提出是必要的，而在这里它作为目的因而出现。最高的概念必然蕴含着目的的概念在其中，因为目的高于为目的者，所以将目的作为原因体现了亚里士多德对原因的理解，最终的原因就是那个最高的存在者或其存在本身。目的因同时是一种动因。一方面，如果把目的作为一个外在的存在者理解，它可以引起其他存在者的趋向其自身的活动（类似于太阳吸引行星的运动）；另一方面，如果将其作为内在的目的理解，那么目的本身又是引起实现活动的动力。因此动力因可以同一于目的因。形式因亦可以与目的因相同一。如亚里士多德指出："是什么"和"为什么"是同一的。粗略地说，既然一切的规定性可以归于形式，那么目的作为不是"无"的东西也有其规定性，也是由于其形式因而作为目的而存在。而且，如果目的是第一因，是存在的根据，其所是的是或者说形式也是由目的决定的，因而目的是形式的原因，目的与形式是互为因果的，所以目的因同形式因是同一的。另外，最高的实体，那作为存在的存在，存在者的存在本身，被亚里士多德理解为形式，同时他也是存在者最初的原因，而这个第一因正是目的，从这个角度看，形式因和目的因也是同一的。这样，在亚里士多德哲学中，目的的概念就通过了对动力和形式的概念的吸纳而获得了巨大的合法性。同时，在亚里士多德具有活力的哲学体系中，目的也必须有其合法性：如果"其所是的是"只是一现成在场的存在，只有不变的静止的规定性而不具有自身的活动性，那么其"其所是的是"和"所为者"就不会是同一的，然而"其所是的是"在亚里士多德哲学中是纯粹存在，自身运动的"隐德莱

---

① "目的是一切事物中最重要的。"亚里士多德：《诗学》，陈中梅译，商务印书馆 1996 年版，第 64 页。

希"、实现活动，所以同时亦是目的。神并非第一推动者，而是吸引者，即目的。①

综上，亚里士多德眼中的世界是合目的性的。而根据亚里士多德的定义，包括诗在内的创制是一种摹仿（μίμησις）。同柏拉图的理念论不同，亚里士多德把存在看作形式同质料的辩证运动，也就是说把存在者之存在的过程看作了一种创制过程，其结果是赋予了被创制之物崇高的神性地位。（或许亚里士多德本义不在于此，然而一种哲学之被解释的可能性即为此哲学的命运，并必然源发于亚里士多德本人的学说并影响亚里士多德本人的学说。）因此，诗作为摹仿之产物，同时如上文所说作为绝对形式运动的影子，被赋予了神性。然而即使如此，诗仍不可等同于世界的存在，正如在柏拉图那里，感性事物作为对理念的摹仿不可等同于理念。在这里应看到，亚里士多德创制哲学的对象是诗——摹仿之产物，而形而上学的对象是世界——摹仿之原型，而对亚里士多德《诗学》和《形而上学》之矛盾的解答也将基于这样一种思考。

通过以上的种种论述，解决矛盾的钥匙已经从迷雾中缓缓浮现，到了解答问题的时候。为什么说这一《诗学》和《形而上学》的矛盾之统一须从目的论着眼？请再次看亚里士多德的这句话："一个美的事物——一个活东西或一个由某些部分组成之物——不但它的各部分应有一定的安排，而且它的体积也应有一定的大小，因为美要依靠体积与安排，一个非常小的活东西不能美，因为我们的观察处于不可感知的时间内，以致模糊不清，一个非常大的生物也不能当作是美的，因为我们不能同时看到它的全部，其完整一体性便不会进入视野范围内。"②一种

---

① 参见黑格尔：《哲学史讲演录》第二卷，贺麟、王太庆译，商务印书馆1960年版，第290—305页。

② 亚里士多德：《诗学》，陈中梅译，商务印书馆1996年版，第74页。

属于世界的合目的的现实性之庞大由于不能一目了然因而不能产生美感。或者说，这种美感不可通过直观获得。诗则是表现的艺术，要在直观可视的范围内表现有机体之目的性，因而是有目的性的大全的映像，诗是至善运动的缩影，而简短篇幅中所能表现的零散的历史只是至善运动的残片。因此，诗比起历史更具有其庄严性、亦即更高。换句话说，诗需要虚构，以便使自然的庄严的目的性和因果性得以在人的视域范围内得以表现。此观点并非臆测而是有明确的证据。亚里士多德在《诗学》第九章的另一位置指出："如果一桩桩事件是意外地发生而彼此间又有因果联系，那就有最好的效果，这样的事件比自然发生或偶然发生的事件更为惊人。"① 因为在这里体现了一种晦暗不明的因果性，即命运的一角。既令我们看到合目的性的起因和结果，其内在的环节又在遮蔽之中。如果我们看不到因果，那便缺失了对世界整一性的摹仿，而如果我们看清了一切环节，则缺失了对世界庄严性的摹仿。

请看亚里士多德推崇的情节（以及被创制的境遇性事件）：被谋杀的米透斯的雕像倒下，恰恰砸死了正在观赏雕像的杀害米透斯的凶手。② 这其中的因果性唯有在戏剧中才存在，在现实中则只能被认为是偶然。然而即使这样，以此为题材的诗歌仍能由于其成功地作为合目的性的世界之缩影而获得成功。诗需要在相对于世界的较小的范围内表现现实的合目的性运动，这就是为什么以现在的眼光看来，每一种生活中的预言和报应都显得荒谬、不可信，而在文学作品中，这一切都有庄重的色彩和震撼的力量。在亚里士多德那里，恢宏的第一实体是人的理性所要努力接近的对象，并不需要呈现在人的直观之前。然而悲剧和史诗

---

① 亚里士多德：《诗学》，陈中梅译，商务印书馆 1996 年版，第 82 页。
② 参见亚里士多德：《诗学》，陈中梅译，商务印书馆 1996 年版，第 82 页。

则需要被欣赏、被直观，那么就需要借助普遍性和可能性，因为诗不是世界本身，而是世界的影子。这亦是《诗学》和《形而上学》、创制哲学和思辨哲学表面上的矛盾的根源。在真实的世界中，第一实体是现实和个体，而在诗中，崇高的东西是对第一实体的表现，而这种表现需要通过可能性和普遍性来实现，以便在人们可以观察的范围内呈现实体。因此，诗并不在于描述已发生的事，而在于描述按照可然律或必然律可能发生的事。而诗中所表现的普遍性和可能性，就是诗歌所能获得的个体性与现实性。至此，我们尝试性地从一个创制哲学视角阐释了亚里士多德《诗学》中的诗与历史的关系问题，并在此视角上就它与亚里士多德思辨哲学之间的矛盾提出了一种解答的渠道。这种解决的关键即在于思辨哲学向创制哲学的论域转换。

亚里士多德认为创制要表现的是普遍性，是共相。如上文介绍过的，亚里士多德在其形而上学中赋予了共相以重要意义：共相是具有普遍性的个体，是具有实现自身的绝对活动性的理念。在此意义上，这种共相就是亚里士多德所说的实体、本体。因此悲剧创制可视为是表现本体的一种创制活动。同时实体本身亦是神和真理本身，所以作诗作为一种表现实体的创制活动，亦是显现真理的活动，也就是解蔽活动。而诗如何解蔽，则要从对悲剧情节的讨论中来发现，因为如亚里士多德所说，创造悲剧实际上乃是创造情节。① 亚里士多德在其创制哲学中，做出了一种对实体定位的转换，即将首要的被创制者（在创制哲学语境中亦即首要的存在者）理解为行为、行动所集聚之生存实体。创制哲学着眼的真理，乃是生存论真理。创制哲学中的真理之解蔽，乃是通过境遇构建完成的生存论解蔽。

---

① 　参见亚里士多德：《诗学》，陈中梅译，商务印书馆 1996 年版，第 64 页。

三、悲剧情节（μῦθοσ）——生存论境遇的构建

创制哲学揭示生存论真理，但是这种真理不同于物理学对象，依赖于通过静观的方式发现，而是需要特定生存情境、生存境遇的构建被澄明，这种澄明之被带入存在视野的"去存在"，也就是说，生存论真理首先通过生存境遇的构建被创制出来、获得其存在。

而这种作为生存论境遇构建的创制，亦即亚里士多德所说的悲剧情节（μῦθοσ）之创制。因为唯有在特定的悲剧性情境中，人的生存才能真正因行动的可能性被敞开并获得真正意义上的实存，人的生存之诸环节及其崇高、卑微等诸多可能性才被带入现实的光照之中，亦即哲学意义上的通过创制而实现。人的生存论意义由于悲剧情节的建构得以彰显，或者说正是由于在生存论领会之下对悲剧情境的创制性拟构，才使得生存论意义本身被创制出来。在此意义上，在创制哲学的深层领会中，生存是被创制者，而且唯有生存才是本然意义上的被创制者。生存的创制依赖于境遇构建，而后者则最极端、最明晰、最集中地显示于创制哲学意义下的悲剧情节（μῦθοσ）创制之中。

（一）μῦθοσ（境遇建构）之诸类型

通过对被创制之悲剧比历史更能反映普遍性的论证，以及对悲剧成分中情节的强调，亚里士多德把话题引导到了如何创制悲剧情节更能彰显人的生存论境遇，即如何进行生存论解蔽的讨论上。在具体讨论悲剧的情节之前，他先在《诗学》的第十章中讨论了悲剧的分类问题。他根据情节构架的不同把悲剧分成了简单悲剧和复杂悲剧，其中后者优于前

者。后来亚里士多德在《诗学》的第十八章中再次谈到了悲剧的分类，他说："悲剧分四种：即复杂剧（完全靠"突转"与"发现"构成）、苦难剧（例如那些《埃阿斯》与那些《伊克西翁》）、性格剧和穿插剧。"①

关于悲剧情节以及创制哲学视域下的生存论境遇之具体架构，亚里士多德指出最好的悲剧情节应具有复杂结构（1452b），且情节中的突转（περιπέτεια）和发现（ἀναγνώρισισ）相同一（1452a）。这种要求使得一种完整、复杂的实际境遇得以处于自身敞开又自身凝聚的创制学张力之中。

首先，亚里士多德批评了简单悲剧中的穿插式悲剧情节，这种批评的根源在于情节穿插并不能真正做到对生存境遇的有机构建。他说："在简单情节和行动中，以穿插式的为最次。所谓'穿插式'，指的是那种场与场之间的承继不是按可然或必然的原则连接起来的情节。"②

亚里士多德之所以在这里批评穿插式的戏剧，也是出于对悲剧情节的整一性的考虑，而整一性对于诸行为收拢、聚集为创制哲学意义上的生存实体至关重要。穿插进去的东西不是情节的必然组成部分，不是有机体的一个成分，因此就破坏了悲剧的整体性。穿插进去的情节的存在与否，都不会对整体造成影响，是可有可无的。罗念生先生认为埃斯库罗斯的悲剧《被缚的普罗米修斯》就采用了穿插式的情节，他认为伊俄的出现，以及普罗米修斯对其经历的预言都是与主题无关的、被穿插进去的。③事实上，埃斯库罗斯此剧虽然使用较为简单粗糙的穿插式布局，但普罗米修斯同伊俄的对话仍能很好地起到引发观众恐惧和怜悯的效

---

① 亚里士多德、贺拉斯：《诗学　诗艺》，罗念生、杨周翰译，人民文学出版社 1962 年版，第 60—61 页。

② 亚里士多德：《诗学》，陈中梅译，商务印书馆 1996 年版，第 82 页。

③ 参见亚里士多德、贺拉斯：《诗学　诗艺》，罗念生、杨周翰译，人民文学出版社 1962 年版，第 30 页。

果。因为伊俄的命运实际上是同普罗米修斯的命运紧密联系的。伊俄乃是最终拯救普罗米修斯的英雄赫拉克勒斯的祖先，伊俄按照普罗米修斯为她预言的行程，来到伊俄尼亚湾，随后到伊吕利亚，翻过哈默斯山，渡过了波斯福洛斯（即牛津，因身为母牛之伊俄经过此处）海峡，经过斯库提亚和喀莫里亚地区，在欧亚大陆上久久地颠沛，最终渡过大海来到埃及，在那里恢复了人形，在尼罗河旁为宙斯并生下一个男孩，即埃及王厄帕福斯。厄帕福斯娶尼罗河的女儿门菲斯生下女儿利比亚，（听名字即可知道指代北非的利比亚地区，正如卡德摩斯的姐姐欧罗巴。）利比亚与波塞冬生双生子阿革诺尔和柏罗斯，后者继承埃及王位，生有双生子埃及普托斯和达那俄斯。达那俄斯为了避免埃及普托斯的五十个儿子娶自己的五十个女儿为妻，逆着其祖先伊俄流亡的道路逃亡至希腊的阿尔戈斯，在那里向阿尔戈斯王请求庇护，（埃斯库罗斯另有一悲剧《乞援人》，即以此为题材。）埃及普托斯的儿子们追逐而至，终于得以同自己的堂姐妹们结婚，然而除了最年长的林叩斯外，皆在新婚之夜被自己的妻子刺杀。那些杀害了丈夫的达那俄斯的女儿们，在死后受到惩罚，要在阴间以苍白幻影般的躯体用无底桶汲水，年复一年，永无休止。① 后来林叩斯统治阿尔戈斯，经三代之后出现了达那厄，被其父囚禁于铜塔，宙斯化为黄金雨与其幽会，她则为宙斯生下了弑美杜莎的英雄珀尔修斯。② 后珀尔修斯之孙安菲特律翁娶其堂姐妹阿尔克墨涅。宙斯在安菲特律翁攻打忒拜之时，于一个三倍长的黑夜里临幸了阿尔克墨

---

① 这一部分神话，比较系统的叙述见伪阿波罗多洛斯《书库》原本第二卷第一章。《书库》署名阿波罗多洛斯，是由于他作为学者的显赫声名，后人将此书的作者归于他。但从其完成的时间比阿波罗多洛斯的时代要晚几百年来看，这显然是伪托，所以习惯将该书的作者称为"伪阿波罗多洛斯"。但在我们手中的周作人译本上，仍按照传统，将作者算为阿波罗多洛斯。以后引用此书时，不再赘述。

② 参见伪阿波罗多洛斯《书库》原本第二卷第三章。阿波罗多洛斯：《希腊神话》，周作人译，中国对外翻译出版公司1998年版，第92页。

涅，生下英雄赫拉克勒斯，正是宙斯之子赫拉克勒斯在为欧律斯透斯完成十二件工作之后，来到高加索山崖，释放了他的父亲在十二个世代之前缚于那里的大神普罗米修斯。①大概当时的每一个观众都知道这一系列神话，因此当他们看到普罗米修斯为伊俄指明道路之时，就会联想到普罗米修斯在此还将受苦多少个世代。埃斯库罗斯借普罗米修斯之口，极力渲染伊俄的前路之艰险漫长，而熟知希腊神话的观众们，则会不自觉地想象到普罗米修斯的受难是伊俄的多少倍，因此便在最大程度上唤起了观众们的恐惧和怜悯之情，实现了悲剧的效果。另外，观众们也能感受到，数百年前普罗米修斯为伊俄指点迷津，而数百年后其后代拯救了先祖的恩人这一情节中显现的命运之必然性。

即使这样，《被缚的普罗米修斯》一剧的穿插式布局仍在某种程度上破坏了悲剧的完整性。亚里士多德已经在上文中批评了这种构造情节的方式。他指出事件的结合要十分严密，以至于若是挪动或删减其中任何一部分就会使整体松裂和脱节。②超出文学旨趣，这种批评背后更深刻的原因是通过这种穿插性方式的悲剧情节构建，没有任何境遇性的聚拢，因而悲剧人物在其间也难以面临抉择和做出基于抉择的行动，因此，作为有抉择的行动之聚集的生存在此是隐而不显的。基于亚里士多德生存论澄明的创制哲学观点，穿插式情节显然乏善可陈。

接下来亚里士多德区分了简单行动和复杂行动，他指出："由于情节所摹仿的行动明显地有简单和复杂之分，故情节也有简单和复杂之别。所谓'简单行动'，正如上文解释过的，指连贯、整一、其中的变化没有突转或发现伴随的行动。所谓'复杂行动'，指其中的变化有发

---

① 参见见伪阿波罗多洛斯《书库》原本第二卷第四至第六章。阿波罗多洛斯：《希腊神话》，周作人译，中国对外翻译出版公司1998年版，第95—97页。

② 参见亚里士多德：《诗学》，陈中梅译，商务印书馆1996年版，第78页。

现或突转或有此二者伴随的行动。"①亚里士多德认为，复杂悲剧的标志就是突转或发现。比起简单行动，复杂行动更能彰显生存、解蔽生存，在符合其创制哲学理解的条件下，更加被亚里士多德所推崇。

亚里士多德同时指出突转和发现应出自情节本身，与前文的关系是符合因果律的。借此机会，亚里士多德在这一章内讨论了因果律的问题。他指出："这些事件与那些事件之间的关系，是前因后果，还是仅为此先彼后，大有区别。"②

在相当长的一段时间之内，因果律的客观存在都是不成问题的，但是随着西方哲学发生了认识论转向，哲学家们在考察认识能力时，也剥夺了因果律的权威性。比如说洛克和休谟就否定了因果律的客观必然性，把它视为一种主观的习惯性联想。而康德虽然随后恢复了因果性的必然性，却将其说成先天综合判断，从而剥夺了它在物自体那里的客观性。康德认为因果性乃是一种时间上的先后相继性。③黑格尔对洛克观点的复述，也代表了休谟和康德的对因果性的否定思想，洛克认为"经验是知觉的来源，我们是从经验中获得因果的概念以及必然联系的概念的。可是作为感性知觉的经验不包含必然性，并不包含因果联系。必然性特别包含在因果关系当中。可是在被我们定义为经验的那种东西里，我们真正知觉到的只不过是现在有某物出现，然后随之有某物出现。直接的知觉所涉及的内容，只不过是一些同时并列和先后相继的状态或事物在时间上的连续状况，它并不涉及我们所谓原因和结果，并不涉及因果联系，在时间上的连续中是没有因果联系的，因而也没有必然性的。……所谓必然性乃是一种偶然的联想，是习惯养成的。"④实际上，

① 亚里士多德：《诗学》，陈中梅译，商务印书馆1996年版，第82页。
② 亚里士多德：《诗学》，陈中梅译，商务印书馆1996年版，第88页。
③ 参见邓晓芒：《康德论因果性问题》，《浙江学刊》2003年第2期。
④ 黑格尔：《哲学史讲演录》第四卷，贺麟、王太庆译，商务印书馆1960年版，第

在古代哲学家那里，因果性的客观性、庄严性，以及它同时间先后的区别，是不成问题的，那并非是出于一种蒙昧，而是一种充满神性的世界观造成的。正如在古代人那里，诸神的存在是不需要上帝存在证明的。所谓因果性，乃是命运之表现，因为命运是一种必然性，如果是偶然的就不称其为命运，而必然性的根据则是在原因那里。因此我们在解释亚里士多德《诗学》之时，要从古希腊对因果性的理解上出发，唯有站在命运笼罩的世界观中，才有可能真正理解古希腊悲剧。而造成近代怀疑因果性的认识论转向，在古代是不存在的，在那里，认识并不是一种单纯的思维，更是一种实践，是一种解蔽活动，换言之，是我们重点讨论过的"技艺"（τέχνη）。① 在此意义上，也是一种"创制"（ποιητικῆσ）。

　　所以，亚里士多德重视那些能表现因果性的悲剧情节构建，因为这样更能引发恐惧和怜悯，打开生存论创制学场域。他说"悲剧摹仿的不仅是一个完整的行动，而且是能引发恐惧和怜悯的事件。此类事件若是发生得出人意料，但仍能表明因果关系，那就最能取得上述效果。"在此，亚里士多德对情节提出了两个要求：第一，要发生得令人意外，而不是自然而然的，让人可以想到的。对此是容易理解的，因为突然之事方能唤起恐惧之情，这一点大概对于所有的人类情感都适用，在无准备之时来临者，往往有强烈之感；第二，要能表明因果关系，因为若非如此，或许会使人产生荒诞和迷惑之感，那么，恐惧和怜悯在这里便被遮蔽了。因果是一种联系，给人以庄严之感，而无因果性则是孤立，给人以荒唐的感觉。另外如前文对 τέχνη （技艺）的讨论中所论证过的，悲剧乃是一种解蔽，这就要求悲剧的情节能表现真理与命运的运动，而命

---

206 页。

① 参见海德格尔《技术的追问》一文。海德格尔：《演讲与论文集》，孙周兴译，生活·读书·新知三联书店 2005 年版，第 3—38 页。

运是在因果性中运动的。最后，如果将这两点结合起来，即出自于意外而呈现的因果性，实则最能使人感到恐惧和怜悯。比如在亚里士多德所举的弥图斯的例子中，颇有令人感到"天网恢恢，疏而不漏"的倾向。因果性于不经意之间骤然显现，并判定生死，能令人感到正身处于一个庞大恢宏的命运因果链条之中，由于对这种巨大的重量和广延对于人的狭小有限性的冲击而感到本真的、生存论意义上的恐惧和怜悯。因此，亚里士多德称出于意外又看似受动机驱使的情节，一定是出色的。这种情节彰显命运，而生存之为生存就其本乃是与更宏大者勾连统一的。在生存论境遇的构建这一说法中，境遇之为境遇本身，就是将生存置于一整体性之中。

悲剧的创制乃是一种生存论解蔽（$\alpha\lambda\eta\theta\epsilon\iota\alpha$），解蔽的途径是通过对一种具有整一性的行动的摹仿，而对行动的摹仿乃是悲剧的情节（$\mu\bar{\nu}\theta o\sigma$），所以也可以说悲剧诗人通过创制情节来解蔽；另外，亚里士多德认为诗比历史更严肃，更能表现共相与本体。综合起来看，就是悲剧实则是一种通过创制来显现存在，并对本体进行解蔽的艺术，而对如何构造情节的说明，也就是对创制哲学意义上的存在之为存在以及如何解蔽的说明。从另一个角度来思考，此种解蔽的方式乃是将庞大之物置于可被整体看到的尺寸上，以使其显现。[1] 所以我们可以用一种比喻的方式说，悲剧乃是对作为全体的本体的映像，那么最好的悲剧乃是最与本体相似的。在亚里士多德哲学中，本体乃是一种绝对活动，[2] 而悲剧则是对行动的摹仿。所以说，好的悲剧的情节就应该是对本体之律动的摹仿。

在创制哲学的宏观视域和先行领会之下，亚里士多德在讨论悲剧情

---

[1] 参见亚里士多德：《诗学》，陈中梅译，商务印书馆1996年版，第74页。

[2] 参见黑格尔：《哲学史讲演录》第二卷，贺麟、王太庆译，商务印书馆1960年版，第294—295页。

节时指出了悲剧情节的三个成分。他说:"突转 ($\pi\varepsilon\rho\iota\pi\acute\varepsilon\tau\varepsilon\iota\alpha$) 和发现 ($\dot\alpha\nu\alpha\gamma\nu\acute\omega\rho\iota\sigma\iota\sigma$) 是情节的两个成分,第三个成分是苦难。"①

在《诗学》第十一章的最后,亚里士多德讨论了悲剧情节的成分苦难,他说:"第三个成分是苦难。……苦难指毁灭性的或包含痛苦的行动,如人物在众目睽睽之下的死亡、遭受痛苦、受伤以及诸如此类的情况。"②

在亚里士多德提出的悲剧的三个成分之中,苦难应该是最直接的能引起痛苦情感,从而引起恐惧和怜悯之情的了。但同时也因为比较直接,所以难以唤起本真意义上的情感,其哲学上的意义也相对较低。所以相比之于突转和发现,亚里士多德对于苦难的重视程度是较低的。③在那些文学史上的重要悲剧之中,最典型的苦难应属莎士比亚的悲剧《泰特斯·安德洛尼克斯》。此剧在莎士比亚生前较受欢迎,但是随后却遭致许多非议。这部剧中有哥特女王之长子阿拉伯斯作为俘虏被肢解并且火葬,有泰特斯亲手杀死自己儿子的场面(这是亚里士多德所说的"人物在众目睽睽之下的死亡");有泰特斯之女、正值青春妙龄的美丽女子拉维尼亚在林中遭强奸后被砍掉双手和舌头(这是亚里士多德所说的"包含痛苦的行动");有泰特斯将强奸残害其女儿的凶手,两个哥特王子的尸体制成食物宴请其母亲哥特女王(这是亚里士多德所说的"毁灭性的行动");等等,将苦难这一主题表现得淋漓尽致。④在此处莎士比亚参考了阿特柔斯与提厄斯忒斯之间的亲族乱伦、相食之神话⑤,以及费罗

---

① 亚里士多德:《诗学》,陈中梅译,商务印书馆1996年版,第89页。

② 亚里士多德:《诗学》,陈中梅译,商务印书馆1996年版,第89—90页。

③ 《诗学》中有大篇幅讨论突转和发现,而对苦难的讨论相对较少,而且亚里士多德认为复杂剧优于简单剧,突转和发现是复杂剧的特征,而苦难剧则往往是简单剧。

④ 参见莎士比亚:《泰特斯·安德洛尼克斯》,裘克安注释,商务印书馆2011年版。

⑤ 参见见伪阿波罗多洛斯《书库》节本第二章。阿波罗多洛斯:《希腊神话》,周作人译,中国对外翻译出版公司1998年版,第249—252页。

摩拉被其姐夫强奸后割掉舌头之故事,① 可谓是对古希腊苦难剧的致敬。

关于苦难成分对悲剧分类的影响,亚里士多德在此还指出:如果一出悲剧中具有突转和发现的成分,那么它就一定是一部复杂剧,而苦难的成分既可以出现在复杂剧中,亦可以出现在简单剧内。②

亚里士多德对 $\pi\varepsilon\rho\iota\pi\acute{\varepsilon}\tau\varepsilon\iota\alpha$(突转)的定义是:"突转,如前所说,指行动的发展从一个方向转至相反的方向;我们认为,此种转变必须符合可然或必然的原则。"③亚里士多德强调突转是一种符合可然或必然原则的向相反方向的转变。正如一个生物的幼体必须经过对自己原来形式的否定才能转变为成体,一个事件的情节也是如此,必须要经过对之前的情境的否定才能是完成了自身的、才是一完整的情节。这是一种由潜能到现实的过程,而现实是先于潜能的,就是说,一个情节突转的过程,实际上是其实现自身的过程。因此,这种转变的原因就必须在情节自身之内,如亚里士多德所说:"发现或突转或由此二者伴随的行动。这些应出自情节本身的构合,如此方能表明他们是前事的必然或可然的结果。"④突转必须是依照可能或必然的原则发生的,若非如此,突转就不是一种自为的活动,而是外力造成的,那么,此处的情节就不是完整独立的了。⑤亚里士多德对合乎可然律或必然律的突转举例说:"例如在《俄底浦斯》一剧里,信使的到来本想使俄底浦斯高兴并打消他害怕娶母为妻的心理,不料在道出他的身世后引出了相反的结果。"⑥

---

① 参见见伪阿波罗多洛斯《书库》原本第三卷第十四章。阿波罗多洛斯:《希腊神话》,周作人译,中国对外翻译出版公司1998年版,第196页。另见奥维德《变形记》中相关章节。

② 参见亚里士多德:《诗学》,陈中梅译,商务印书馆1996年版,第131页。

③ 亚里士多德:《诗学》,陈中梅译,商务印书馆1996年版,第89页。

④ 亚里士多德:《诗学》,陈中梅译,商务印书馆1996年版,第88页。

⑤ 参见亚里士多德:《诗学》,陈中梅译,商务印书馆1996年版,第78页。

⑥ 亚里士多德:《诗学》,陈中梅译,商务印书馆1996年版,第89页。

（二）典型 $\mu\bar{\nu}\theta o\sigma$——《俄狄浦斯王》之生存境遇建构

亚里士多德在其《诗学》中多次提及索福克勒斯的悲剧《俄狄浦斯王》，将其视为悲剧的典范。如前文一再提及的，亚里士多德对悲剧的评论不只出于艺术旨趣，更处于其创制哲学的整体思想之下。有理由相信亚里士多德认为《俄狄浦斯王》的情节构建了一个最能彰显生存论实质的情境，在此特定情境中，生存能够以其无遮蔽的姿态充分澄明并实现自身。《俄狄浦斯王》之被亚里士多德推崇，是由于其能够揭示亚里士多德所觉解的生存论解蔽意义上的创制哲学真理。正如亚里士多德认为，真正的具有生存论意蕴的创制哲学需要通过一种特定的创制，即悲剧创制来道说一样，《俄狄浦斯王》的情节构建被亚里士多德视为最能彰显其创制哲学内涵的典型创制。

《俄狄浦斯王》悲剧的背景为：忒拜王拉伊俄斯在赴德尔菲求神示的途中与一过路人发生冲突，被不知晓其身份的后者所杀。此时，忒拜城又被另一灾难所笼罩：赫拉派遣狮身人面的怪物斯芬克斯高踞于忒拜城外的山头，以不祥的嗓音吟唱谜语，并捕食不能回答谜语之人。[1] 国王之死和谜题的阴影这双重恐惧压抑在忒拜城上，这时俄狄浦斯来到此处，解答谜语，杀死斯芬克斯，并因此得以娶拉伊俄斯的寡妻伊俄卡斯忒为妻，获得忒拜城的王位。关于新王娶前王之寡妇为妻的事情，在古代甚为普遍。俄狄浦斯因解答谜语而拯救城邦，获得王位。[2] 在此我们可以将之理解为一种解蔽，通过解除晦暗语言下隐藏的真相而解除灾难，事实上这种对谜语的解蔽乃是匮乏的。而真正丰富的、生存论意义

---

① 参见索福克勒斯：《索福克勒斯悲剧二种》，罗念生译，人民文学出版社 1986 年版，第 114 页。

② 以上情节，参见伪阿波罗多洛斯《书库》原本第三卷第五章。阿波罗多洛斯：《希腊神话》，周作人译，中国对外翻译出版公司 1998 年版，第 166—170 页。

上的解蔽乃是俄狄浦斯在剧中情节里呈现的解蔽，他最终也因为对其命运的解蔽（剧中表现为发现）而失去王座，成为罪人。因此可以说俄狄浦斯这一题材是对悲剧之解蔽特性的极佳的暗示。可以猜测，亚里士多德之所以常常取这一悲剧的情节举例，正是因为其《诗学》乃是有生存论解蔽的抱负之书。① 在剧中有这样两句对话：俄狄浦斯对先知忒瑞西阿斯说："你何以说此意义含混之谜语？"而先知对之曰："君岂不最善于解谜？"② 当观众看到此处时，会联想到解开斯芬克斯之谜、拯救城邦的明智者俄狄浦斯王却陷于对自己弑父娶母处境的蒙昧中，遮蔽的命运之可畏在此就会悄然显现，引起了他们的恐惧怜悯之情感。在此，解蔽和生存论之情绪便被联系在一处了。以上是对索福克勒斯《俄狄浦斯王》剧中没有交代的情节之介绍，而关于这其中涉及的剧中提及的人物关系以及命运的联系，为避免反复说明，都已略去。

下面可以开始研究索福克勒斯所作悲剧《俄狄浦斯王》的布局：开场之时，忒拜城正被又一灾难、瘟疫所笼罩，"卡德摩斯的家园一片荒凉，冥土里亦皆是悲叹和哀哭。"③ 这是为全剧定下的基调。同时，瘟疫亦是一种对神之愠怒的暗示，暗示了一种人间的罪行，或者说悲剧性过失 $άμαρτια$。因为在希腊人眼中，瘟疫乃是神的惩罚，在这里如此，在《伊利亚特》也是如此：阿波罗的箭雨化为瘟疫扫荡希腊人的军营九天，因为希腊统帅阿伽门农侮辱了光明之神的祭

---

① 可参见皮埃尔·威尔南在其《〈奥狄浦斯王〉谜语结构的双重含义和"逆转"模式》一文中的相关论述："奥狄浦斯是双重的。他本身就构成一个谜，只有当他发现自己在所有的点上都已判若两人时，才能猜出谜底。"古希腊三大悲剧家研究：《陈洪文、水建馥选编，中国社会科学出版社 1986 年版，第 500 页。

② 索福克勒斯：《索福克勒斯悲剧二种》，罗念生译，人民文学出版社 1986 年版，第 79 页。译文有改动。

③ 索福克勒斯：《索福克勒斯悲剧二种》，罗念生译，人民文学出版社 1986 年版，第 67—68 页。

司。① 悲剧以忒拜祭司及乞援人向俄狄浦斯的哀告开头，此时俄狄浦斯
应已统治忒拜城约十年以上，因为他与伊俄卡斯忒的二子二女都已有一
定年龄。② 在俄狄浦斯安慰乞援人之时，伊俄卡斯忒之兄克瑞翁从德尔
菲神示所归来，带来了瘟疫之原因乃是城邦收容了不洁之人，即杀害老
王拉伊俄斯的凶手之神谕。神对此说："去寻找则可擒获，不留心则将
跑掉。"③ 诗人在此处，实则是对一种解开晦蔽之事质的隐喻，而此处有
待解蔽者乃是可畏的命运，而存在同样也是一可畏之物，虽然可畏，却
仍是庄严令人敬畏的，这就是古希腊人对世界的领悟。由此看来，若非
悲剧，其他技艺并不能胜任对整体的解蔽。在俄狄浦斯答应乞援人寻找
凶手之后，由忒拜长老组成的合唱队第一次登场，歌唱瘟疫肆虐的惨
状，向诸神祈福。在这里，索福克勒斯通过歌队的合唱而不必通过戏
景，即营造出了苦难剧的氛围④："一条条生命，若飞鸟，若烈火，奔向
西方之神的岸边。"⑤ 一方面，此处合唱是戏剧中的有机部分，是对瘟疫
场景的描绘，而不是无关的穿插；另一方面，这里的合唱有助于引发恐
惧怜悯的感情，符合了亚里士多德在《诗学》第十八章中对于合唱的要
求。⑥ 接下来俄狄浦斯上场诅咒凶手，而在观众眼中（观众皆熟知此神

---

① 荷马：《荷马史诗·伊利亚特》，陈中梅译，译林出版社 2000 年版，第 1—3 页。

② 见退场时俄狄浦斯向两个女孩告别的情节。索福克勒斯：《索福克勒斯悲剧二种》，
　　罗念生译，人民文学出版社 1986 年版，第 111—112 页。

③ 索福克勒斯：《索福克勒斯悲剧二种》，罗念生译，人民文学出版社 1986 年版，第
　　70 页。

④ 对此，亚里士多德说："戏景虽能吸引人，却最少艺术性，和诗艺的关系也最疏。
　　一部悲剧，即使不通过演出和演员的表演，也不会失去它的潜力。""应该把歌队看
　　作是演员中的一分子。歌队应是整体的一部分并在演出中发挥建设性的作用。"亚
　　里士多德：《诗学》，陈中梅译，商务印书馆 1996 年版，第 65、132 页。

⑤ 索福克勒斯：《索福克勒斯悲剧二种》，罗念生译，人民文学出版社 1986 年版，第
　　72 页。

⑥ 参见亚里士多德：《诗学》，陈中梅译，商务印书馆 1996 年版，第 132 页。

话，知道俄狄浦斯乃是凶手），这诅咒不啻为对自己流亡命运的预言，俄狄浦斯说道：无论凶手是谁，任何人不得与之交谈、共同祈祷、祭神、为之净罪，人人都要把这一污染赶出门外。①

俄狄浦斯此类自己不清楚但观众清楚的隐喻台词极多，在此一并讨论。皮埃尔·威尔南在其《〈奥狄浦斯王〉谜语结构的双重含义和"逆转"模式》一文中指出"奥狄浦斯话语中的双重含义与他在戏剧中的双重身份相吻合，整个悲剧就是建立在这一基础上的。奥狄浦斯一开口，说出来的常常是另一码事或者反话。话语的模棱两可并不表明他表里不一，而是更深刻的表明了他本质上的两重性。……奥狄浦斯无意中说出的隐喻，他自己是听不出来的。在舞台上，除了忒瑞西阿斯，没有任何旁观者能够觉察出来。是天神扭曲逆转了奥狄浦斯的某些话语，使它像回声一样折回。"② 因此《俄狄浦斯王》一剧中的突转，就是俄狄浦斯以为自己说出的话的含义向这些话实际所指的意思的突转，同时也是俄狄浦斯对自己身世的认知、解蔽。

这时，歌队提议请先知忒瑞西阿斯来指明凶手，而这位先知，上场即说道：当明察无益处之时，身为明察之人多么可怕啊！③ 这乃是一种对解除遮蔽的真理之畏。因为真理因其恢宏而挤压人的有限存在，所以当人面对本真之认识时，将感到本真之畏惧。认知并非是一种工具性的东西，而是人之生存本身。先知忒瑞西阿斯在此指出俄狄浦斯即杀害前王的凶手，而俄狄浦斯则并不相信，认为自己是被陷害之人。先知退场之时以庄严的语言描绘了命运的轮廓，他说：他（指凶手）将从明眼人

---

① 参见索福克勒斯：《索福克勒斯悲剧二种》，罗念生译，人民文学出版社 1986 年版，第 73 页。

② 《古希腊三大悲剧家研究》，陈洪文、水建馥选编，中国社会科学出版社 1986 年版，第 500—501 页。

③ 参见索福克勒斯：《索福克勒斯悲剧二种》，罗念生译，人民文学出版社 1986 年版，第 75 页。

（解读斯芬克斯之谜题之人）变成瞎子（暗示俄狄浦斯将刺瞎自己双目，亦指他不能看见早在自己出生时就注定的命运），从富足者变为乞讨者（从掌握生杀的忒拜王成为要被女儿庇护者，从被乞援之人变为终于要向雅典王忒修斯乞援之人），到外邦去，依赖手杖前行，（暗指俄狄浦斯解答斯芬克斯谜题之时已经窥到自己的命运，却浑然不觉，俄狄浦斯认识到人有老年，却未能解命运之蔽，这乃是先知对认识与解蔽区别的暗喻。）忒瑞西阿斯继而说他将成为他的儿女的父亲和兄弟，他的母亲的儿子和丈夫，他的父亲的凶手和共同播种的人（暗示俄狄浦斯弑父娶母的罪行）。① 在这里应予以注意的是，前面的失明、流亡等都是未来发生之事，所以忒瑞西阿斯用了"将"一词表现时态，但是俄狄浦斯之弑父娶母生子乃是已发生之事，何以先知仍说"将"如此如此？这里面有这样一种领悟：在此事真相大白之前，这一切事情都还处于遮蔽之中，还没有立于存在之光照之下，在此刻，俄狄浦斯还是君王与英雄，只有当他的罪行被揭示之时，他作为自己子女的兄弟、母亲的丈夫一事才成为现实，也就是说，生存论解蔽并不是一种外在的对事件的发现，而是将其带入真相大白的存在中去。

接下来合唱队登场，渲染忧虑的气氛。他们唱道："唯有宙斯和阿波罗才是明觉，而凡人的才智则是无端……我们相信俄狄浦斯无罪。"② 这段话表面上是说先知作为凡人，其话语未必全对，因此未可断定俄狄浦斯有罪；而实际上重点在于其双关之意：俄狄浦斯的罪行乃是由于其无知而犯下的，暗指由于作为才智无端的凡人，俄狄浦斯并非极恶之人，其所犯的罪乃是一种基于人的悲剧性命运的悲剧过失 ἁμαρτια。从

---

① 参见索福克勒斯：《索福克勒斯悲剧二种》，罗念生译，人民文学出版社 1986 年版，第 78—79 页。

② 索福克勒斯：《索福克勒斯悲剧二种》，罗念生译，人民文学出版社 1986 年版，第 81 页。

这样一种角度来看，俄狄浦斯无罪。俄狄浦斯之功绩在于他解答斯芬克斯谜语的解蔽，而其罪行亦在于不能解蔽其被命运遮蔽的身世，而这部悲剧的整体又是对这一命运的生存论解蔽，因此《俄狄浦斯王》一剧就是在这样一种遮蔽与解蔽的辩证维度内展开情节，并实现悲剧的卡塔西斯之目的的。如果说在一部悲剧中能最清晰地看到生存论情绪之净化和技艺之解蔽之间的关联，那么这部悲剧就应该是眼前的这一个，被亚里士多德反复称赞的索福克勒斯的《俄狄浦斯王》。

接下来的对话在俄狄浦斯和克瑞翁之间展开，俄狄浦斯怀疑后者教唆先知忒瑞西阿斯陷害他，而克瑞翁则反唇相讥。随后伊俄卡斯忒出场，描述了拉伊俄斯死前的情况，使俄狄浦斯知道自己便是杀拉伊俄斯的凶手，也就是造成瘟疫的根源。① 但是此时俄狄浦斯还不知道拉伊俄斯就是他的父亲，而自己则是杀父娶母的罪人。如果说忒瑞西阿斯的陈述是解蔽的预演，那么伊俄卡斯忒的说明就是解蔽的第一步，随后我们看到还会有解蔽的第二步，早就在那里的命运将以成倍的可怕显现而出，引出怜悯和恐惧。伊俄卡斯忒的本义是看到俄狄浦斯被先知的话语所困扰，所以举出事例来证明预言术并不可靠，她举例说神示曾告知拉伊俄斯将死于其亲生儿子之手，但是他的死却是由强盗造成的，随后她描述了其前夫被杀时的情况，却反而使俄狄浦斯看到自己便是杀死拉伊俄斯之人。伊俄卡斯忒本想安抚俄狄浦斯，其话语却起到了相反的效果。这种解蔽不是有意为之的，却又合乎情理，因此令人感到真相乃是命运的自行显现，为情节增添了必然性和庄严性。在这里有一个历来被注意到的疑问，就是俄狄浦斯何以从前并不知道拉伊俄斯被杀时的情景，但是索福克勒斯巧妙地把这一情节放在剧外，就如亚里士多德要求

---

① 索福克勒斯：《索福克勒斯悲剧二种》，罗念生译，人民文学出版社 1986 年版，第85—88 页。

的那样。①

俄狄浦斯仍有一线希望证明自己并非杀死前任忒拜王的凶手，因为拉伊俄斯被杀时的唯一生还者曾说行凶的乃是一群强盗，而俄狄浦斯杀人则是孤身一人。因此他请求询问那一生还的仆人，因此自然地引出了对俄狄浦斯乃杀父娶母之人的第二重的解蔽。在这里索福克勒斯对这第二次解蔽也做了铺垫，他让俄狄浦斯对伊俄卡斯忒说明自己的出身。在剧情向高潮发展之时，歌队再度登场，歌唱命运和正义，在这样一种命运终将实现并显示自身的必然性中，来实现悲剧效果。②接下来来自科壬托斯的报信人登场，告知俄狄浦斯被立为其养父养母君临的国家伊斯特摩斯之王，而俄狄浦斯因担心会娶自己的养母而不敢回家乡即位，报信人因此道出了俄狄浦斯作为养子的真实身份，指出他是由拉伊俄斯的仆人交给自己的弃婴。在此时俄狄浦斯还处于蒙昧之中，而伊俄卡斯忒则已经洞悉了俄狄浦斯身世的真相，这样，处于遮蔽中之人追求进一步的解蔽，而这解蔽之显现则将把他带入黑暗之中；同时，那明觉之人则渴望遮蔽，犹如向自己反面转变的辩证倾向。最后拉伊俄斯的牧人登场，证实了俄狄浦斯不但是杀害拉伊俄斯的凶手，亦是拉伊俄斯和伊俄卡斯忒之子、弑父的凶手和娶母的罪人。

然后合唱队再度登场，先歌颂俄狄浦斯杀死斯芬克斯的功绩，歌颂其昔日的幸福和荣誉，然后为他今日的命运而哀悼。其解答斯芬克斯谜语、迎娶伊俄卡斯忒、成为忒拜王，本来都是其人生的幸运，而他却正因此成为身陷最极端之不幸中之人，福祸在这里由于其背后者的遮蔽和

---

① "编组故事不应用不合情理的事——情节中最好没有此类内容，即便有了，也要放在布局之外，比如俄狄浦斯对拉伊俄斯的死因一无所知。"亚里士多德：《诗学》，陈中梅译，商务印书馆1996年版，第170页。

② 参见索福克勒斯：《索福克勒斯悲剧二种》，罗念生译，人民文学出版社1986年版，第92—93页。

澄明而对立统一。命运之幸运与不幸两相对比，让人感到其无常和残酷，以此引发怜悯和恐惧之情。"谁的幸福不是一虚幻表象，转瞬即消逝？"[1] 这一发生在俄狄浦斯身上的个别事件实则是对人的悲剧性命运之共相的表现。

在本剧的最后部分中，伊俄卡斯忒自缢而死，而俄狄浦斯取下其母亲和妻子身上的金别针，刺瞎自己的双目。亚里士多德在《诗学》的第十四章中提到，悲剧效果的产生不应依赖于戏景[2]，而索福克勒斯在此通过语言模拟戏景的效果，引发恐惧和怜悯，他写道："（俄狄浦斯）屡次举起金别针朝自己的瞳仁狠狠刺下，使血红的眼珠里迸射的鲜血浸染了他的胡须，那血并非滴下，而是如雹子般纷纷下落，犹如他生命中的黑色污点。"[3] 最终，俄狄浦斯告别了亦是自己姐妹的女儿们，离开了为他带来片刻光荣和深深耻辱之地、给他以暂时光明和永恒黑暗之地，走出了观众的视线。

歌队在最后唱道："当我们未看到那最后的日子之时，切不可说一个凡人是幸福的，在他尚未跨过生命的界限之时，在他的痛苦还未解脱那刻。"[4] 于是这时，所有观众纷纷审视自己的生命，感到未来的庞大、晦暗和可畏，其时产生的恐惧和怜悯乃是一种生存论的恐惧和怜悯，当歌队的合唱将视线引向死亡之时，畏之所畏，怜之所怜却是属于漫长的

---

① 索福克勒斯：《索福克勒斯悲剧二种》，罗念生译，人民文学出版社 1986 年版，第103 页。

② "组织情节要注意技巧，使人即使不看演出而仅听叙述，也会对事情的结局感到悚然和产生怜悯之情——这些便是在听人讲述《俄狄浦斯》的情节时可能体会到的感受。靠借助戏景来产生此种效果的做法，既缺少艺术性，且会造成靡费。"亚里士多德：《诗学》，陈中梅译，商务印书馆 1996 年版，第 105 页。

③ 索福克勒斯：《索福克勒斯悲剧二种》，罗念生译，人民文学出版社 1986 年版，第105 页。

④ 索福克勒斯：《索福克勒斯悲剧二种》，罗念生译，人民文学出版社 1986 年版，第112 页。

生命历程的，当看到了俄狄浦斯的经历后，无论幸福或不幸之人，都会在无常的命运前深深战栗，这时可怕的不是死亡，而是在此之前的生存，本真的恐惧和怜悯，乃是对生存的恐惧和怜悯。当这种恐惧和怜悯被引发出来，亦可以说在人的灵魂中被开敞、解蔽了，深藏于生存情绪深处的情感得到了澄明，命运的暗涌借助悲剧被存在光明照亮，同时也是在晦暗中被净化。在此意义上，诗的技艺之解蔽就是生存论净化（$\kappa\acute{\alpha}\theta\alpha\rho\sigma\iota\sigma$）。

（三）晦明之间——$\mu\bar{\upsilon}\theta o\sigma$ 的遮蔽与解蔽

从《俄狄浦斯王》之 $\mu\bar{\upsilon}\theta o\sigma$——亚里士多德创制哲学语境中的典型生存境遇建构中，可以看到，所谓的解蔽乃是由一连串的遮蔽造成的，而命运的实现也是由一连串的不可抗拒的误解造成的。命运由潜能变为现实的运动，是由于命运不断地在显现中遮蔽自身，随后又在不断的遮蔽中被解蔽而组成的。这就是命运之实现的辩证运动。关于第一个步骤，在显现中遮蔽自身，是这样的：首先通过神示显现出了拉伊俄斯将被其子所杀的命运，于是这个儿子被刺穿双脚弃置于山林之中，然而他却因此被科壬托斯地区的伊斯特摩斯王夫妇收养，导致其真实出身被遮蔽，这乃是由显现造成的遮蔽；随后有人告知俄狄浦斯其身为养子的身份，于是他到德尔菲的皮托神示所去询问，得知了自己将杀父娶母的命运，这本来是一种揭示，但是在其不知晓自己真实父母的遮蔽下，却成为了第二重的遮蔽，于是他不敢回到养父母那里，但却流亡到一个三岔路口杀死了自己的生父，又在之后娶了自己的生母，这是命运通过自己的两次显示（拉伊俄斯得到的神谕和俄狄浦斯自己得到的神谕）造成了双重的遮蔽（第一次是对俄狄浦斯身世的遮蔽，第二次是使俄狄浦斯误解神谕因而不敢回到家乡的遮蔽），导致了自身的实现。而这时命运还没有完全实现，因为俄狄浦斯弑父娶母的事实还没有在公众及其自身的认识中显现，还是在没有存在光照的晦暗之中的。因此就需要上面所说的第二个步骤：在不断的遮蔽中被解蔽，首先是一种俄狄浦斯不知道谁是杀死前任忒拜王拉伊俄斯的凶手的遮蔽，却导致了先知忒瑞西阿斯的解蔽，随后伊俄卡斯忒在想证实预言不可信的遮蔽之中将此事再度解蔽，然后是报信人处于想告知俄狄浦斯不必担忧娶母命运的遮蔽中对俄狄浦斯出身的解蔽，最后俄狄浦斯在遮蔽中（他以为伊俄卡斯忒的不安是由于自己的出身低微）询问目击拉伊俄斯之死的仆人，同时也是受命抛弃作为婴儿的俄狄浦斯的牧人的最终解蔽。而这些解蔽的最后结果，则是使俄狄浦斯刺瞎了自己的双目，作为一解蔽的代价，将有一物被永恒地遮蔽。于是遮蔽和解蔽的辩证发展就在这样一部悲剧得到了诠释。①

若我们以知晓与蒙昧、解蔽与遮蔽的辩证关系为着眼点，则可以指出俄狄浦斯命运的每一度转变都伴随着觉知和蒙蔽的统一：首先俄狄浦斯知晓了关于其命运的神谕——由此而错解神谕而弑父；他解答了关于人之所是的"斯芬克斯之谜"——却在蒙昧中陷入娶母的生存困境；最终他揭开了自己的身世之谜和自己的罪行——导致其刺瞎自己的双目而堕入晦暗。俄狄浦斯的命运正体现了处于晦明之间的生存论原初构建，这种原初的生存构建唯有在一种诗化的悲剧创制中才能被真正地揭示。

可以看到，在本剧的解蔽过程之中，最重要的一个环节就是报信人的到来，是他道出了俄狄浦斯的身世，是他的出现使晦暗中的命运显现在存在之光照中，打破了遮蔽。而亚里士多德在为突转（περιπέτεια）举例之时，恰恰以他为例子。② 从这里我们可以看到，所谓突转，也就

---

① 这一神话的系统叙述，可参考伪阿波罗多洛斯《书库》原本第三卷第五章。阿波罗多洛斯：《希腊神话》，周作人译，中国对外翻译出版公司1998年版，第166—170页。

② 参见亚里士多德：《诗学》，陈中梅译，商务印书馆1996年版，第89页。

是从遮蔽到解蔽的过程中临界的、关键的一环。在此意义上，突转也就是发现（ἀναγνώρισισ）。在亚里士多德《诗学》中，突转和发现这两个概念共计九次一同出现，不得不说是由于它们概念深处的紧密联系造成的。

由于悲剧是肩负着生存论解蔽职责的存在，亦是通过描述可然或必然之事来表现共相的，比已经发生之事为叙述对象的历史更有哲学性，因此好的情节应能表现现实的普遍性运动。那么，悲剧情节中的突转就亦应是一种对概念的否定之否定发展的一种拟态或者说映射。通过情节的这种否定之否定的突转运动，悲剧由一个有限的事物延伸向无限，从而达到对无限者，即本体的解蔽，这也就印证了上文所说的，悲剧如何解蔽的问题。另外，这种通过突转实现的否定之否定运动，可以将无限的命运呈现在悲剧的观众面前，那么，这种无限的存在对作为有限性的存在者的人的知性的冲击、压迫，就会引发生存论性质的痛苦，从而引出其本真的、根植于其命运之中的怜悯和恐惧之情，以达到卡塔西斯的目的。据此，突转既是一种充实情节的方式，也是一种营造悲剧效果、唤起恐惧和怜悯的方式。

如果说想通过悲剧情节的创制来表现无限，应该如何进行？并不是说将最初的情境转入逆境、再转入顺境、再逆境……以此类推，直至无限。首先，这样的无限是以悲剧的篇幅无限长为基础的，而实际上这是不可能的，一方面无法写出这样的悲剧，另一方面，这样的悲剧就不能被一览无余，从而就没有美感了。[①] 其次，按照黑格尔的观点，这种无限只是恶的或者说否定性的无限，因为它只是一种单纯的对现有情境的否定。[②] 而一个情节出于自然，是不会这样无限的发展的。亚里士多德

---

① 此观点参见亚里士多德：《诗学》，陈中梅译，商务印书馆1996年版，第74—78页。

② 参见黑格尔：《小逻辑》，贺麟译，商务印书馆1980年版，第206页。

在此意义上指出："悲剧的长度以能够容纳可以表现人物从逆境转入顺境或者从顺境转入逆境的一系列的按照可然或者必然的原则按顺序组织起来的事件为好。"① 就是说，这种从顺境到逆境的，或者相反的突转只要一次即好。在这里我们还应看到，所谓顺境和逆境是相对而言的。比如说在上面讨论过的《俄狄浦斯王》一剧中的突转，实际上突转之前的情境不可以说是顺境：瘟疫降临城邦，主人公遭到怀疑，然而突转之后的情境却是更为不好的。所以在这样一种考虑下，此剧的突转仍是由顺境转入逆境，或者说由逆境转入更逆之境应该更为恰当。回到之前的话题上，悲剧需要的不是一种不断否定自身的无限，而是一定篇幅内的无限。这种无限就是，在转入其他情境的时候，比如由顺境转入逆境的时候，这一情境仍是原来的情境自身，也可以说是在他物之中也就是在自身之中，这种转变实际是实现自身的过程，因为突转是符合自身的自然属性的。要在悲剧这样一种有限的篇幅中表现情节的无限性。实际上，这种无限和有限并不是对立的，因为无限并不是一种"非有限"，而是无限性在有限中的持留，而像上面说过的那样从顺境到逆境、再到顺境、再到逆境……的无穷过程，只是一个非无限亦非有限的中间物。无限不能是否定性的，因为那样它就还是依赖他物而存在，因此也就不是无限，而只有依赖自身时，才是肯定性的无限。所以说，悲剧要在情节中表现无限，就一定要穷尽自身的发展，而不是对于自身的否定。② 在一种情节的自然发展变化中，某情境转变为其他情境，而这一情境又再转变为他境。那么这里的"某情境"也是一"其他情境"，是情节依照自然自身发展的一个环节，所以此情境在转变的过程中，仍然是它自身。在这样的一种自身运动中达到的，才是真正的无限。而所谓突转，

---

① 亚里士多德：《诗学》，陈中梅译，商务印书馆 1996 年版，第 75 页。
② 此观点参见黑格尔：《小逻辑》，贺麟译，商务印书馆 1980 年版，第 207—208 页。

乃是一种回到自身的、情节上的否定之否定。比如在《俄狄浦斯王》一剧中的突转，俄狄浦斯的命运是先在的，而这一突转只不过是使俄狄浦斯由于解蔽斯芬克斯的谜题而被光荣遮蔽的晦暗命运，又再度回到俄狄浦斯自身了，这样的突转并不是对俄狄浦斯命运的否定，而是一种否定之否定后回到自身的、对俄狄浦斯命运之实现性的归还。悲剧情节就是通过这样一种回到自身的突转来表示无限的，而这样一种肯定性的无限，才能引发观众本真的恐惧和怜悯，反之就只能引起厌恶之情和荒谬之感。

亚里士多德指出突转和发现是情节创制的两个成分。在以索福克勒斯的悲剧《俄狄浦斯王》为例讨论过悲剧情节的成分"突转"以后，亚里士多德紧接着讨论了悲剧情节的另一个成分：发现（ἀναγνώρισισ），他说："发现，如该词本身所示，指从不知到知的转变，即使置身于顺达之境或败逆之境中的人物认识到对方原来是自己的亲人或仇敌。"① 可以看出，亚里士多德所理解的发现是一个从不知到知的获得真理，即解蔽过程。同时，它也和突转一样，是一个"转变"。因此亚里士多德又说："最佳的发现与突转同时发生，如《俄底浦斯》中的发现。"② 在上文详细分析过的《俄狄浦斯王》里的发现是这样的：俄狄浦斯发现了自己的真实身份，知道了自己乃是杀父娶母之人，这一发现亦同时导致了他的命运转入逆境。同时，这一发现也是出于情节的，因为按照情节的发展，俄狄浦斯怕自己会娶母而不敢回到家乡，而送信人则自然而然地证实他与其自以为的母亲并无血缘关系。这就符合了亚里士多德对发现的另一个要求："和情节，即行动关系最密切的发现，是前面提到的那一种（指与突转同时发生的发现），因为这样的发现和突转能引发怜悯或

---

① 亚里士多德：《诗学》，陈中梅译，商务印书馆1996年版，第89页。
② 亚里士多德：《诗学》，陈中梅译，商务印书馆1996年版，第89页。

恐惧，根据上文所述，悲剧摹仿的就是这种行动。"① 而其他的发现，如发现印记、信物等，是与无生命物或偶然发生之事联系在一起的，因此是与情节不必然联系的。单纯为了发现而增添之内容必然或多或少地破坏亚里士多德所重视的悲剧情节之整一性。

亚里士多德之所以认为突转和发现最好结合在一起，是因为如前文论证过的，情节的突转乃是情节自身的实现，从而通过情节的完全实现自身而指向无限。而发现乃是一种知，解除遮蔽，使隐藏者进入光照之中。因此，当突转和发现一起发生时，就是情节在实现自身的同时亦完成了解蔽。悲剧技艺就是一种解蔽，那么，突转和发现的结合就是悲剧对其自身本性的实现。另外，突转和发现在概念上也是紧密联系的。发现乃是一种从不知到知的转变；而突转则是在变化中、在情节的自我发展中解蔽自身，因此在本真的意义上，突转就是发现，发现也就是突转。在悲剧中唯有突转和发现同一时，它们才各自是其自身。同时，正是在这样一种二者同一的情节构建中，生存境遇才真正在无限敞开并整全收拢的意义上得到最丰富的创制，在这种创制中，生存论存在论维度的哲学意义才得以被澄明。

突转（περιπέτεια）和发现（ἀναγνώρισισ）是悲剧情节（μῦθοσ）的两个成分，亚里士多德指出最好的发现是和突转同时发生的。② 因为突转乃是一种通过情节自身的否定之否定运动对自身的完善，是一种实现活动，在这样一种活动中达到无限。在这里的无限并不是一种否定性的恶无限，③ 而是肯定性的、真的无限，是回到自身的一种正—反—合

---

① 亚里士多德：《诗学》，陈中梅译，商务印书馆 1996 年版，第 89 页。

② "最佳的发现和突转同时发生，如《俄狄浦斯》中的发现。"亚里士多德：《诗学》，陈中梅译，商务印书馆 1996 年版，第 89 页。

③ 所谓恶无限，见黑格尔的说法："某物成为一个别物，而别物自身也是一个某物，因此它也同样成为一个别物，如此递推，以至无限。这种无限是坏的或否定的无限。因为这种无限不是别的东西，只是有限事物的否定，而有限事物仍然重复发

的辩证运动。

在俄狄浦斯一剧中，正是通过一种突转，使俄狄浦斯的命运又回到了自身。俄狄浦斯的命运最初是悲惨的，因为他注定要杀父娶母，并因此使他还在襁褓中就被抛弃了，但是他的杀父娶母的命运又使他不能就此死去，于是命运在这里发生了转变，他被收养，他解答了斯芬克斯的谜语，他成为忒拜的救星，成为忒拜王，这看似命运向好的方向发生了转变，其实却是命运为了实现其自身注定的悲惨性而产生的自然变化，看似是对自身悲惨的否定，其实却是自身的实现，正是在这样一种由坏到好的变化中，俄狄浦斯实践了杀父娶母的命运。但是由于这一切还并未处于存在的光照下，所以这乃是命运否定自身的环节；接下来是命运的否定之否定环节，就是，当悲惨命运否定自身，使之看起来是幸福的命运时，它便又开始向再次的否定，即由幸福到悲惨的过程中行进，在这一过程中，俄狄浦斯得悉了自己的身世，知道了自己杀父娶母的罪行，知道了自己是城邦瘟疫的根源，他的罪过显现在光天化日之下，于是他刺瞎自己的双眼，离开了自己的荣耀，因此这是悲惨的命运回到自身的否定之否定环节。我们应看到，最初在神谕里提及的命运，仍是一个作为潜能的命运，而这一命运的动力因同时就在其自身之内，因为正是由于这一神谕，才促使了俄狄浦斯失去了自己的身世，并最终导致神谕的应验，所以说，这一潜能的命运又同时乃是一种实现；而在一种正反合的辩证运动后，经历了突转这一过程，命运便自身实现了自身，这样一种螺旋上升的圆环，导致了一种肯定性的无限的彰显。用一个比喻的说法就是，只有一种圆周运动才能是无限的，[①] 而所谓一无限的直线

生，还是没有被扬弃。"黑格尔：《小逻辑》，贺麟译，商务印书馆1980年版，第206页。

① 关于圆周运动，亚里士多德说："明显地，如一事物具有基本运动（即空间运动）中的基本型式（即圆运动），这事物基本上就是一个空间量体。于是，有些事物就因

运动，只是对有限性的单纯否定而已，它本身并没有规定什么东西，乃是空虚的。经过以上的分析我们可以看到，突转乃是一种命运对自我的实现，而实现又是一种在显现意义上的活动，所以，真正的突转也是一种发现。

反过来说也是一样，因为发现作为一种创制性活动，乃是一种由遮蔽到解蔽的突转。还是以俄狄浦斯为例，最初俄狄浦斯的命运是一种在双重遮蔽中的存在。首先是这一命运并未发生，是被虚无的阴翳所遮蔽的，还是一种潜能。而第一重的解蔽就是俄狄浦斯在现实中犯下了这一罪行，他在三岔路口杀死了自己的父亲。他因拯救忒拜而娶了自己的母亲，但是这时这一命运仍旧在第二重的遮蔽中，那就是这一命运并未被明察到，是处于认识的阴翳之中的。直到报信人和牧羊人完成了第二次的解蔽，这一发现才得以最终完成。我们可以看到，在此处的两重解蔽，正是上面提到的突转的正反合运动，二者其实是一体的，因此，这里的发现也就是突转。这种突转和发现相结合起来的结果就是：一种在自我实现活动中的对无限的解蔽。而悲剧则是利用突转和发现这种情节来引发恐惧和怜悯的存在，因此，恐惧和怜悯就和这种对无限的解蔽联系起来了。这种对无限的解蔽，乃是通过对一种巨大之物的显现，使恐惧和怜悯得以被引出。如我们论证过的，此处的恐惧和怜悯乃是一种生存论上的情绪，是人的生存之本身。人并非一自在的、现成的存在，而是自为的存在，是一种在情绪之张力的可能性中绽开又持留自身的存

其延续或整体而成'一'，另有些则因其公式为一而成'一'。"见亚里士多德：《形而上学》，吴寿彭译，商务印书馆1997年版，第1052a页。另见黑格尔的说明："原理、原因、天，本身是不动的，但却是推动者——在永恒和均一的运动中，这就是恒星天。在宇宙的单纯的运行、不动的第一实体的运动（天的运行）之外，我们还看见别的永恒的运动——行星的运动。"在这里亚里士多德把永恒的运动看成圆周运动。见黑格尔：《哲学史讲演录》第二卷，贺麟、王太庆译，商务印书馆1960年版，第303页。

在。因此这种唤起本真情绪的、对无限的解蔽也就是对生存本身之解蔽。而这种对生存本身无限可能性的解蔽何以可能？在悲剧中，这种有限的摹仿是如何对无限敞开自身的？这就涉及了第三个关键词：悲剧过失（ἁμαρτια）。

四、悲剧过失（ἁμαρτια）——创制哲学的道德意蕴

在亚里士多德创制哲学中，具有特定意义的创制即诗之创制是对人之行动的摹仿，这种行动必然涉及善恶间的微妙张力、在特定境遇下的必然行为或两可抉择，以及随之而来的顺境或逆境、幸福或苦难，这些都在创制学诗性营造的情境中被彰显、放大并被置于一种关联之中。因此亚里士多德创制哲学语境中的诗之创制必然关涉着活生生的道德问题。

在此论域下，亚里士多德提出了"悲剧过失"（ἁμαρτια）这一概念。ἁμαρτια 作为一种生存论的创制性枢机，使得悲剧性情节能够在生存中开敞自身。ἁμαρτια 开显的生存论境遇是一种微妙道德境遇，不同于任何现代道德哲学中对于责任、义务、正义乃至幸福与善之统一的理解，具有一种创制哲学论域内的道德之独特含义。对这种处于善与恶、自我与情境、行为与命运张力中的人及其悲剧性际遇的呈现，比对道德问题的抽象论证更具有鲜活意蕴。ἁμαρτια 是一种处于非善恶维度的道德缺陷，能够将人的生存置入悲剧性形态之中，破除了庸常理解的道德幻象，从彰显人处于悲剧性命运之中的角度对生存本身进行了解蔽，是亚里士多德创制哲学中的重要概念。

（一）作为生存论罅隙的悲剧过失（$\dot{\alpha}\mu\alpha\rho\tau\iota\alpha$）

亚里士多德在其创制哲学文本《诗学》的第十三章和第十四章通过探讨悲剧素材，引出了 $\dot{\alpha}\mu\alpha\rho\tau\iota\alpha$ 概念。这些被亚里士多德所推崇的现成的神话素材是对优秀的悲剧情节的体现。一方面，在这些素材中都有能够起到解蔽作用的突转（$\pi\epsilon\rho\iota\pi\acute{\epsilon}\tau\epsilon\iota\alpha$）和发现（$\dot{\alpha}\nu\alpha\gamma\nu\acute{\omega}\rho\iota\sigma\iota\sigma$）；另一方面，从这些素材中可以看到，悲剧是怎样通过情节（$\mu\tilde{\upsilon}\theta\sigma\sigma$）的构架唤起人的生存论情绪的。

亚里士多德对素材的讨论是从悲剧应该描写什么样的人开始的。他在《诗学》第二章里探讨过这一问题，认为悲剧应摹仿比较严肃的人和事件，但是这是对悲剧这一体裁的要求，只有这样才算是悲剧；而在这里，亚里士多德讨论的是：摹仿什么样的人才能起到更好的悲剧效果、更符合其悲剧的"理念"。

在《诗学》第十三章的开头处，亚里士多德指出"最完美的悲剧的结构应是复杂型，而不是简单型的。"①也就是说最好的悲剧应该包含着突转和发现。那么，这里面的突转就或者是从顺境转入逆境，或者是从逆境转入顺境。亚里士多德指出："既然情节所摹仿的应是能引发恐惧和怜悯的事件（这是此种摹仿的特点），那么，很明显，首先，悲剧不应表现好人由顺达之境转入败逆之境，因为这既不能引发恐惧，亦不能引发怜悯，倒是会使人产生反感。其次，不应表现坏人由败逆之境转入顺达之境，因为这与悲剧精神背道而驰，在哪一点上都不符合悲剧的要求——既不能引起同情，也不能引发怜悯或恐惧。再次，不应表现极恶的人由顺达之境转入败逆之境。此种安排可能会引起同情，却不能引发怜悯或恐惧，因为怜悯的对象是遭受了不该遭受之不幸的人，而恐惧的

---

① 亚里士多德：《诗学》，陈中梅译，商务印书馆1996年版，第97页。

产生是因为遭受不幸者是和我们一样的人。所以，此种构合不会引发怜悯或恐惧。"①可以看到，如果把悲剧描述的人仅分为亚里士多德所谓的"好人"和"坏人"两类的话，那么两两组合，就得出四种情况：第一，好人由顺境转入逆境；第二，好人由逆境转入顺境；第三，坏人由顺境转入逆境；第四，坏人由逆境转入顺境。亚里士多德指出，第一种情况是悲剧不应该表现的，因为倘若一个人十全十美，却转入逆境，只会令人反感，这会给观众一种粗暴地割裂了命运与人的行为的联系的感觉，这样的悲剧不能表现因果性，反而会给人以荒诞之感。关于第四种情况，亚里士多德也予以否定，认为这完全不符合悲剧精神，不但如第一种情况所说的破坏了命运与人类行动间的联系，令人反感，而且以一个顺境做结尾本身就不符合亚里士多德对痛苦结局的要求，难以引起恐惧和怜悯。对于第三种情况，亚里士多德认为也不能引起同情，因为恶人处于逆境之中，乃是其罪有应得，不值得同情。对于第二种情况，亚里士多德没有讨论，但是很显然，悲剧不能只有从逆境转入顺境，还应有从顺境转入逆境的情况。而且后者比前者更好。②所以，如果要写出包含突转的复杂剧，就一定不能仅仅以好人和坏人为主人公。因此，在这里亚里士多德提出了介于好人和坏人之间的一种人，"这些人不具十分的美德，也不是十分的公正，他们之所以遭受不幸，不是因为本身的罪恶或邪恶，而是因为犯了某种错误（άμαρτια）。"③

这就引出了"悲剧性过失"（άμαρτια）这一概念。在亚里士多德创制哲学领会中，首先，具有悲剧性过失的悲剧主人公要满足于亚里士

---

① 亚里士多德：《诗学》，陈中梅译，商务印书馆 1996 年版，第 97 页。
② "一个构思精良的情节必然是单线的……它应该表现人物从顺达之境转入败逆之境，而不是相反，即从败逆之境转入顺达之境。"亚里士多德：《诗学》，陈中梅译，商务印书馆 1996 年版，第 97—98 页。
③ 亚里士多德：《诗学》，陈中梅译，商务印书馆 1996 年版，第 97 页。

多德在《诗学》第二章里谈到过的标准，这种人是有重量的高贵之人，可以不符合社会的普遍道德标准，但不能是卑微低俗之人，只有这样才能保证悲剧的严肃性。其次，这种人不能是十全十美的或者是邪恶至极的，因为他是介于二者之间的人，因此，这种人应该是有瑕疵、过失之人，亚里士多德把这种瑕疵称为 ἁμαρτια。正是这种 ἁμαρτια 导致了他们遭受的不幸。

从词源学的角度上讲，ἁμαρτια 的意思是未击中、错失，也就是说没有切中预计的目标。① 如果从这种意义上讲，那么所谓有悲剧性过失的特征之人，首先，从行动上讲就是他的行动并没有合乎其本意，比如说俄狄浦斯，他本来是逃离了家乡来避免杀父娶母的事情在自己身上发生，但是他未击中目标，未实现自己的目的，他恰恰因此杀死了自己的父亲，娶了自己的母亲；其次，从品格上来讲就是一个人的品质未能发展成其所是的那个样子，未能击中先在的形式，产生的偏离，这便是一种品格上的歪曲。而悲剧性过失同时亦可引申为没有在它应该在的位置上，那么，从品格上来说，意义和上面大致相同，就是并没有具有他应该有的品质，比如说缺少某种美德、公正，等等；而从行动的角度上来说，则是他没有做其应该做的事，他犯了错。如果再进行引申的话，得到的结果也没有过多的新意。综上，对于 ἁμαρτια 这个词就可以有以下几种理解，第一，此人的品格上有瑕疵，这种瑕疵不可以是邪恶，而只能是微小的，但是可谓是植根于人的生存之深处的原罪式的，比如说骄傲（科里奥兰纳斯）②、延宕（哈姆雷特）③、刚愎（李尔王）④ 等，在

---

① 参见见陈中梅所译《诗学》附录中其关于 hamartia 的论文。亚里士多德：《诗学》，陈中梅译，商务印书馆 1996 年版，第 218 页。

② 参见莎士比亚：《科里奥兰纳斯》，商务印书馆 2003 年版。

③ 参见莎士比亚：《哈姆雷特》，商务印书馆 1998 年版。

④ 参见莎士比亚：《李尔王》，商务印书馆 2001 年版。

悲剧性过失取这种意义时，则可以写出性格悲剧，这种悲剧应该是后世的主流，但是在古希腊还没有其重要地位。第二，此人无意中犯下错误（行动未能切中目的），比如说俄狄浦斯就是这种情况①，另外，罗密欧和朱丽叶的悲剧也是如此②。第三，此人有意犯错（做了与应做的事有偏差之事），或者程度重一点的就是犯罪（做了与法律有偏差之事）。奥瑞斯提亚就属于这种情况，他有意犯了杀母的罪行，但是由于是他遵从神的旨意为其父报仇，所以他并不是极恶之人，其罪行也不是因为他的品格之缺陷，而是他的命运如此。③ 提厄斯忒斯也是属于有意犯错的类型，但是同时提厄斯忒斯亦有品格上的缺陷，在此他的悲剧性过失可以视为一、三的综合。④ 还应该考虑一下下文亚里士多德提到的阿尔克迈翁的故事，他看似同奥瑞斯提亚一样，是由于为父报仇而犯下了杀母的罪行，但是实际上不同，因为阿伽门农乃是的的确确被其妻子所谋杀，而阿尔克迈翁之父安菲阿刺俄斯之死只是间接地由其母亲的受贿造成的，虽然安菲阿刺俄斯由于看到了自己必死的命运，要求阿尔克迈翁杀母为他报仇，但是其母厄里皮勒却并非安菲阿刺俄斯的真正凶手。这里阿尔克迈翁面临着一个选择，即是否应该视自己的母亲为杀父仇人，而他在自己的母亲再次受贿对自己不利的情况下，才愤然杀母为父报仇，其行为恐怕太嫌残暴了，而他犯下的罪行也远比奥瑞斯提亚更大，因此其结局也远比前者悲惨，阿尔克迈翁先被复仇女神追赶，随后自己也未能逃出卡德摩斯婚礼上的项链之诅咒，在两个觊觎项链的女人间辗转，

① 参见索福克勒斯：《索福克勒斯悲剧二种》，罗念生译，人民文学出版社1986年版。

② 参见莎士比亚：《罗密欧与朱丽叶》，商务印书馆1998年版。

③ 俄瑞斯忒斯（或译为奥瑞斯提亚）的经历参见埃斯库罗斯：《奥瑞斯提亚三部曲》，缪灵珠译，上海译文出版社1983年版。

④ 提厄斯忒斯的经历见伪阿波罗多洛斯《书库》节本第二章。阿波罗多洛斯：《希腊神话》，周作人译，中国对外翻译出版公司1998年版，第249—252页。

最终因此而被杀。① 而奥瑞斯提亚，如埃斯库罗斯所说的，是在雅典经受了审判，由于女神雅典娜的关键一票而被判无罪的。因此我们在理解悲剧性过失的完整意义时，既要考虑到奥瑞斯提亚的类型，也要考虑到阿尔克迈翁的类型，虽然二者看起来差不多。

考虑到悲剧性过失（$\dot{\alpha}\mu\alpha\rho\tau\iota\alpha$）的三种含义，可以更适宜将它尝试性地翻译为"罅隙"。原因如下：如亚里士多德所说，完全的好人作为悲剧的主角是不妥的，设想一下，如果我们以一个圣人作为悲剧的主人公，那是不能寄希望于写出什么可引发人强烈的恐惧和怜悯之情的东西来的，因为在这里，命运渗入这个人的生存的通道被封闭了。只有当这个人品格上有瑕疵，或者有意无意地犯下了错误时，才能造成命运进入其生存的缝隙，一块石头或者一条河是谈不上什么命运的，而唯有生存着的人，这一自为的有罅隙的存在，才能接纳命运于自身，因此他才会遭受苦难，以其生命负担其突转或是发现的情节，并因此使命运显现，也就是对命运的解蔽，同时引发观众的生存论维度上的恐惧怜悯之情，起到卡塔西斯的效果。那么，无论从何种角度上理解 $\dot{\alpha}\mu\alpha\rho\tau\iota\alpha$ 一词，它都是使命运得以进入生存的罅隙。而这种罅隙之存在对于人来说是本真的，从品质上来讲，人都是先天具有贪婪、骄傲、愤怒、好色等倾向的，这乃是生存论意义上的"原罪"；另外，由于人自身的有限性和缺陷，犯下错误也是不可避免的、必然的。所以，这种悲剧性过失并非是人的附加属性，而是人的生存本身，作为人的共相出现的。每个人都是有悲剧性过失、并因而处于悲剧性命运中之人。而亚里士多德说，恐惧和怜悯的产生要求遭受痛苦的是与我们一样之人，② 所以，悲剧须描述

① 阿尔克迈翁的经历见伪阿波罗多洛斯《书库》原本第三卷第七章。阿波罗多洛斯：《希腊神话》，周作人译，中国对外翻译出版公司1998年版，第174—177页。
② 参见亚里士多德：《修辞术·亚历山大修辞学·论诗》，颜一、崔延强译，中国人民大学出版社2003年版。

有生存论过失之人。唯有命运通过罅隙进入人的生存行动之中，对于人的行动之摹仿的悲剧的情节才能有突转等本真的运动。这种活动同时也是一种解蔽，因为解蔽并不是孤立的认识能力，而是人的本真生存方式本身。① 在此意义上，悲剧才是一种对生存论真理的解蔽。

在由 άμαρτια 概念敞开的道德论域下，亚里士多德又紧接着讨论的作为素材的事件。首先他指出了这些事件的共同特点："一个构思精良的情节必然是单线的，而不是——像某些人所主张的那样——双线的；它应该表现人物从顺达之境转入败逆之境，而不是相反，即从败逆之境转入顺达之境；人物之所以遭受不幸，不是因为本身的邪恶，而是因为犯了某种后果严重的错误，当事人的品格应如上文所叙，也可以更好些，但不能更坏。……所以，用艺术的标准来衡量，最好的悲剧出自此类构合。"② 悲剧的目的是引发恐惧和怜悯，而如果结局是双线的则不好，因为如果双线情节的结局是好人受到奖赏，而坏人遭到惩罚，就不能很好的引起恐惧和怜悯，产生悲剧效果，在此意义上，亚里士多德说"好人和坏人分别受到赏惩的结构（提供的快感）不是悲剧所提供的快感——此种快感更像是喜剧式的。"③ 而如果是相反的结局，那更是只能使人感到厌恶。而且，如果是双线的结局，那就意味着整个悲剧中有两条线索，这就违反了亚里士多德在《诗学》第七章和第八章中对悲剧整一性作出的要求。基于以上两点原因亚里士多德指出最好的情节一定是单线的。

同样的道理，基于对道德张力造成的悲剧效果的考虑，由顺境转入逆境的悲剧优于逆境转入顺境的悲剧。因为如亚里士多德在《修辞学》

---

① 参见海德格尔：《技术之追问》一文。海德格尔：《演讲与论文集》，孙周兴译，生活·读书·新知三联书店 2005 年版，第 3—38 页。

② 亚里士多德：《诗学》，陈中梅译，商务印书馆 1996 年版，第 97—98 页。

③ 亚里士多德：《诗学》，陈中梅译，商务印书馆 1996 年版，第 98 页。

中指出的，恐惧和怜悯的基础都是一种痛苦，而逆境无疑是比顺境更能引发痛苦的。在这一方面，亚里士多德称赞欧里庇得斯是最善于营造悲剧效果的诗人。① 但是事实上，从三大悲剧家传世的三十三部悲剧来看，欧里庇得斯在这一方面似乎并不明显比其他两位做得好，三人的悲剧中都各有以皆大欢喜的情况收场之作，欧里庇得斯也没有更大比例地采用以不幸作为结局的情节。② 如果要说严格遵守亚里士多德这一要求的，仍然是莎士比亚，尽管经过研究他很可能并未看过亚里士多德《诗学》一书。③《哈姆雷特》的结尾处几乎所有人同归于尽；《李尔王》结局处老王李尔和其女考狄利娅双双死于狱中；《奥瑟罗》以苔丝德蒙娜被其丈夫扼死告终；《麦克白》的最后，作为篡位者的主人公兵败身死；《裘利斯·凯撒》的结局不可谓不悲凉，勃鲁托斯兵败自杀，而此时凯撒的尸骨应已腐朽于墓中；《科里奥兰纳斯》的结尾处，背叛了祖国的主人公惨遭谋害，甚至没有获得战死于沙场的归宿；《泰特斯·安德洛尼克斯》一剧的结尾是哈姆雷特式的同归于尽，《安东尼与克莉奥佩特拉》的最后，二人在兵败于屋大维后双双自杀；而《罗密欧和朱丽叶》中，一对维罗纳情侣的结局与当年叱咤风云的罗马大将和埃及艳后并无根本

---

① "尽管在其他方面手法不甚高明，欧里庇得斯是最富悲剧意识的诗人。"见亚里士多德：《诗学》，陈中梅译，商务印书馆1996年版，第98页。

② 埃斯库罗斯悲剧传世共七部：乞援女、波斯人、七雄攻忒拜、被缚的普罗米修斯、阿伽门农、奠酒人、复仇女神；索福克勒斯悲剧传世亦七部：埃阿斯、安提戈涅、俄狄浦斯王、特拉基斯妇女、厄勒克拉特、菲洛克忒忒斯、俄底浦斯在克罗诺斯；欧里庇得斯传世悲剧十九部：独目巨人、阿尔克提斯、美狄亚、大力士的女儿、安德洛玛刻、希波吕托斯、赫卡柏、特洛伊的妇女、在陶洛人里的伊菲格纳亚、厄勒克特拉、海伦、伊翁、腓尼基的妇女、俄瑞斯特斯、醉酒的女人、伊菲格纳亚在奥里斯。从比例上看，欧里庇得斯的悲剧中以单线悲惨结局收场的并不比其他两位更多。比如索福克勒斯，七部悲剧中埃阿斯、安提戈涅、俄狄浦斯王、特拉基斯妇女这四部都符合亚里士多德的要求，超过一半，好于欧里庇得斯。

③ 陈中梅指出"莎士比亚肯定没有读过《诗学》。"亚里士多德：《诗学》，陈中梅译，商务印书馆1996年版，第15页。

差别，一样是双双殉情。有剧评家说过，若是莎士比亚的悲剧第五幕中没有看到半打死人，那么便令人怀疑此剧是否为莎士比亚所作。如此看来，对于亚里士多德提出的，优秀悲剧应是单线的且具有悲惨结局这一要求，莎士比亚在创作中可谓完全遵守。事实上不仅在此，其他各个方面都是这样，莎士比亚可以看作是亚里士多德悲剧理论的履践者。由此亦可以旁证，亚里士多德的悲剧理论乃是基于悲剧之道的要求，是符合悲剧自然属性的，而不是一种外在的硬性规定。① 因此后世的优秀悲剧诗人才能自发地写出符合亚里士多德标准的悲剧。

（二）道德与命运之间——典型 *ἁμαρτια*

那么，在古希腊神话中，哪些素材符合亚里士多德在创制哲学领会指引下提出的上述要求呢？对此亚里士多德说："起初，诗人碰上什么故事就写什么戏，而现在，最好的悲剧都取材于少数几个家族的故事，例如，取材于有关阿尔克迈恩、俄狄浦斯、俄瑞斯忒斯（或译为奥瑞斯提亚）、墨勒阿格罗斯、提厄斯忒斯、忒勒福斯以及其他不幸遭受过或做过可怕之事的人的故事。"② 所谓最好的悲剧，亚里士多德指的是最能实现悲剧目的的悲剧，也就是说最能引发恐惧与怜悯之情的，最能起到卡塔西斯之作用的悲剧。因此，通过分析亚里士多德强调的这几个家族的故事，就应该可以找到是什么样的情节最能引发怜悯恐惧之情。而且，对情节之构造乃是解蔽的技巧，那么，为什么这些神话的情节最能解蔽，被遮蔽之物是什么，解蔽是如何进行的，以及解蔽同悲剧效果的关系，都有望能从这样一种研究中找到答案。而在对以上的问题有了一

---

① 关于悲剧自然属性的观点，见亚里士多德：《诗学》，陈中梅译，商务印书馆1996年版，第48页。

② 亚里士多德：《诗学》，陈中梅译，商务印书馆1996年版，第98页。

个整体的认识之后，卡塔西斯的真正意义也会自然显现出来。这里亚里士多德举出了几大悲剧题材，这些题材之所以被悲剧家们偏爱，是有其符合悲剧概念的必然性的。所以首先应该看一下这些素材的内容。

第一，俄狄浦斯的神话。这一内容前文已经详细讨论过了。

第二，属于同一家族的提厄斯忒斯和俄瑞斯忒斯的神话。这两个人相距两代，同属命运多舛的坦塔罗斯一族，关于这一族受到的诅咒始于坦塔罗斯之子珀罗普斯的婚姻。他的妻子是庇萨王俄诺玛俄斯的女儿希波达墨亚，在她还是个姑娘的时候，其父亲不愿令其出嫁，要求求婚者与其赛车，如果求婚者的马车被他赶上，他就杀死那个人。这种给求婚者出难题的故事，世界各国的传说中都有，可谓基本的"神话理型"之一。因为那个时候女儿的丈夫无疑会威胁到父亲的权威，关于抛弃外孙的故事也是这样。珀罗普斯为了娶希波达墨亚为妻，买通了俄诺玛俄斯的御者、赫尔墨斯之子密尔提洛斯，后者在他的主人的马车上做了手脚，导致俄诺玛俄斯在比赛的时候坠车而死。但是在事后，珀罗普斯为了掩饰自己的罪行和不付报酬给密尔提洛斯，把密尔提洛斯从一个海岬上推下去。在被抛下时，密尔提洛斯对珀罗普斯家族的诅咒声在大海和峭壁之间回荡，并且深深地种在了珀罗普斯的血脉中。珀罗普斯家族中的一系列乱伦、仇杀甚至相食就始于这一谋杀岳父和食言负义的双重罪行中。珀罗普斯生有儿子阿特柔斯和提厄斯忒斯，后者与自己哥哥的妻子通奸，并谋求篡夺他的王位，而阿特柔斯知道后杀死了提厄斯忒斯的三个弟弟，即自己的三个侄儿，将他们的肉做成菜肴来宴请提厄斯忒斯，并随后告知他真相，然后将他驱逐出国。后来提厄斯忒斯与自己的女儿乱伦，后者生下了一个男孩埃癸斯托斯，这个男孩长大后杀死了阿特柔斯，将王位还给了自己的父亲。数年后阿特柔斯的两个儿子阿伽门农和墨涅拉俄斯夺回了王位，分别娶了斯巴达王廷达瑞俄斯的两个女儿克吕泰涅斯特拉和海伦（据希腊神话，阿伽门农之妻克吕泰涅斯特拉乃是廷达瑞俄斯的亲生女儿，而海伦实为宙斯化作天鹅与廷达瑞俄斯之妻丽达所生的女儿）。阿伽门农统治阿尔戈斯，而墨涅拉俄斯成为斯巴达王。[①] 特洛伊王子帕里斯拐走海伦，引发了希腊人远征特洛伊的战争，由阿伽门农作为希腊人的统帅。希腊的舰队在奥利斯被风所阻遏，不能继续航行，听从预言者卡尔卡斯的占卜，阿伽门农在此决定杀死自己的女儿伊菲格涅供奉月神阿尔忒弥斯，然而伊菲格涅没有死，被这位神带到陶里斯做了自己的女祭司。[②] 在特洛伊战争的这十年间，阿伽门农的妻子克吕泰涅斯特拉与埃癸斯托斯通奸。特洛伊城被攻陷后，阿伽门农回到阿尔戈斯，立刻被两人谋杀，埃斯库罗斯说杀人的是他的妻子，而其他人认为是埃癸斯托斯。阿伽门农的儿子俄瑞斯忒斯长大后，又杀死了自己的母亲为父亲报仇，并因此遭到复仇女神们的追杀。[③] 以上就是珀罗普斯一族的血腥历史之概述，这一家族的神话为古希腊悲剧家们提供了无数素材。

第三，阿尔克迈翁的神话。阿尔克迈翁乃是先知安菲阿剌俄斯的儿子。当初俄狄浦斯之子波吕涅利斯请求安菲阿剌俄斯出兵帮助自己从兄弟的手中夺取忒拜城，后者看到了参战则必死的命运，想要拒绝，而他的妻子厄里皮勒则收取了波吕涅利斯的贿赂（据说是卡德摩斯与战神之女哈尔莫尼娅的婚礼上战神所送的一条项链，此项链能带来不祥），令其出战。安菲阿剌俄斯临去之时叮嘱儿子阿尔克迈翁长大后杀死母亲为自己报仇。阿尔克迈翁后来果真杀母，于是同俄瑞斯忒斯一样，亦被复

---

① 参见伪阿波罗多洛斯《书库》节本第二章。阿波罗多洛斯：《希腊神话》，周作人译，中国对外翻译出版公司 1998 年版，第 249—252 页。

② 参见伪阿波罗多洛斯《书库》节本第三章。阿波罗多洛斯：《希腊神话》，周作人译，中国对外翻译出版公司 1998 年版，第 252—259 页。

③ 参见埃斯库罗斯：《奥瑞斯提亚三部曲》，缪灵珠译，上海译文出版社 1983 年版。另可参见伪阿波罗多洛斯《书库》节本第六章。阿波罗多洛斯：《希腊神话》，周作人译，中国对外翻译出版公司 1998 年版，第 265—271 页。

仇女神追杀。① （关于他们两个的结局，上文已经介绍过了。）

第四，墨勒阿格罗斯的神话。传说在墨勒阿格罗斯出生之时，命运女神告知其母，当一块木炭燃尽之时，其生命就将结束。后来墨勒阿格罗斯杀死了他母亲的兄弟，也就是自己的舅舅，其母在愤怒中燃尽了那一维系生命的木块，导致了墨勒阿格罗斯的死亡，随后他的母亲追悔莫及，也自杀身死。②

第五，忒勒福斯的神话。赫拉克勒斯之子忒勒福斯的传说远不及前几个有名，以之为素材所成的悲剧也基本都已失传，只有残片留下，大概是说他与俄狄浦斯相似，同自己的母亲奥格成婚的事情。③

这些被亚里士多德推崇的素材的共同点是什么呢？可以肯定的是：并不是这些神话都是单线的，并且有悲惨结局的，因为以上两点都是出于诗人对情节的构架而不是由于素材本身的。通过比较我们可以看出，这些素材中都包含有亲族相杀的事件。

在亚里士多德悲剧理论中，弑亲乃是核心的悲剧性过失（άμαρτια），这一事件充分展现了命运之必然性、生存论倾向和道德之恶三者的极端缠结：那道德上至恶者，超出主体责任的范畴。在亚里士多德认为最能彰显生存论道德意蕴，并据此展现创制哲学真理的素材中，提厄斯忒斯吃掉自己的儿子，并间接地杀害了兄弟；俄狄浦斯杀死自己的父亲；俄瑞斯忒斯和阿尔克迈翁都是为父报仇杀死自己的母亲；墨勒阿格罗斯杀死自己的舅舅，随后又被自己的母亲所杀。对此，亚里士多德指出：

---

① 参见伪阿波罗多洛斯《书库》原本第三卷第七章。阿波罗多洛斯：《希腊神话》，周作人译，中国对外翻译出版公司 1998 年版，第 174—177 页。

② 参见伪阿波罗多洛斯《书库》原本第一卷第八章。阿波罗多洛斯：《希腊神话》，周作人译，中国对外翻译出版公司 1998 年版，第 34—37 页。

③ 关于忒勒福斯的出生部分的神话，见伪阿波罗多洛斯《书库》原本第二卷第七章第四节。阿波罗多洛斯：《希腊神话》，周作人译，中国对外翻译出版公司 1998 年版，第 115 页。

"哪些事情会使人产生畏惧和怜惜之情？此类表现互相争斗的行动必然发生在亲人之间、仇敌之间或非亲非仇者之间。如果是仇敌对仇敌，那么除了人物所受的折磨外，无论是所做的事情，还是打算做出这种事情的企图，都不能引发怜悯。如果此类事情发生在非亲非仇者之间，情况也一样。但是，当惨痛事件发生在近亲之间，比如发生了兄弟杀死或企图杀死兄弟，儿子杀死或企图杀死父亲，母亲杀死或企图杀死儿子，儿子杀死或企图杀死母亲或诸如此类的可怕事例，情况就不同了。诗人应该寻索的正是此类事例。"① 这些事件之所以能够最大限度地引发恐惧和怜悯之情，首先，从直观上看，此类近亲之间的这种互相杀害，想一想就令人感到恐怖和可怜。其次，如果进一步的思考，可以发现在这些素材中，其实蕴含的乃是命运。如果是仇人和仇人之间的残杀，或者是非亲非仇的路人之间的对敌，那并不能最强烈地使观众感到命运的强力。只有在看到命运能可畏地扭断坚韧的血脉和亲情之纽带时，才能最大限度地显现命运的力量。另外，使亲人之间这种相互残杀得以进行的命运，给人一种盲目漠然之感，这样亦能使观众感到其力量。因为，如果命运是可以理解的，那么就是仍在人的知性之中的，符合于一种喜剧式的因果报应思想，那样还不是无限，不能带给人生存论解蔽的痛苦之感，只有当必然性在一种看似偶然的、盲目的命运中显现自身，从而突破了人知性的界限之时，才能令人产生本真的、生存论意义上的"畏"。而这本真的情绪同时也是一种对人的生存之解蔽。

在这里必然性和盲目性并不是对立的，对此黑格尔给出了很好的解释。② 他指出，常常有人说必然性乃是盲目的，这句话在此意义上是正确的：因为在这种必然性的过程里目的或者说目的因还没有自觉地出

---

① 亚里士多德：《诗学》，陈中梅译，商务印书馆 1996 年版，第 105 页。

② 以下观点参见《小逻辑》第 147 节的相关内容。黑格尔：《小逻辑》，贺麟译，商务印书馆 1980 年版。

现，必然的环节开始于彼此不相关联的散漫孤立的实际存在。①而事实上，这种盲目性在悲剧中表现得越强烈（比如说竟然让亲人反目成仇），那么就使人感觉到这个命运的整体越恢宏，因为人们感到了如此遥远孤立的东西实际上都是被强有力地联系在一起的。

而悲剧诗人在构建情节时害怕观众会忽略到这一点，往往把命运提到视线之中。比如说在俄狄浦斯的遭遇中，其杀父娶母的命运是在一开始就在一则德尔菲的神谕中显现自身的，即使俄狄浦斯的父母、俄狄浦斯本人做出了种种的预防措施，仍不能避免这一惨剧的发生以及被揭示，于是观众就因此感觉到了看似盲目的命运的力量。在珀罗普斯家族中也是这样，整个家族的悲惨故事，都注定于赫尔墨斯之子密尔提洛斯临死之前对这个家族的诅咒，近一个世纪的可怕遭遇就在他从悬崖掉落海中的那短短一瞬间注定、蕴藏，这样就使人感觉到了命运的微小律动即可导致漫长庞大的时间链条中所发生之事，这样就对命运的庄严因果性产生了认识，或者可以说，命运的无限广延在此被显现、被澄明、被解蔽。

关于阿尔克迈翁的情节也是如此，因为他母亲的"杀夫"，他自己的弑母，以及自身的被杀，好像都蕴含在数百年前，忒拜人的祖先卡德摩斯与战神和美神之女而哈尔莫尼娅举行婚礼的那一天，在那时，哈尔莫尼娅得到了造成后世引发了许多灾难的不祥的项链，此处由宝石连缀起来的项链所隐喻的，也就是命运。正如波澜壮阔、带走无数英雄生命的特洛伊战争蕴含于阿基里斯之父裴琉斯的婚礼上，那金苹果引起的争吵。在此意义上可以说，唯有使人感到盲目之时，此必然性才是广大庄严的。

而对命运盲目性如何在思维中成为必然性，如黑格尔所说是这样

---

① 参见黑格尔：《小逻辑》，贺麟译，商务印书馆 1980 年版，第 306 页。

的：那些孤立的情况乃是一种自身崩溃的直接现实性，由于这种否定，我们得到了一具有双重形式的内容；一方面是已实现的实质内容，另一方面是孤立散漫的内容。而孤立散漫的内容则因否定自身，将向另一方面转变，这就是必然性在意识中的组合，或者说显现，而肩负这一使孤立者链接，使命运显现的使命的，便是悲剧，所以说悲剧不只是对生存的解蔽，也是对命运的解蔽。①

这样的一种作为必然性的命运与我们现代对必然性的通常理解是不同的，黑格尔指出：古代人把必然性看成命运，而现代人的观点却是把必然性看成一种安慰，就是说，我们应放弃我们的目的和利益，服从必然性的统治，如此就可以得到某种补偿，这实际上一种蔑视命运的、对因果性的知性理解。事实上，命运是不能给人们以安慰的。古代人对命运之必然性的理解是这样的：因为某事是这样的，所以另一事也是如此，反之也是一样。而不是如现代人理解的那样：如果我如是行为，则会如此；如果我那样行为，则会那样。② 这种思维方式实际上是一种对命运的轻视和乐观主义的自负，这样乃是对因果性的一种人为操作。

实际上，命运的必然性之整体是不可计算、操持的，不可以认识（按照近代认识论哲学的概念含义）的，而只能通过某种创制来解蔽，比如说，通过悲剧之技艺。因此，亚里士多德对这些亲族相杀的素材的重视，从某种角度上看，是基于一种对命运的思考。而这种对命运的揭示，唯有通过创制哲学、通过对创制的理解和创制的践行，才是可能的。

人之存在并非一现成封闭的存在，而是对命运敞开自身的存在，命运通过其罅隙（ἁμαρτια）与人发生联系。从 ἁμαρτια 的词源上可以

---

① 参见黑格尔：《小逻辑》，贺麟译，商务印书馆 1980 年版，第 306—307 页。
② 参见黑格尔：《小逻辑》，贺麟译，商务印书馆 1980 年版，第 308 页。

如是考虑：在亚里士多德的物理学中，各个自在的存在者都是处于其本质规定的、应在的位置上的，而由于人并非是一有本质的存在者，所以人就不能在其应在的位置上，这就是偏差、未击中，即本原意义上的 $\acute{\alpha}\mu\alpha\rho\tau\iota\alpha$。所以人因其无本质，所以向来存在于一种悲剧性过失、悲剧性命运之中。而人也恰恰因此不是有限的，人有一 $\acute{\alpha}\mu\alpha\rho\tau\iota\alpha$（罅隙）使自己的存在同无限的命运联系在一起。所以，悲剧通过对一有罅隙之主体的技艺性构架，就可以呈现整个作为无限的命运。这样，对命运的解蔽也就是对生存的解蔽，因为生存是通过其罅隙和命运联系为一体的。在这样一种将生存置于解蔽之下的活动，就是将作为生存自身的生存论情绪恐惧（$\phi\acute{o}\beta o\sigma$）和怜悯（$\acute{\epsilon}\lambda\epsilon o\sigma$）置于光照下、显现中的活动，这就是恐惧和怜悯的情绪的引出。

亚里士多德的悲剧理论是其创制哲学中最核心的部分。悲剧创制乃是一种特定的对生存论境遇（$\mu\tilde{v}\theta o\sigma$）的开敞，人的生存唯有在这种开敞之中才能成为其自身并且显现自身，因为人之存在并非是现成的某物，而是要在具体行动、具体抉择的汇聚中，具有时机性地在场的。悲剧创制是非静观、非现成、非实体地揭示人之所是的生存论解蔽，理解并道说这种生存真理的开显，正是亚里士多德创制哲学的核心旨趣。

五、创制哲学谐响——亚里士多德悲剧与史诗理论之互文性研究

如本书在探讨《诗学》文本结构时指出的：史诗是亚里士多德创制哲学文本中重点讨论的第三个主题。事实上，无论表面上是对悲剧还是史诗的论述，其背后的根本旨趣都是创制哲学的。如果以悲剧为中心将

现存文本分为三个部分，那么其讨论史诗的第二十三至第二十六章亦可称为"后悲剧部分"。亚里士多德关于创制哲学的主要思想，如特定境遇下的生存论解蔽、诗学目的论观点等，都已经在悲剧部分有了详尽的阐述。而在后悲剧部分中，可以说并没有基于对史诗的讨论而提出更多的诗学—创制哲学观点，而是对之前已有哲学论述的回应和强调。亚里士多德在这一部分再次论证了悲剧部分涉及过的，与生存论、存在论、目的论密切相关的问题，这既是对创制哲学主旨的反复强调和多角度论证，又从侧面证明了其诗学讨论始终是被特定的创制哲学旨趣指引的，因此无论其在谈论悲剧或者谈论史诗时，重点都是那些具有普遍创制哲学意义的东西。在此意义上，亚里士多德创制哲学中心文本《诗学》的第二十三至第二十六章，可以视为相关创制哲学观点与悲剧部分在第六章至第二十二章中所述者的共鸣，是悲剧部分之创制学哲思在"史诗中的谐响"。

当亚里士多德在其创制哲学视域下论述其史诗理论时，亦着重讨论了史诗的整一性问题，他说："和悲剧诗人一样，史诗诗人也应编制戏剧化的情节，即着意于一个完整划一、有起始、中段和结尾的行动。这样，它就能像一个完整的动物个体一样，给人一种应该由它引发的快感。"[1] 在这里，可以看出亚里士多德也把史诗看成是合目的性的有机生命体，同他对悲剧的理解一样。从对史诗的整一性和有机性的重视出发，亚里士多德又比较了史诗和历史，他指出史诗不应像历史那样编排事件。因为"历史必须记载的不是一个行动，而是发生在某一时期内的、涉及一个或一些人的所有事件——尽管一件事情和其他事情之间只有偶然的关联。"[2] 正确的做法是像荷马那样："尽管特洛伊战争本身有始有

---

[1] 亚里士多德：《诗学》，陈中梅译，商务印书馆 1996 年版，第 163 页。

[2] 亚里士多德：《诗学》，陈中梅译，商务印书馆 1996 年版，第 163 页。

终，他却没有试图描述战争的全过程。不然的话，情节就会显得太长，使人不易一览全貌；倘若控制长度，繁芜的事件又会使作品显得过于复杂。事实上，他只取了战争的一部分，而把其他许多内容用作穿插。"①

这一点可以和我国的史学传统加以比较论述。我国的古代历史，按照亚里士多德的标准，与其说是历史式样的，不如说更是"史诗式"的，其记录的事件注重情节的整一性，往往具有完整的开端、发展和结局，试图从这样的整一过程中呈现有前因后果的人事，并借以显现天命的弘大运转，发扬儒家思想。如《左传》就是我国这种史诗式历史记录的典型代表。《左传》作为《春秋》之传，倾向于将经文中记载的发生于某年的历史事件之全部前因后果完整地呈现，这种呈现越出了当年的时间，往往追溯到多年以前，有时还延展至多年之后。同时这种史诗性记载的内容又少于那个特定时间中发生的全部事情，因为其只专注于相关的特定事件，而不是将一定时间内的历史全貌进行巨细无遗的全部记录。这种记史方式正符合于亚里士多德对史诗整一性的规定。试以《左传》开篇隐公元年的"郑伯克段于鄢"为例，《春秋》经文中指出"夏五月，郑伯克段于鄢。"但是发生在夏五月的这个事态却远非完整的事件，《左传》在对其进行说明时，首先一直追溯到郑伯与段这对兄弟的出生，以一个"初"字指引着事情的开端，在表明了克段于鄢事件发展的种种前因和折转、具体发生后，又交代了事件的后续，即"郑伯黄泉认母"，从而将全部因果联系中的事件整体以隐含的"孝悌"思想为中心勾勒了出来，使得该记述不仅仅具有历史性，更具有史诗性。② 同时

---

① 亚里士多德：《诗学》，陈中梅译，商务印书馆 1996 年版，第 163 页。

② 见《左传》隐公元年，附原文摘录如下，以供参考。经文：夏五月，郑伯克段于鄢。传：初，郑武公娶于申，曰武姜。生庄公及共叔段。庄公寤生，惊姜氏，故名曰"寤生"，遂恶之。爱共叔段，欲立之，亟请于武公，公弗许。及庄公即位，为之请制。公曰："制，岩邑也，虢叔死焉，佗邑唯命。"请京，使居之，谓之"京城大叔"。祭仲曰："都，城过百雉，国之害也。先王之制：大都，不过参国之一；中，五之

这一史诗性记录虽然陈述的是历史中的个体事件，但是由于其整一性的呈现，而具有了普遍性意义。中国的古史记录中往往追求对这种儒家思想先行把握的整体意义的显现，如"郑伯克段于鄢"即可与关于帝舜与其兄象的古史对观。应注意，这种表现兄弟、母子间关系的、具有整一情节的史诗性事件，在西方神话与悲剧中也数次出现，如阿特柔斯家族的兄弟相残、奥瑞斯提亚的弑母等，可以说正是在这类亦诗亦史的完整陈述中，开敞了特定的历史理解，中西的不同文化特质才明白地显示出来。（事实上，家族内部关系也是亚里士多德《诗学》的重要主题，参见本书第三章第四节。在一个有目的地构建出的语境下，西方诗学与悲剧理论中彰显的家庭伦理可以与我国儒家的孝悌思想相互参照，详见本书结论部分。）通观中国古代历史，这种符合亚里士多德整一性要求的史诗性论述始终占据主流，中国古史大多采用纪传体，将一个人的整体生命作为整一性事件，从其道德、行为等方面建立起因果联系，呈现隐而不显的命运与人生际遇的关系。如《史记》中的《李斯列传》，就从仓中之鼠起笔，以黄犬之叹做结，将李斯的整个生命与其所思、所行、

一；小，九之一。今京不度，非制也，君将不堪。"公曰："姜氏欲之，焉辟害？"对曰："姜氏何厌之有？不如早为之所，无使滋蔓。蔓，难图也。蔓草犹不可除，况君之宠弟乎？"公曰："多行不义，必自毙，子姑待之。"既而大叔命西鄙、北鄙贰于己。公子吕曰："国不堪贰，君将若之何？欲与大叔，臣请事之；若弗与，则请除之，无生民心。"公曰："无庸，将自及。"大叔又收贰以为己邑，至于廪延。子封曰："可矣。厚将得众。"公曰："不义不昵，厚将崩。"大叔完聚，缮甲兵，具卒乘，将袭郑。夫人将启之。公闻其期，曰："可矣！"命子封帅车二百乘以伐京。京叛大叔段。段入于鄢"。公伐诸鄢。五月辛丑，大叔出奔共。遂置姜氏于城颍，而誓之曰："不及黄泉，无相见也。"既而悔之。颍考叔为颍谷封人，闻之，有献于公。公赐之食。食舍肉。公问之，对曰："小人有母，皆尝君之羹。请以遗之。"公曰："尔有母遗，繄我独无！"颍考叔曰："敢问何谓也？"公语之故，且告之悔。对曰："君何患焉？若阙地及泉，隧而相见，其谁曰不然？"公从之。公入而赋："大隧之中，其乐也融融！"姜出而赋："大隧之外，其乐也泄泄！"遂为母子如初。君子曰："颍考叔，纯孝也。爱其母，施及庄公。《诗》曰：'孝子不匮，永锡尔类。'其是之谓乎？"

所知、所误置于一个共同的构境中，并因此使宏大的因果律在场。这无疑与《荷马史诗》中，将阿基里斯的命运与其出生前的神谕、路口处的抉择、性格带来的折转和突变、在众神意志和特洛伊战争整体命运下的荣誉和走向死亡的隐示置于统一整体中的做法有相通之处。而亚里士多德作为面向事情本身的哲人，则在其《诗学》中将这种史诗的整一性提升到了理论的高度。

亚里士多德指出史诗的情节应该像一个完整的动物个体一样。在亚里士多德哲学中，作为一个有机生命体至少有两个条件：首先，它是一个合目的性的整体；其次，它应该有先在的形式，即其发展是具有必然性的。如黑格尔指出的："按照亚里士多德，在自然的理念里面，主要有两个规定：其一，目的的概念；其二，必然性的概念。……亚里士多德的主要思想是：他把自然理解为生命，把某物的自然理解为这样一种东西，其自身即是目的，是与自身的统一，是它自己的活动性的原理，不转化为他物，而是按照它自己特有的内容，规定变化以适合它自己，并在变化中保持自己，在这里他是注意那存在于事物本身里面的内在目的性，并把必然性视为这种目的性的一种外在的条件。"① 所谓合目的性，就是这个整体内的所有部分都是围绕着一个目的存在的，就像一个动物，它的四肢，它的头和口、它的消化系统、生殖系统等，都是为了它的整体存在而存在的，任何一部分的缺失都是导致此物的残疾，而任何的多余都会是这一生命体的负担；一部史诗也应该是这样，它不能随意地删去或者增加什么东西，一切都是为了整体而存在的。另外这种整体并不是随意地拼凑起来的，而是依照其先在的形式生长而成的。比如说一个动物的成长，并不是在这里长出了腿，然后又长出了躯干，等

①　黑格尔:《哲学史讲演录》第二卷，贺麟、王太庆译，商务印书馆1960年版，第308—310页。

等，而是它是由一个蕴含了成体形式的幼体发育而成的，这个成体的形式在概念和原理上，是比这个幼体先存在的。史诗也应该是这样，它也是有一个在先的形式，诗人应该根据这个使其成长起来，所谓创作史诗，并不是一种添加和拼接，而是一种使其自然生长的耕耘。而史诗和历史的区别就在于，后者乃是对偶然地拥簇在一起之物的描述，而前者则是对出于自然的个体的描述。举个例子来看的话，比如说一个摄影者在一片森林中取景，他所取的是这一空间范围内的所有东西，比如说有树木甲的枝干，树木乙的叶子，树木丙的叶子和枝干兼有，还有树木丁露出地面的根系，以及停在树木甲上的鸟儿的尾巴，等等。在这里，所有的东西都只有一种出于偶然的、外在的、空间上的联系，摄影者记录的是这一空间内的所有东西。这就相当于历史，它记录的乃是发生在某一个时期内的、涉及某一个人或某一些人的所有事件，而这些事件之间则没有出于自然的联系。而一个诗人则应相当于一个画家，他来到林中，注目于一个生命体，比如说树木甲，并且将挡住树木甲的其他树木的枝叶以及停在树木甲枝头的小鸟都忽略掉，他画的是一个自己作为整体的有机体。可能有人会说一个摄影者的作品比画家的作品更为真实，因为他是客观地记录了一切的，而画家则是在描绘的同时加入了自己的主观选择。而从哲学的视角上看，画家所表现的东西才是更为真实的，因为他注意到了自然的内在联系，他才是按照事物本身的样子创作，而摄影者所摄下的景物，只是一种偶然表现而已。在这里，画家的作品也就相当于诗，而摄影作品则相当于历史，据此，我们清楚地看到了为什么亚里士多德说诗要高于历史。而亚里士多德对荷马的称赞亦可以这样理解：他没有整个描绘一片森林的某一空间，而是天才地描绘了其中的一棵树。①

---

① 亚里士多德对荷马的此种称赞，此处是一例，在《诗学》第八章中还有另一例："然而，正如在其他方面胜过别人一样，在这一点上——不知是得力于技巧还是凭借天赋——荷马似乎也有他的真知灼见。在作《奥德赛》时，他没有把俄底修斯的每一

在创制哲学语境下，诗和历史的关系之相关探讨，可以视为一种对创制的现实性的说明：基于心灵、技艺和潜能的创制，当其合乎理性时，将具有更高的现实性。存在之为存在，乃是依寓于这种出于理性的创制而非其他原因的。这种思想在基督教哲学兴起后以其变式主导了西方的存在论，而其背后必要的思想背景：即把存在者理解为行动之绽放和聚集而非现成实体，则隐而未现。在此意义上，对亚里士多德创制哲学的研究，对于重思西方存在论传统，无疑有重要的意义。

关于诗和历史的关系，亚里士多德在其讨论史诗理论时也围绕着可能性、可信性的概念进行了梳理。（这就是前文所谓亚里士多德创制哲学思想在史诗理论中的"重奏"。）他指出历史记载的事件间可能只有偶然的关联，比如说两事同时发生。这也就隐含着在说史诗的情节内部成分应该有必然的关联，这种关联实际上就是自然的关联，也就是一物与其自身的关联。事实上，亚里士多德在之前讨论悲剧的时候就已经指出过，情节应该按照可然或必然的原则述说具有普遍性之事。注意在这里不应该把可然性理解为知性上的可能性，而是一种现实的可能性，作为自身具有实现动力的潜能式的可能性。所谓知性的可能性是孤立的，而现实的可能性则是绝对活动、"隐德莱希"的一个环节、部分。比如我们说，既然太阳可能从东方升起，那么它也可能从西方升起；或如黑格尔所举的例子，既然月亮此刻在空中，那么它也可能掉落在大地上。这便是一种孤立的、知性的可能性。而现实的可能性，则是在整体地把握了太阳、地球、月亮的运转，以及它们之间的引力关系之后，获得的可

个经历都收进诗里，例如，他没有提及俄底修斯在帕那耳索斯山上受伤以及在征集兵员时装疯一事。在此二者中，无论哪件事的发生都不会必然或可然地导致另一件事的发生——而是围绕一个我们这里所谈论的整一的行动完成了这部作品。他以同样的方法作了《伊利亚特》。"亚里士多德：《诗学》，陈中梅译，商务印书馆1996年版，第78页。

能性，这里的可能性实则乃是作为潜能的必然性。① 所谓诗应该述说可能之事，其中的可能性之所指乃是现实的可能性。而且，既已发生之事作为个体的事件，是不能表现普遍性的，因为其自身可能不是一整体，而是整体的一个部分。比如说一个历史事件，它的必然性可能要牵扯到其所在的时代和社会，而那是不适宜在一个文学作品中表现的，因为会使后者的长度超出标准。诗人则需要挑选自身能作为整体表现普遍性之物，那么这时他不应执着于在已发生之事中寻找，而是应该去直接按照可然律或者必然律构建情节。

亚里士多德认为在史诗的情节中，比较不可能发生的事情与不可信的事情，后者更为糟糕，因为如果观众不相信诗中的某事，就会将其视为荒诞，那样一来，史诗的庄严性就被破坏殆尽了。② 关于为什么可能之事会不可信，而不可能之事会可信，是有一定困惑的。因为人们依据自己的理性来判断一事是可信或是不可信，而可能的事情一定是合乎理性的，而不可能的事情则不合乎理性。事实上，正如黑格尔所说，只要合乎理性的就一定具有其现实性，反之也是一样，现实的东西一定是合乎理性的，而一个偶然的存在是不配被称为现实的。③ 在这里这种理性乃是一种完善的理性。我们可以想象，如果主体的理性在这一秒内能够洞悉一切的事物和他们之间的关系，连最微小的也不遗漏；同时，这一主体的理性又拥有一切的知识，那么就可以知道下一秒内的所有，据此

---

① "作为具体思想的现实性是包含可能性在自身内作为一个抽象环节的……一般人总常常认为可能的即是可以设想的，但这里所说的可设想性，只是指用抽象同一的形式去设想任何内容而言。既然任何内容都可以用抽象的形式去设想，现在只消把一个内容从它所有的许多联系里分离出来，即可设想一可能的东西了。因此任何内容，即使最荒谬、最无意识的东西，均可看作是可能的。"黑格尔：《小逻辑》，贺麟译，商务印书馆 1980 年版，第 298—299 页。

② 参见亚里士多德：《诗学》，陈中梅译，商务印书馆 1996 年版，第 168 页。

③ 参见黑格尔：《小逻辑》，贺麟译，商务印书馆 1980 年版，第 43 页。

又可以推出另一个下一秒，以此类推，那么未来对他来说就是确定的。所以说，在那一种最高的理性之中，偶然者就不在了，所有存在的事情都是必然存在的。而所谓现实的可能性，也是一种必然性的潜在形式，因为对于潜能来说，如果其自身内就包含了实现的动因的话，它就同时也可以说成是一种必然性。① 但是应该看到，人的理性却是有其局限性的。那么，人是不能完全的洞悉一切可能性的发展的。事实上，作为戏剧或史诗的观众和读者，他们对可信与否的判断也不是出于推理，而是出于习惯，这样就造成了可能的事和可信的事的集合之错离。

从另一角度看，由于诗之创制是要表现共相的，② 但是共相在直观中的出现则往往是不可能的，尽管共相的存在是符合可然律的。比如说，诗人要塑造一个人物作为对美德之共相的表现，但是具有如此完善美德的人的真实存在是不可能的，但是却可以令观众相信。③ 亚里士多德认为这样也是可以的。但是最好的情况是，不可能的事和不可信的事都不要在悲剧和史诗中出现。关于可能之事与可信之事，亚里士多德在其《诗学》的第二十五章中再次提到过，基本上符合以上所说的观点。④

在这里，亚里士多德所说的可信之事倾向于合乎可以由人的理智洞察的逻辑的事情。现实中发生的事情也许看起来是全然偶然的，这是因为自然或世界的因果联系往往处于不可明鉴的晦暗之中，命运的因果性

---

① 参见黑格尔：《哲学史讲演录》第二卷，贺麟、王太庆译，商务印书馆 1960 年版，第 290 页。
② "诗倾向于表现带普遍性的事，而历史却倾向于记载具体事件。所谓'带普遍性的事'，指根据可然或必然的原则某一类人可能会说的话或会做的事——诗要表现的就是这种普遍性，虽然其中的人物都有名字。"亚里士多德：《诗学》，陈中梅译，商务印书馆 1996 年版，第 81 页。
③ "生活中或许找不到宙克西斯画中的人物，但这样画更好，因为艺术家应该对原型有所加工。"亚里士多德：《诗学》，陈中梅译，商务印书馆 1996 年版，第 180 页。
④ 参见亚里士多德：《诗学》，陈中梅译，商务印书馆 1996 年版，第 180 页。

由于过于宏大而超出了个体知性的视野，所以反而成了不可视见的。正如《道德经》中所说的："大方无隅；大器晚成；大音希声；大象无形；道隐无名。"（《道德经》四十一章）所以人们在面对绝对偶然的事件时，往往将之归结为"命运注定"，也就是说被隐含于冥冥晦暗中的因果律所主导者，这时绝对偶然的事情就向其对立面倾倒，转化成了绝对的必然性，这就是偶然和必然间的辩证关系。但是这种向必然性的转变必然是以现实性为根据的，而诗作为虚构的产物，并不具有这种先在的现实性，所以在诗中采用可能但是偶然的情节，就会显得拙劣。因此亚里士多德指出在诗中可信的事情优于现实且偶然的事情。（因为诗中的事件不具有先在的现实性，所以现实性在诗中必将沦为可能性。）比如说，在现实生活中，一个人的偶然车祸是可能的，而且由于其发生在现实生活中，所以会令人窥测其背后的宏大必然性。但是如果在悲剧作品中，突然的车祸则是可能却不可信的，会被读者视为一种纯粹孤立的设定，在这种情况下，作品就成了荒诞文学，而绝不是具有严肃意义的悲剧。所以诗人在安排情节的时候不能使用所有可能之事。马克·吐温对这一点也曾做过类似于亚里士多德的判断，他在其《帕蒂海德·威尔森的新日程》中说："真实比虚构更奇特，但这是因为虚构不得不固守可能性，而真实并不。"这段话中的可能性其实就相当于亚里士多德所说的"可信性"，即"诗学可能性"。这种可能性与现实的可能性即亚里士多德形而上学语境下的可能性是不同的。马克·吐温的这段话被美国诗学研究者迈克尔·戴维斯引用在其《诗学》阐释著作第三部分的题头，并被用来说明亚里士多德诗学思想的内在逻各斯问题。①

　　如果将亚里士多德创制哲学中心文本《诗学》之第二十三章至第

---

① 　参见戴维斯：《哲学之诗——亚里士多德〈诗学〉解诂》，陈明珠译，华夏出版社2012年版，第135页。

二十六章关于史诗的论述视为后悲剧部分，是悲剧部分哲思的再度鸣响，那么悲剧和史诗的关系就应该是这一部分的重要主题。事实上，亚里士多德也的确将二者的对观比较作为专题，在《诗学》的最后一章中进行了总结性的讨论。

基于创制哲学领会开敞的先行论域，亚里士多德对古希腊史诗和悲剧进行了重点讨论，二者都符合创制哲学的核心思想生存论解蔽，都是以人及其行动为对象，以语言（$\lambda\acute{o}\gamma o\sigma$）为媒介的摹仿（$\mu\acute{\iota}\mu\eta\sigma\iota\varsigma$），都描写普遍性的事件并因此彰显共相，从而比历史更加严肃，都以情节（$\mu\tilde{v}\theta o\sigma$）构建为重点，据此开显生存论境遇。其 $\mu\tilde{v}\theta o\sigma$ 中都包含着突转（$\pi\epsilon\rho\iota\pi\acute{\epsilon}\tau\epsilon\iota\alpha$）、发现（$\dot{\alpha}\nu\alpha\gamma\nu\acute{\omega}\rho\iota\sigma\iota\varsigma$）和苦难，等等。随后，亚里士多德指出悲剧高于史诗，因为悲剧之摹仿无疑更能将生存论境遇构建得充盈且富有张力，使人之行动在此能够通过抉择或放弃抉择而为开放，因此悲剧创制在其创制哲学中具有更高的地位。

基于潜在的创制哲学标准，亚里士多德从五个方面论证悲剧优于史诗，这五个方面又可以分为两个大方面。第一大方面是悲剧的成分比史诗更为丰富，对此，亚里士多德指出："悲剧优于史诗还因为它具有史诗所有的一切（甚至可用史诗的格律）。再则，悲剧有一个分量不轻的成分，即音乐(和戏景)，通过它，悲剧能以极生动的方式提供快感。"①第二大方面是悲剧更能保证作品的整一性，对此，亚里士多德说："史诗诗人的摹仿在整一性方面欠完美（可资说明的是，任何一部史诗的摹仿都可为多出悲剧提供题材）。所以，若是由他们编写一个完整的情节，结果只有两种：要是从简处理，情节就会给人像是受过截删的感觉；倘若按史诗的长度写，情节又会显得像是被冲淡了似的。"②这两个原因都

---

① 亚里士多德：《诗学》，陈中梅译，商务印书馆1996年版，第190页。
② 亚里士多德：《诗学》，陈中梅译，商务印书馆1996年版，第190页。

能从不同的方向造成悲剧比史诗更能"给人留下鲜明的印象。"①

　　关于悲剧创制比史诗创制的成分更加丰富，如前文说过的，悲剧有六个成分②，而史诗只有四个③，多出的两个成分音乐和戏景中，音乐（或者说合唱）是比较重要的。因为首先音乐是能够很好地起到引起怜悯和恐惧的情绪的作用的，音乐在生存论解蔽层面的意义，是早已受到哲学家肯定的。关于音乐和情绪的联系，一方面我们每个人都有切身的体会，另一方面也已经被现代的心理学研究所证实了。或许正是因为看到了音乐对人的情绪之巨大影响，意志主义哲学的创始人叔本华才在其代表作《作为意志和表象的世界》中，把音乐置于所有其他艺术形式之上。④ 其次音乐也可以作为悲剧的有机组成部分，对悲剧加以丰富。亚里士多德在《诗学》的第十八章中就提出，应该把歌队视为演员中的一份子，歌队的唱词应该是悲剧整体的一部分，在情节中具有建设性的意义。⑤ 这是悲剧比史诗多出的内容，而史诗的一切成分悲剧中都可以具有，那么史诗中的任何成分所产生优点，悲剧也可以在自身中产生。如果说在荷马史诗中有什么东西比某一悲剧诗人剧中的东西更好，那只是因为诗人的禀赋问题，而不是文体的问题。

　　关于悲剧比史诗更具有整一性，亚里士多德指出：悲剧中的矛盾冲突更为激烈，这样就更加能引起恐惧和怜悯。亦即：更凝聚、紧张的生

---

① 亚里士多德：《诗学》，陈中梅译，商务印书馆 1996 年版，第 190 页。

② 悲剧六成分为情节、性格、思想、语言、戏景、音乐。见亚里士多德：《诗学》，陈中梅译，商务印书馆 1996 年版，第 63 页。

③ 史诗的四个成分：情节、性格、思想、语言。见亚里士多德：《诗学》，陈中梅译，商务印书馆 1996 年版，第 168 页。

④ 参见叔本华：《作为意志和表象的世界》第四篇：《世界作为意志再论：在达成自我认识时，生命意志的肯定和否定》。叔本华：《作为意志和表象的世界》，石冲白译，商务印书馆 1982 年版。

⑤ 亚里士多德：《诗学》，陈中梅译，商务印书馆 1996 年版，第 132 页。

存论境遇建构能够引发更为强烈的生存论情绪。另外，如前文所说的悲剧只是对一个完整情节的摹仿，是对一个生命体的呈现。而史诗中则有不只一个的完整情节，那么史诗的整一性就不如悲剧。还有关于长度的考虑，悲剧的长度是适合的，因为可以一览无余，而史诗的长度就显得太长了，读者往往不能从宏观上整体地把握一部史诗，那么即便史诗本身有完美的整一性，也会被读者的知性所切断，因此就破坏了美感。一个例子是我国的《清明上河图》，由于其不能一览尽视的长度，所以一种直观上的美感就消失了，因为造型艺术作品是要求整体呈现的，而如果这种呈现要被时间所割裂，那么首先，这一作品就不再是一整体，其次，这一作品产生的艺术效果和作者的努力是不成比例的。同理，悲剧相当于一个长宽比适度的画作，而史诗相当于长画卷，前者更集中地构建境遇、澄明生存，所以其创制之解蔽程度高于后者。

亚里士多德指出，悲剧高于史诗，还由于前者更能引发作为生存论情绪的恐惧和怜悯①。悲剧由于其自身是对人之生存行动的更生动、更多维之摹仿，因此比史诗更能产生这种效果。亚里士多德在其《诗学》中第一次谈及悲剧的功效或者目的，是在第六章悲剧的定义中。② 以后每一次提到悲剧的功效都涉及一重要内容：第一，"我们应通过悲剧寻求那种应该由他引发的，而不是各种各样的快感。既然诗人应通过摹仿使人产生怜悯和恐惧并从体验这些情感中得到快感，那么，很明

---

① Ergon 一词在亚里士多德的使用中有"目的"的含义。如"思想指能够得体地、恰如其分地表述见解的能力，在演说中，此乃政治和修辞艺术的 Egron。"此处可以理解为政治和修辞术的目的是表达见解。另如"诗人的 Ergon 不在于描述已经发生的事情，而在于描述可能发生的事情。"此处可理解为诗人通过描述可然的事情实现自己的生存论解蔽目的。而引发恐惧和怜悯之情则是悲剧的目的。见亚里士多德：《诗学》，陈中梅译，商务印书馆 1996 年版，第 65、81 页。

② 参见亚里士多德：《诗学》，陈中梅译，商务印书馆 1996 年版，第 63 页。

显，他必须使情节包蕴产生此种效果的动因。"①在此亚里士多德明确把引发恐惧和怜悯的悲剧功效同悲剧的情节联系在一起。第二，"在处理突转（和发现的复杂事件）和简单事件方面，他们力图引发他们想要引发的惊异感，因为这么做能收到悲剧的效果，并能争得对人物的同情。写一个聪明的恶棍——如西绪福斯——被捉弄，或一个勇敢但不公正的人被击败，便可能产生这种效果。"②此处亚里士多德指出悲剧的效果依靠前文提到的悲剧情节的三个关键词：突转（$\pi\varepsilon\rho\iota\pi\acute{\varepsilon}\tau\varepsilon\iota\alpha$）、发现（$\dot{\alpha}\nu\alpha\gamma\nu\acute{\omega}\rho\iota\sigma\iota\sigma$）和悲剧过失（$\dot{\alpha}\mu\alpha\rho\tau\iota\alpha$）。首先因为最好的突转和发现是同一的，是复杂情节的组成成分。[参见本书第三章第三节"谜索思（$\mu\tilde{\upsilon}\theta\sigma\sigma$）——悲剧的情节"和第四节"悲剧性过失"（$\dot{\alpha}\mu\alpha\rho\tau\iota\alpha$）] 另外，此处亚里士多德所举的例子：西绪福斯和勇敢但不公正的人，正是他在《诗学》第十三章所说的有 $\dot{\alpha}\mu\alpha\rho\tau\iota\alpha$ 属性之人。③ 第三，"如果诗人编排了不可能发生之事，这固然是个过错；但是，要是这么做能实现诗艺的目的，即能使诗的这一部分或其他部分产生更为惊人的效果，那么，这么做是对的。"④此处强调的诗要表述普遍的共相，而不是历史中发生的个别的事情，因为共相作为个别的个体是不能发生的，所以亚里士多德说其是不可能发生的事情。

亚里士多德认为要彰显创制哲学真理，需要表现普遍之事，而且要通过突转、发现和人物的悲剧性过失来构建生存情境。在这两方面悲剧都是高于史诗的。首先，因为悲剧比史诗更有整一性，如上文解释过的，只有对整一之物的摹仿才能导致本体的自身显现，因为本体乃是一整一之物，而且，亦如前文论证的，只有整一之物才能通向无限，因为

---

① 参见亚里士多德：《诗学》，陈中梅译，商务印书馆1996年版，第105页。
② 亚里士多德：《诗学》，陈中梅译，商务印书馆1996年版，第132页。
③ 亚里士多德：《诗学》，陈中梅译，商务印书馆1996年版，第97页。
④ 参见亚里士多德：《诗学》，陈中梅译，商务印书馆1996年版，第177页。

这种真正的无限是在否定之否定的实现自身中成为现实的。本真的恐惧和怜悯则要通过无限而被引发。其次，由于悲剧的突转和发现比史诗的更集中，而唯有当突转和发现在同一时刻出现时，才能引发生存论之情绪。再次，还因为效果的实现由于依赖作品和观众的联系，由于有音乐和戏景的成分的参与，悲剧在这一方面也优于史诗。正是基于这种思考，即悲剧与史诗中何者更符合亚里士多德对诗的本质理解，何者更能实现亚里士多德眼中诗的目的和功效，悲剧与史诗才在《诗学》中获得了不同的位置、不同分的分量。《诗学》中对二者的重视程度、章节的分配绝非偶然。也就是说，亚里士多德《诗学》文本是一个经过整体规划、宏观布局、合理构架的完整文本，不同于作为论文集的亚里士多德《形而上学》等著作。只有对《诗学》文本的这种整体性、有机性、目的性有了先行把握，才能真正理解亚里士多德诗学思想的创制哲学深意。

综上，亚里士多德认为作为特定创制，悲剧同史诗具有相同的目的，即引发生存论维度上的怜悯和恐惧情绪，并使其达到净化（κάθαρσιϛ）。在所有创制活动中，只有悲剧和史诗最契合这种由亚里士多德指出的目的，因此这二者都被作为其创制哲学讨论的重要主题，而喜剧、抒情诗等，虽然属于广义的创制（ποιητικῆϛ）范围，但由于不符合亚里士多德对于创制哲学的理解，所以未被详细讨论。据此可以说，与其说亚里士多德《诗学》的主旨乃是诗本身，不如说其是想借助诗论述其创制哲学思想。亚里士多德划定论域、筛选对象的标准并非"何谓诗"，而是哪种创制活动能够更符合其对创制哲学本质的理解。这也再次证实了本书关于《诗学》中并无亡佚散失的喜剧部分的观点，因为喜剧同亚里士多德的创制哲学旨趣确然相去甚远。

亚里士多德在其创制哲学文本的最后一部分中再次肯定了悲剧的地位，他说：悲剧高于史诗。"悲剧在这几方面胜过史诗，而且在效果方面也胜过史诗（这两种艺术不应给我们任何一种偶然的快感，而应给前面说的那种快感），那么，显而易见，悲剧比史诗优越，因为它比史诗更容易达到它的目的。"[①] 这一目的，就是悲剧净化、卡塔西斯（κάθαρσισ）。

[①]　亚里士多德、贺拉斯：《诗学　诗艺》，罗念生、杨周翰译，人民文学出版社 1962 年版，第 101 页。

第四章　创制哲学论域中的卡塔西斯（*κάθαρσισ*）理论

一、*κάθαρσισ* 研究综述

卡塔西斯（*κάθαρσισ*）是亚里士多德创制哲学中最重要，同时也是最晦涩的概念之一。*κάθαρσισ* 被亚里士多德视为创制的目的，唯有对亚里士多德创制哲学有一综观，才能真正在哲学高度上领会这一概念；也唯有对这一概念在创制哲学开敞的理论视野下进行解读，才有望更加深入地理解亚里士多德创制哲学。

如前文所述，亚里士多德创制哲学具有生存论存在论维度的哲学深意。创制是存在的根本机制，而在创制哲学的语境下，存在者首先是"人的处境化行为勾连聚拢而成的非实体化集聚"，即生存。唯有诗（悲剧）之创制，能够通过生存境遇的极端构建，将人带入有所抉择的真实行动中并使因之而拢聚的生存显现。据此，亚里士多德通过诗学呈现的创制哲学思想，究其根本是一种源发的生存论哲学。*κάθαρσισ* 概念也需要在这样一种生存论视域下得到洞察。

（一）国外 *κάθαρσισ* 研究

在亚里士多德创制哲学尚未成为研究主题之时，对 *κάθαρσισ* 概念的解读和阐释可以说贯穿了亚里士多德《诗学》注疏史的始终。亚里士多德《诗学》成文于公元前 4 世纪，但是从希腊化时代直至中世纪时期，都没有在欧洲产生学术影响，其间只有个别阿拉伯学者，如阿威罗伊（Averroes 1126—1198）曾在不知悲剧为何物的情况下对其进行过注疏。《诗学》在文艺复兴时代始被研究者发现，其影响最初产生于意大利。从这时开始，对卡塔西斯的解读就成为了"学术界"的热点。而且由于亚里士多德对该概念绝少提到(《诗学》中仅有一次) 及其内在的复杂性，所以上千年的卡塔西斯解读史中出现了五花八门、内容各异的说法，有必要在此进行一个粗略的梳理。

首先，卡塔西斯的伦理—哲学含义在研究史的开端就受到了重视。意大利学者斯卡里格（Giulio Ceaere Scaliger）指出诗的目的卡塔西斯在于教化，诗人通过事件教导道德品质。另一意大利学者卡斯泰尔维特罗（Lodovico Castelvertro）在承认悲剧通过卡塔西斯作用能使观众从下流变为高尚的同时，又指出了诗不应以教益为主。无论承认还是反对卡塔西斯的伦理作用，讨论都围绕着对诗的伦理意义的肯定或否定进行。其次，这一时期的学者也有从认识角度理解卡塔西斯的倾向，并在此基础上先于认识论维度对诗的真理性进行了思考。斯卡里格据此指出诗塑造比存在着的事物本身更美的形象，诗人更像一位神在创造。他对诗做了一种柏拉图理型式的领会，而最高的理型是善，在他的诗学研究中呈现了一种道德凌驾于审美的理解趋势。再次，这一时期的意大利学者也开始关注到了与卡塔西斯密切相关的诗学中的恐惧和怜悯现象。卡斯泰尔维特罗肯定恐惧和怜悯情绪对于人生与道德的正面意义。特里西诺（Giangiorgio Trissino）则分析了怜悯在六类情境下的引发。这六类情境分别为：发现自己或亲友有可能遭受厄运；担心厄运有可能降临到自己身上；老年人以其丰富的经历和阅历，易生怜悯；脆弱的人、怯懦的人和老练的人，也都易动怜悯之心；有妻儿老小兄弟姐妹者，较易生怜悯之情；恪守中道的人，多也能悲天悯人。①

　　随后诗学的影响扩散到其他国家，注疏者包括高乃依、拉辛、弥尔顿、莱辛、歌德、车尔尼雪夫斯基等人。他们大多本身就是诗人，更多考虑当时的演出环境并注重亚里士多德诗学理论对戏剧创作的借鉴意义。其关于卡塔西斯概念的具体观点多是在前人成果上的延伸。值得注意的是莱辛，他在其《汉堡剧评》（*Humburgische Dramaturgie*）中将卡塔西斯同亚里士多德中庸论联系起来，开创了亚里士多德《诗学》和《尼各马可伦理学》的互文性解释，并启发了国内一些关于卡塔西斯和儒家中庸思想的比较考察。

　　近现代的《诗学》研究更为学术化、理论化，也对卡塔西斯概念给出了各不相同、各有洞见的解读。较早的权威观点来自于 Jacob Bernays（1857），他用医学观点解释卡塔西斯，确立了卡塔西斯宣泄论的权威。② 其在 1880 年又将自己的卡塔西斯理论向前推进，基于对亚里士多德《政治学》第八章关于音乐教育作用的解读，认为卡塔西斯是通过庄重曲调对病态狂热进行的净化或宣泄。③ 随后审美主义的《诗学》解读占据了主流，但是其对于卡塔西斯的解读仍偶有超出审美视域局限的哲学洞见。如 S.H.Butcher（1951）认为悲剧的卡塔西斯作用在于净化怜悯与恐惧之情绪里的利己因素，使它们成为纯粹利他的情感。换言之，在于使观众忘掉自我，对全人类的共同命运发生怜悯与恐惧之

---

① 陆扬：《〈诗学〉的复兴》，《贵州社会科学》2009 年第 6 期。

② 参见亚里士多德：《诗学》，陈中梅译，商务印书馆 1996 年版，第 230 页。

③ 参见《经典与解释》第 15 期，《诗学解诂》，刘小枫、陈少明主编，陈陌等译，华夏出版社 2006 年版，第 300 页。

情。① 这无疑涉及了卡塔西斯的伦理作用和社会意义。但 S.H.Butcher 的卡塔西斯解读根本上仍是基于审美主义的，他认为该概念是亚里士多德艺术理论的一部分，代表了一条艺术原则。不仅限于对怜悯和恐惧的疏导，作为一种艺术手段，还能给观众以美的享受。② 审美主义的另一代表人物 G.F.Else（1957）则认为悲剧卡塔西斯的作用在于净化凶杀的罪恶。他建议从分析悲剧的内在结构入手解释卡塔西斯。卡塔西斯是悲剧内在结构中的重要一环，这一内在结构整体表现为 pathos-hamartia—anagnorisis—卡塔西斯。③L.Berns（1959）认为卡塔西斯具有净化和宣泄的复合含义，二者乃是并行不悖、相辅相成的，悲剧通过引发怜悯和恐惧并且把它们引导到适合的对象上，诗人宣泄了这些情感不健康的因素，怜悯和恐惧被净化成一种对人的尊崇或敬畏。④Harvey Goldstein（1966）认为诗学卡塔西斯是一个提炼或精炼的过程，作为原材料的怜悯和恐惧，只有经过卡塔西斯的筛选，才能具备审美价值。⑤

现代的卡塔西斯解读呈现出了新的样态，这些解读基本跟随着本书《诗学》研究综述中指出的超越审美主义、政治—伦理转向、哲学意蕴的发掘等新趋势。（参见本书第一章第一节）如 E.Belfiore（1992）认为亚里士多德把悲剧看作一种手段，通过有益的敬畏来战胜无耻欲望和强烈情感是造就情感中道状态的手段，在卡塔西斯中，怜悯和恐惧的最初震惊让位于一种情感中道状态伴随下的愉悦反

---

① 参见罗念生：《卡塔西斯笺释——亚里士多德论悲剧的作用》，《剧本》1961 年第 11 期。

② 参见亚里士多德：《诗学》，陈中梅译，商务印书馆 1996 年版，第 230 页。

③ 参见 Gerald F. *Else:Aristotle's Poetics: the Argument*, Cambridge, 1957。

④ 参见《经典与解释》第 15 期，《诗学解诂》，刘小枫、陈少明主编，陈陌等译，华夏出版社 2006 年版，第 32 页。

⑤ 参见《经典与解释》第 15 期，《诗学解诂》，刘小枫、陈少明主编，陈陌等译，华夏出版社 2006 年版，第 316 页。

思。①C.Lord（1982）认为诗学卡塔西斯是对某种东西的局部清洗而非完全清除。他的这一观点已经触及了对卡塔西斯之对象的双重性理解，但是还未在诗学本身上对"局部的"和"完全的"的东西加以剖析和规定。他认为卡塔西斯指的是净化掉欲望以及与痛苦相关的体验，而非瞄准人的社会和政治关系的激情，如道德义愤、荣誉感、对优胜的欲望，指出悲剧提倡的对激情的治疗是实践理性教育的必要伴随物。②C.Lord 的卡塔西斯理解是隶属于其对亚里士多德哲学整体所做的政治哲学解读的。J.Howland（1995）从激情角度理解卡塔西斯。他指出恐惧、怜悯以及相关激情，都牵涉自我价值的观念以及人应得之报偿。他认为如果悲剧意在促进自我批评，那么它引发恐惧和怜悯是为了唤起质疑这类激情所植根于其中的自我概念，因此卡塔西斯启动的是一个反省机制，这机制潜在地重新关注所有这些围绕衡量和维护自我价值的激情。这一机制的结果不是激情的减少而是让激情改变定位，朝向不同的方向。J.Howland还同 Leon Golden 一样，指出了卡塔西斯概念的柏拉图背景：在《智者》中，卡塔西斯包含了一系列含义：如洗浴、清除疾病、从灵魂中消除自以为知的无知等，提倡从柏拉图的语境中透析亚里士多德的卡塔西斯领会。③

　　对卡塔西斯的认知维度之含义加以挖掘，是符合当代《诗学》的哲学研究之趋势的。有些学者们基于西方哲学的认识论传统，从认知角度出发，借助于对卡塔西斯的认知式解读透析《诗学》的形而上学意义。如 Leon Golden（1962）指出，卡塔西斯这个词在包括柏拉图作品在内

---

① 参见《经典与解诂》第 15 期，《诗学解诂》，刘小枫、陈少明主编，陈陌等译，华夏出版社 2006 年版，第 284 页。

② 参见《经典与解诂》第 15 期，《诗学解诂》，刘小枫、陈少明主编，陈陌等译，华夏出版社 2006 年版，第 301—305 页。

③ 参见《经典与解诂》第 15 期，《诗学解诂》，刘小枫、陈少明主编，陈陌等译，华夏出版社 2006 年版，第 315 页。

的古希腊文本中，都带有理智的意味，因此亚里士多德在使用这个词作为其《诗学》中的重要术语时，不能不说是考虑到了理智的含义。据此，他将《诗学》中的卡塔西斯解读为"理性澄清"，并以此为前提理解其哲学意义。① 与 Golden 抱有相同旨趣的 Jonathan Lear（1992）基于亚里士多德《政治学》中对道德教育的音乐和卡塔西斯的音乐之区分，指出卡塔西斯不能以任何直截了当的方式作为道德教育。他批驳了对卡塔西斯的简单化阐释，认为将其解释为净化过于粗糙，没有公平对待怜悯和恐惧情感的认知维度。② 这种解读卡塔西斯的路径也遭到了不少质疑的声音，如 Nussbaum（1992）指出卡塔西斯的清洗工作不应该是通过理性，而是通过感情本身。③ 赞同其观点的还有 Amelie Oksenberg Rorty（1992），她认为卡塔西斯涉及的不只理智，它既澄清理智，也净化情感，通过体验情感和理智态度澄清和净化后的形式，悲剧观众会体验到这样一种心理机制即自我知识能给行动带来平衡与和谐。④ 卡塔西斯阐释的理智和情感之争可以说是 20 世纪 90 年代亚里士多德《诗学》研究的热点话题。应该说，理智和情感这两个视角都是在卡塔西斯解读工作中不可忽视的，应辩证地看待二者之间的对立统一。

　　以上对卡塔西斯的诸解释看似杂乱，其实出于不同的学术派别和哲学关怀，都处于一个受现代学术脉络引导的学术谱系中。

---

① 参见《经典与解释》第 15 期，《诗学解诂》，刘小枫、陈少明主编，陈陌等译，华夏出版社 2006 年版，第 316 页。
② 参见《经典与解释》第 15 期，《诗学解诂》，刘小枫、陈少明主编，陈陌等译，华夏出版社 2006 年版，第 301 页。
③ 参见《经典与解释》第 15 期，《诗学解诂》，刘小枫、陈少明主编，陈陌等译，华夏出版社 2006 年版，第 316 页。
④ 参见《经典与解释》第 15 期，《诗学解诂》，刘小枫、陈少明主编，陈陌等译，华夏出版社 2006 年版，第 320 页。

（二）国内 $\kappa\acute{\alpha}\theta\alpha\rho\sigma\iota\sigma$ 研究

我国的卡塔西斯研究首先是从对国外卡塔西斯理论进行接受梳理开始进行的。著名学者、为古希腊文化的引介做出开创性贡献的罗念生先生就在其《卡塔西斯笺释》一文中梳理了卡塔西斯概念的谱系。另一著名学者陈中梅则在其所译的亚里士多德《诗学》附录里关于卡塔西斯的论文中从不同的角度继续了这一工作，现将二者的成果相结合概述如下：以不同视域为标准，可以将既有的卡塔西斯理论分成三类。第一，医学视域：卡塔西斯从词源学上看是一医学上的术语，指对体内寒、热、毒素等的净洗和宣泄。亚里士多德出身于从事医学的家庭，深谙药理，所以他本人很可能就是在其较为熟悉的医学视野下使用这个词的，因此才没有对此概念加以专门的说明。这一类解释历史悠久，早在文艺复兴时期，就有意大利学者提出了悲剧的卡塔西斯作用等同于药物治疗的观点。第二，伦理视域：《诗学》的伦理含义在研究史的开端就受到了重视。如斯卡拉格（Scaliger）指出卡塔西斯的目的在于教化，诗人通过事件教导道德品质。以高乃依和拉辛等为代表的法国新古典主义戏剧家也认为卡塔西斯是一种道德上的教育作用。然而按亚里士多德的观点，悲剧选取的题材往往是充满罪恶的事件，比如说杀害亲族等。亚里士多德在《诗学》第十四章中指出：当惨痛事件发生在近亲之间，如兄弟杀死兄弟，儿子杀死父亲，母亲杀死儿子，儿子杀死母亲或诸如此类的可怕事例，最能使人产生畏惧和怜惜之情。诗人应该寻索的正是此类事例。① 何以对逆伦不道之事的描写反而会起到道德教育作用（即便这些恶行的主体有悲惨的命运），是令人费解的。此类观点的主要问题（可能是引发上述诘难的原因）是对于悲剧

---

① 参见亚里士多德：《诗学》，陈中梅译，商务印书馆1996年版，第105页。

起到道德教育之作用的方式缺少详尽的叙述。第三，美学视域，这种看待卡塔西斯的视角起源晚于 18 世纪中叶美学学科之形成，且受到哲学中认识论转向思想的影响。上文提到过的 S.H.Butcher 的观点可以作为代表。①

可以说，国内卡塔西斯研究对国外研究成果呈追随并结合国内环境和中国思想有所发扬的趋势。具有代表性、原创性的观点如下：罗念生（1961）如前文所述，梳理了卡塔西斯概念研究的谱系，将之前卡塔西斯解读分为净化论和宣泄论，他对二者都予以反驳，并在此基础上提出了自己的观点。他指出卡塔西斯作为医学术语，有求平衡的意思。诗的力量可以使情感降低，也可以使情感加强，以达到平衡。卡塔西斯使情感达到适度，符合亚里士多德伦理学中对中庸之道的要求。悲剧使人养成适当的怜悯与恐惧之情，而不是把原有的不纯粹或过于强烈的怜悯与恐惧之情加以净化或宣泄。② 朱光潜（1961）统观审美主义和道德主义，提出了对《诗学》关键概念卡塔西斯的解释，借助《政治学》中关于音乐卡塔西斯的论述来理解《诗学》。他认为人们有要求满足其强烈的怜悯与恐惧之情的欲望，人们在看悲剧时，这种欲望便得到满足，引发这两种情感使它们发泄，在发泄的过程中感到愉快，这就是悲剧的卡塔西斯作用。他指出卡塔西斯能使情感获得适当的强度，使人借此获得心理健康，对社会道德有良好的影响。③ 姚介厚（2001）剖析了《诗学》关于悲剧的论述，认为净化（卡塔西斯）作为悲剧的目的，能体现艺术的一般功用价值。净化可理解为灵

---

① 参见陈中梅关于 katharsis 的论文。亚里士多德：《诗学》，陈中梅译，商务印书馆 1996 年版，第 226—230 页；另参见罗念生：《卡塔西斯笺释——亚里士多德论悲剧的作用》，《剧本》1961 年第 11 期。

② 参见罗念生：《卡塔西斯笺释——亚里士多德论悲剧的作用》，《剧本》1961 年第 11 期。

③ 转引自罗念生：《卡塔西斯笺释——亚里士多德论悲剧的作用》，《剧本》1961 年第 11 期。

魂整体的净化，灵魂的陶冶和改善。灵魂是知、情、意的统一，情感和知识、道德相联系。艺术作为创制知识，体现实践智慧，以融注情感的形象创造，发挥认知、道德、美感等三重互相融通的功用价值。①
刘小枫（2014）认为亚里士多德肃剧定义具有政治哲学意涵：肃剧情感净化（卡塔西斯）含义指向的是治邦者（政治家）的性情陶冶。②
王柯平（2012）认为以城邦净化说为代表的柏拉图相关思想和古希腊人实际的社会历史生存（生命观、艺术观、危机感、悲剧的情感效果、审美心理）是亚里士多德悲剧净化说（卡塔西斯说）的双重渊源。这是对《诗学》的思想根基和生存根基的挖掘。他还在这种卡塔西斯解读之上提出了一条理解亚里士多德《诗学》的方向：从强调悲剧情感的审美体验转向凝照悲剧精神的哲学思考，更多地专注于悲剧自身的哲理价值：这种价值不是来自逻辑严密的哲学阐释，而是来自直觉敏悟的诗性智慧。③

综观国内外卡塔西斯概念研究，呈现出一种一方面不断向亚里士多德原初旨趣回溯，一方面又不断贴近具体社会现实与现代学术语境的双重趋向。事实上，二者共同源于亚里士多德诗学理论本身对社会现实的关注，统一于一种回环相衔的动势中。虽然卡塔西斯概念解读尚未被明确地置于亚里士多德创制哲学论域之下，但其中部分具体内容无疑是在创制哲学的潜在理解中才得以被阐发的。

---

① 参见姚介厚：《论亚里士多德的〈诗学〉》，《中国社会科学院研究生院学报》2001年第9期。
② 参见刘小枫：《城邦卫士与性情净化——亚里士多德〈论诗术〉中的肃剧定义试解》，《海南大学学报》（人文社会科学版）2014年第1期。
③ 参见王柯平：《悲剧净化说的渊源与反思》，《哲学研究》2012年第5期。

二、生存论情绪（φόβοσ、έλεοσ）与净化（κάθαρσισ）

在梳理了亚里士多德卡塔西斯（κάθαρσισ）概念的学术史后，就可以在解读亚里士多德创制哲学的地基上开展一种基于创制哲学理解的、生存论模式的卡塔西斯阐释。如前文所论证的，现存的亚里士多德创制哲学文本主要讨论悲剧，在《诗学》第六章中谈及悲剧的定义时涉及了卡塔西斯概念："悲剧是对某种严肃、完美和宏大行为的摹仿，它借助于富有增华功能的各种语言形式，并把这些语言形式分别用于剧中的每个部分，它是以行动而不是以叙述的方式摹仿对象，通过引发怜悯（έλεοσ）和恐惧（φόβοσ），以达到让这类情感得以卡塔西斯（κάθαρσισ）的目的。"①关于这个定义，尤其是其中卡塔西斯一词的含义，历来有较大的争议并困扰着历代亚里士多德研究者们。通过亚里士多德的悲剧定义可以看出，卡塔西斯所指向的是怜悯和恐惧这两种情绪，研究亚里士多德《诗学》中的情绪问题，对于卡塔西斯以及亚里士多德创制哲学的整体之阐释有着重大的意义。同时，这种以情绪问题为着眼点的卡塔西斯解读对于诊断当代具体社会问题和在正面情绪基础上的中国传统伦理之重建有着重要启示作用。

（一）作为基本现身情态的恐惧（φόβοσ）与怜悯（έλεοσ）

亚里士多德创制哲学语境下的情绪，有别于现代通常的理解。如果

---

① 此处引用悲剧定义以苗力田主编《亚里士多德全集》第九卷为底本，参考原文及其他译本略有改动。见《亚里士多德全集》第九卷，苗力田主编，崔延强等译，中国人民大学出版社 1997 年版，第 649 页。

要恰当的理解亚里士多德的创制哲学理论，首先就要撇清对情绪的种种普遍之误读，并且使其意义得到澄明。

对情绪的庸常误解可以分为两类：第一类误解：人们一般将情绪当作纯粹主观的东西，认为它是一种任意的心理现象。比如功能主义心理学就认为情绪是个体与具有一定意义的环境事件之间关系的心理表征。在这种观念下，情绪缺少客观性与确定性，是游离变易和无足轻重的，并因此受到了否定。在进行理论认识与科学研究时，人们要避免情绪的干扰，爱、憎、喜、怒都会影响观察与判断，无情无绪才是理想的理论和科研态度；同理，在实践活动中，情绪仍是负面的，在我们的日常用语中常有诸如"不要带着情绪做事"、"不要被情绪所左右"的句子，在这里，情绪是影响正常实践行为的消极因素。这类误解是以认识活动为基准在理论和实践上否定了情绪的正面意义。第二类误解：人们往往将情绪当作一个有待研究的现成对象，对其进行种种心理学与生理学层面上的考察和分析。如通过脑成像等技术手段对情绪进行脑科学层面的研究，或者将情绪视为一种神经机制，并形成了一套关于情绪的诱发、刺激和测量的实验式研究方法，等等。其实在这类研究的伊始，情绪现象本身就已经被错失了。

从哲学的维度上看，情绪并不是一种主观的产物或客观的对象，而应理解为先于主客之分的人生之开敞方式。人向来是在某种情绪中操持与劳作、休憩或娱乐的。一种或喜、或怒、或哀、或乐的基调先行地统御了人生在世。世界和人生在某种情绪下浑然一体地开敞。即使在人们通常认为的需要避免情绪干扰的理论活动中，也需要某种特定的情绪。亚里士多德就在其《形而上学》中指出：纯粹的理论活动需要一种悠闲和欣悦的情绪才能真正地进行。同样，在需要进行正确判断的实践行为，如陪审团的判决中，也往往要求一种正当的情绪，如同情和仁爱，敬畏和愤慨，等等。海德格尔将存在论意义上的情绪用 Befindlichkeit

（现身情态）一词指称。他指出情绪并非首先是仅仅关乎灵魂的一种在内的状态，随后这种内在状态又升腾出来给外在事物抹上一层色彩。其实在说情绪在内或在外之时，就已经首先误解了人之存在，因为人并非一个有内外之分的物体，而是一种敞开状态，人以"在世界之中存在"（In-der-Welt-sein）的方式开敞着并先天地有其世界，而情绪则是这种敞开的一种基本方式，情绪组建着此在（Dasein，即我们向来所是的那种存在者）的世界之敞开状态。在这种意义上，情绪就不能被当作一种既定的科研对象，因为在对情绪进行现成化的静观凝视甚至于诱发和测量之时，就已经同那活生生的情绪现象失之交臂了。据此海德格尔指出：情绪是此在无所反省地委身任情于它所操劳的世界之际袭击此在。情绪袭来，它既不是从外也不是从内到来的，而是作为在世的方式从这个在世本身中升起来的。因此在谈任何情绪心理学之前，应当把情绪现象视为基本的生存论环节。①

　　生存论意义上的情绪，应该被理解为一种先行打开的境域，所谓的行为与事物都在此境域——即特定的情绪——中各归其位、各成其是。研究中国古代哲学中对情绪的论述，有助于深化对情绪的境域式理解。如《论语》中说"礼，与其奢也，宁俭；丧，与其易也，宁戚。"（《论语·八佾》）"居上不宽，为礼不敬，临丧不哀，吾何以观之哉？"（《论语·八佾》）"丧致乎哀而止。"（《论语·子张》）可见，一种"哀戚"的情绪构成了丧礼的境域，各种仪式如"举者盥，右执匕，却之，左执俎，横摄之，入，阼阶前西面错，错俎北面。"（《仪礼·士丧礼》）等，只有在这种由哀戚统摄的境域之中进行，才是丧礼，这种情绪本身既先于每个具体参加丧礼之人的主观心情，也先于丧礼中的所有祭奠追挽的事物

---

① 参见海德格尔：《存在与时间》第二十九节。海德格尔：《存在与时间》，陈嘉映、王庆节译，生活·读书·新知三联书店 2006 年版。另见海德格尔：《时间概念史导论》第二十八节。海德格尔：《时间概念史导论》，欧东明译，商务印书馆 2009 年版。

（如殓衣、花圈等）。所有的人与物在这样一个由某种特定情绪所营造的境域中出场，并且在这种先有的境域之中各自获得了位置。同理，《论语》中说："今之孝者，是谓能养。至于犬马，皆能有养；不敬，何以别乎？"（《论语·为政》）各种侍奉父母的行为，只有在一种由敬之情绪所主导的境域之中进行，才能算得上孝。不是具体的行为本身，而是先于行为开敞的情绪决定了行为之所是。因此，情绪本身就是那开敞的境域。在这种境域式的理解下，前文列举的对情绪的误解就被破除了。所谓情绪，并不是单纯主观的东西，同时也不能作为一个既定的对象而被研究。

据前文所述，就应对亚里士多德创制哲学中重点提出的两种情绪：恐惧和怜悯，做一种境域式的重新解读。关于恐惧（$\phi \acute{o} \beta o \sigma$），亚里士多德在其《修辞学》中说："姑且让我们把恐惧定义为某种痛苦或不安，它产生于对即将降临的、将会导致毁灭或痛苦的灾祸的意想。"[1]亚里士多德在其创制哲学理解中对于恐惧的理解是源于这个定义又高于这个定义的。恐惧情绪具有一种二重性，既可以指对某种具体对象的害怕，也可以指那种敞开畏惧之境域的情绪本身。在亚里士多德的悲剧定义中，恐惧的含义更倾向于后者，因为在悲剧表演中，剧中人物之际遇并不直接与观众处于切身的因缘关系之中，观看者被悲剧所引发的恐惧并非是对某具体者的害怕，而是被悲剧所营造的氛围带入了恐惧的场域之中。（如果戏剧中通过极端的血腥场面来引发恐惧，如现在的某些恐怖影片那样，那么这种恐惧便是对某特定对象的怕，但是以这种手段炮制效果的戏剧是缺少艺术性的，也并不在亚里士多德创制哲学的讨论范围之内。）

---

[1] 《亚里士多德全集》第九卷，苗力田主编，崔延强等译，中国人民大学出版社 1997年版，第 423 页。

　　海德格尔哲学中也有类似的对恐惧情绪的二重区分，这种区分实际上处于由亚里士多德肇始的西方情绪理论谱系之中。在此可以通过对这种理论的阐释来深化对创制哲学语境下恐惧情绪的二重性之理解。海德格尔将有具体对象的恐惧称为 Furcht（通常翻译为"怕"），而将第二重意义上的恐惧情绪称为 Angst（通常翻译为"畏"）。他指出：怕一定要有其可怕的东西，这种东西以其有害性的方式和其他世内存在者处于因缘的链条之中，然而畏之所畏则在本质上不能有任何确定的因缘关系，也就是说，畏之所畏是处于利害关系之外的。"凡是在世界之内上手在手的东西，没有一样充任得了畏之所畏者。在世内被揭示的上手事物和现成事物的因缘整体本身也一样无关紧要。"①不同于怕，畏不是出于一定的因果利害关系对某具体对象的恐惧，而是那袭人而来的构境者，是一种应对其做境域式理解的情绪。

　　恐惧情绪并不是诸多情绪中任意的一种，而是有其深刻的哲学内涵，这种哲学内涵使得以引发恐惧为目的的悲剧具有超越审美和社会作用层面的意义。如上文所提到的海德格尔哲学，就赋予了更高层面上的恐惧，也就是畏以重要的存在论地位，他指出："任何现身情态本质上都会按在世的组建环节（世界、在之中、自己）开展出整个在世，但畏具有别具一格的开展可能性。……把此在从沉沦中收取回来，使此在把本真状态与非本真状态都作为其存在可能性看清楚。"②在海德格尔看来，畏剥夺了人沉溺依附于世内存在者的可能性，在畏中人失却了其安全感，不能从世界和公众那里领会自身，从而得以进入那更澄澈的人生境界。用海德格尔的术语来说就是：正是畏这种情绪把此在抛回其本真

① 海德格尔：《存在与时间》，陈嘉映、王庆节译，生活·读书·新知三联书店 2006 年版，第 215 页。
② 海德格尔：《存在与时间》，陈嘉映、王庆节译，生活·读书·新知三联书店 2006 年版，第 220 页。

的能在那儿去，畏把此在带到其存在的本真（eigentlich）状态之前。不只海德格尔的哲学突出了恐惧情绪的重要地位，在人类文明史上，恐惧一直作为一种重要情绪被理解和体验。在不同时期的基督教哲学中，都存在着对恐惧情绪的重视。如教父哲学的代表人物奥古斯丁的"关于八十个不同的问题"中就有专门讨论恐惧情绪的"问题三十三：论惧怕"。此外，他还在其注疏和通信中多次提到了"奴性的怕"（senilis）和"无瑕的怕"（timor）之区分。可以说这种在基督教神学视域下对恐惧情绪的划分，既在某种程度上承接了亚里士多德《诗学》和《修辞学》中隐含的对恐惧的双重性之理解，又在一定分寸上指引了海德格尔对怕与畏之情绪的现象学解读。另外，对恐惧情绪的非概念性讨论还出现在路德的《创世纪》评述中。在哲学领域中，存在主义的重要奠基者克尔凯郭尔亦重视恐惧情绪，并将之置于基督教原罪问题的领域内进行思考，他关于恐惧情绪的论述集中见于其《恐惧和颤栗》（1841）和《畏惧的概念》（1844）中。康德在讨论崇高时，也将之同恐惧情绪联系了起来，他认为崇高感情本身有时候带有某种恐惧，他将这种崇高感称为"令人畏惧的崇高"。康德指出："如果自然界要被我们从力学上评判为崇高的，那么它就必须被表象为激起恐惧的。""对于审美判断力来说，自然界只有当它被看作是恐惧的对象时，才被认为是强力，因而是力学的崇高。"①接下来，康德又把这种同恐惧密切关联的崇高感同道德感与宗教感结合起来，应该说在康德哲学体系中，恐惧是除了敬之外的又一个被加以特别看待的情绪。

在中国古代的传统运思之中，恐惧或畏之情绪也被赋予了很高的地位。如《论语》中有："君子有三畏：畏天命，畏大人，畏圣人之言。小人不知天命而不畏也，狎大人，侮圣人之言。"（《论语·季氏》）就是将

① 康德：《判断力批判》，邓晓芒译，人民出版社 2002 年版，第 99 页。

有所畏惧作为一种道德的标准，并且把畏理解为通达天命之衢径。在儒家乃至整个中华民族的文化传统中，敬畏意识和忧患意识都是作为一种有待修行和有待维持的精神特质被领悟的。通过对中国古代关于恐惧情绪的论述进行分析，还有助于辨析恐惧的双重意义，从而更恰当地理解恐惧情绪的开敞性和境域性。如《诗经·小雅·小旻》中有"战战兢兢，如临深渊，如履薄冰"之句，在这里，如果对临深履薄作身临其境式的体会，那么可知这种恐惧情绪并非由于做出了"如果掉下去，我就会死"这样的推论而产生的。在做出这种因果推断的同时，恰恰就错失了恐惧的原本面貌。临深渊和履薄冰都是直接敞开了一个先于利害推断的由恐惧之情绪主导的境域，（比如人在过深谷上的吊桥时，虽然明知不会掉落，仍会有恐惧之感），所谓"如临深渊，如履薄冰"，就是说直接处身于畏惧之境中。

　　亚里士多德悲剧理论中的另一个重要情绪是怜悯（ελεοσ）。亚里士多德在其《修辞学》中指出："可以把怜悯定义为一种痛苦的情感，由落在不应当遭此不测的人身上的毁灭性的、令人痛苦的显著灾祸所引起，怜悯者可以想见这种灾祸有可能落到自己或自己的某位亲朋好友头上，而且显得很快就会发生。"①同恐惧情绪一样，亚里士多德创制哲学中涉及的怜悯情绪也有其高于《修辞学》定义的双重性，它既是指那种对具体对象所产生的同情，又是那种由悲悯之情所主导统摄的开敞之构境。在这里，第二重意义上的怜悯就同畏一样，在诸多情绪中具有一种别具一格的地位。佛家讲的慈悲、儒家说的仁，在某种意义上都可以领会为第二重意义上的怜悯。仁（或慈悲）与具体的同情组成的对子，和海德格尔哲学中的"怕"与"畏"之对子，可以理解为具有一种同构的

---

① 《亚里士多德全集》第九卷，苗力田主编，崔延强等译，中国人民大学出版社1997年版，第435页。

关系。说第二重意义上的怜悯是无具体对象的，并不是说它是一种空泛的道德律令，是一种建立在推己及人的类推行为上的普世价值。与之相反，第二重的怜悯恰恰是一种直接的境域开敞。怜悯首先是一种"见其生不忍视其死，闻其声不忍食其肉"（《孟子·梁惠王上》）的当下引发。如孟子说："人皆有不忍人之心者：今人乍见孺子将入于井，皆有怵惕恻隐之心；非所以内交于孺子之父母也，非所以要誉于乡党朋友也，非恶其声而然也。……恻隐之心，仁之端也。"（《孟子·公孙丑上》）这种先于一切利害和好恶之计算或筹划，由"乍见孺子将入于井"所当下引发的恻隐之心与不忍人之心，被孟子称为"仁之端"。恻隐之心是人人都具有的、隶属于人之本质的情绪，"人之有是四端也，犹其有四体也。"（《孟子·公孙丑上》）同时，拥有了这种怜悯情绪，即可以达乎儒家对个人修养和国家政治的极高标准：仁和仁政，如孟子指出的："以不忍人之心，行不忍人之政，治天下可运之掌上。"（《孟子·公孙丑上》）从这一段论述中可以透析出怜悯情绪在儒家思想体系乃至中华的传统精神中所处的重要地位。

怜悯情绪不仅受到儒家学说的重视，在基督教和佛教哲学乃至各种伦理学流派中也是如此。如基督教的"神爱"与"博爱"往往被从同情和怜悯的角度来理解。《马太福音》中记载耶稣基督说："要爱人如己。"可以说这一论述和儒家仁道观中的"己欲立而立人，己欲达而达人"（《论语·雍也》）是共同受到作为开敞之境域的同情之情绪所指引的。而通过耶稣之死表现的上帝对人类之爱，也显现了一种至大的悲悯情绪之构境。在佛教中也是如此，如上文所说，"慈悲"即可以领会为第二重意义上的怜悯情绪之开展，而前者正是诸佛法的根本。"一切诸佛法中慈悲为大。"（龙树菩萨造、鸠摩罗什译《大智度论》卷二十七）关于基督教和佛教中的怜悯情绪历来受到推重，近年来具有代表性的成果有胡伟希教授的论文《论悲悯与共通感——兼论基督教和佛教中的悲悯意识》

（2012）。他在文中指出基督教和佛教都是以悲悯为怀的宗教，这一现象并非是偶然的，而是源发于悲悯情绪和宗教的共同本质，他认为悲悯情绪植根于人的追求与那宇宙终极实在合一的宗教性形而上学冲动中，这种"形而上学——宗教"的人之本性导致了怜悯情绪的生发，同时又在这种怜悯情绪中被体认和成就。他还赋予了悲悯情绪以将个体的人连接为类存在物的重要意义，认为这种情绪才是博爱的根基："是悲悯而非其他，从形而上学或者说精神的意义上，将个体与个体联系起来而成为人之总体或者说人类，而且会在这种寻求与宇宙终极实在合一的过程中相互扶持与支撑。这种彼此不认识的无数个体与个体之间在处于困境或者遇到灾难之时的相互扶持与支撑，就是我们这里所说的具有宗教信念意义的普爱或博爱。"同时他还区分了对具体事物的"同情"和对人类命运的"悲悯"："这里，为了与对现实中遇到的某些痛苦或灾难而引起的同情心相区别，我们将这种由对人类的悲剧性生存困境的存在感悟所引发的情感体验称为悲悯。显然，悲悯与个体人在现象界遭受的具体痛苦或灾难无关，也与个体人在现象界中体验的荣辱哀乐无关。对于悲悯来说，大凡生活于现象界的任何个体，都一无例外地处于这种悲剧性生存之中，故而，悲悯是对包括所有人在内的人类之悲剧性命运的同情与怜悯。"① 这种说法可以说基于另一个稍有不同的视角，诠释并论证了前文提到的怜悯情绪的双重性。

综上，亚里士多德在其创制哲学中所重视的两种情绪：恐惧和怜悯，可以理解为都具有双重的含义。第一重含义是指对具体对象产生的"怕"或"同情"，而第二重则是无具体对象的、开敞了更高境界的"畏惧"或"悲悯"。在第二重意义上的恐惧和怜悯情绪，不能单纯地被领会为

---

① 胡伟希：《论悲悯与共通感——兼论基督教和佛教中的悲悯意识》，《华东师范大学学报》（哲学社会科学版）2012 年第 7 期。

一种主观感受或者现成的对象，也不能被简单归为创制哲学视域下的悲剧所要营造之艺术效果。对这种意义的恐惧和怜悯，可以借助于海德格尔哲学中的"Angst"、儒家哲学中的"仁"、宗教情绪中的"无暇的怕"或"慈悲"等来理解，与其他诸情绪相比，它们具有某种伦理学乃至形而上学层面上的深刻意义。

（二）生存论净化（κάθαρσισ）

通过本章第一节对卡塔西斯的理论谱系之简单勾勒。可以看出，无论选择哪种视域，既有的卡塔西斯理论，大多是将恐惧与怜悯情绪视为负面的、有待去除的，无论这种去除是通过净化还是宣泄。（正如在鲧禹治水的神话中，无论是采用壅堵或疏导的方法，都是将洪水看作有害的、有待治理的。）只有少数既有理论是将恐惧与怜悯情绪视为中性的，同时这些理论往往都受到了审美视域的主导。但其中也不乏具有启发性的观点，如 S.H. 布切尔认为卡塔西斯的作用是净化恐惧和怜悯的情感中的利己主义因素，使其成为纯粹利他的一种情感。就是说使观众达到忘我状态，对人类的命运产生恐惧和怜悯之情。可以说他的观点在一定程度上符合前文对情绪之二重性的辨析。

如上文所述，恐惧和怜悯情绪并不像占据主流地位的卡塔西斯理论所认为的那样，是两种有待去除的负面情绪，而是具有积极的伦理层面及形而上维度的意义。因此有必要在情绪视域下重新审视卡塔西斯之本义。正如恐惧和怜悯情绪具有双重性一样，对于卡塔西斯也可以作消极和积极的双层理解。从消极的层面上看，卡塔西斯指的就是涤除和洗去、疏泄和排导，前面提到的绝大部分卡塔西斯理论，都是从消极含义上来领会卡塔西斯的。但是卡塔西斯还可以有一种积极的含义，对应净化，就是去蔽和纯真，有浣涤干净、使其按照本来的面貌呈显的意思；

对应宣泄，就是去除滞碍，使其鲜活自在地运转之意思。卡塔西斯消极与积极的两层含义，分别对应了恐惧和怜悯情绪的双重意义，这两组对应共同构成了卡塔西斯的完整充盈的意义域。也就是说，被规定为卡塔西斯的悲剧目的，是要洗去和排除对某种具体对象的"怕"和"怜"，更是使这两种情绪被澄明和活化，从而能够作为一种开敞的境域，以其"畏惧"和"悲悯"的形态显现，从而使人达到更高之人生境界。

　　何以亚里士多德认为第二重意义上的恐惧和怜悯情绪，即畏惧和悲悯，需要借助于悲剧才能够被澄明和获致呢？如海德格尔所说，人罕有本真的畏之情绪。悲悯亦是如此。因为人生在世，总是处于对各种利害关系、因缘脉络的筹划和算计之中，诸多情绪唯有在这种筹措和回顾、瞻望与追忆中才能与人照面，从而就难以进入那种无所挂碍的第二重意义上的恐惧和怜悯之场域。而悲剧则提供了这样一个契机：一方面，悲剧通过表演人世间的聚散离合、转折与苦痛，将观众带入了恐惧和怜悯的情境之中；另一方面，悲剧中的情节与人物并不和观众处于切身的利害关系之中，这样就能使观众在进入载畏载悯的境域之同时，又能够并不沉沦于其中，从而感受到那种无具体对象的情绪本身。正如康德在讨论崇高问题时指出：当一个人把某对象看成是可恐惧的，却又不惧怕它，就会将其称为崇高。"险峻高悬的、仿佛威胁着人的山崖，天边高高汇聚挟带着闪电雷鸣的云层，火山以其毁灭一切的暴力，飓风连同它所抛下的废墟，无边无际的被激怒的海洋，一条巨大河流的一个高高的瀑布，诸如此类……只要我们处于安全地带，那么这些景象越是可怕，就只会越是吸引人……我们愿意把这些对象称为崇高。"[1] 这种观点有助于领会悲剧的卡塔西斯作用，因为剧中的事件虽然可怕和可怜悯，但却并不能对观众造成威胁或切身关联，这样就将观众带入了那不以具体事

---

① 康德：《判断力批判》，邓晓芒译，人民出版社 2002 年版，第 100 页。

物为对象的恐惧和怜悯之境中。事实上，不同文化传统中的各类戏剧，都不追求完全地摹仿真实，而是刻意营造一种同日常生活的距离感，如古希腊悲剧中的歌队，我国京剧中夸张的造型和唱腔等。究其原因，就是要保证观众的旁观地位，从而使得由戏剧所引发的种种情绪，能够以一种无对象的开敞之境的方式被体验。

综上，亚里士多德关于悲剧目的之说法就可以解读为：通过一种与观众无直接因缘关系的演出，来引发怜悯和恐惧之情绪，并且令它们得到升华和纯化，从而使人能够达到由畏和悲悯所敞开的形而上之境界中。卡塔西斯本为医学术语，而古希腊时代的医术往往是和宗教结合在一起的，所以作为悲剧之目的的卡塔西斯亦可以是宗教意义上的净化或者净罪。而如前文所述，悲剧旨在引发的恐惧和怜悯之情绪在各种不同的文化背景之下，都是与宗教感和道德感密切相关的。由此可见，在亚里士多德创制哲学视野中的悲剧，就远非一种供人消遣、娱乐、审美的对象，而是帮助人通达崇高之境的渠道。这样就可以更加深化地理解亚里士多德关于诗比之于历史具有更高的真实性的论断。在这里，所谓"真"，正像海德格尔指出的那样，在古希腊的运思中并不是说主客观的符合一致，而是"无蔽"（αλήθεια），即如其所是地自行敞开。获得真理并非是说人认识了什么，知道了什么，而是指人在更高的道德境界上真实地生活。亚里士多德创制哲学中所探讨的悲剧，就是要通过引发作为畏惧和悲悯的恐惧怜悯情绪，而将人生直接置于那种至真的境界。在此意义上，亚里士多德《诗学》所进行的就远远不是在当代意义上的"美学"范围内的讨论，也不是教人怎样创作诗或欣赏诗的指南，而是有一种超越认识层面的创制哲学意义。当今社会面临着信仰缺失、道德滑坡等危机和困境，这些现象在一定程度上可以归因于某些积极情绪的丧失和缺乏。人们在实际生活中缺少惶畏和哀悯之心，对所行毫无忌惮、对所见熟视无睹是许多负面社会现象的深层原因。对亚里士多德创制哲学中的情绪问题，即恐惧和怜悯的本质及其生发的研究，不仅在学理上对澄清卡塔西斯的哲学意义有重要作用，同时对于当代人重新理解儒家伦理所推崇的畏惧意识和仁爱之心，重新寻获有所敬畏、有所悲悯的精神状态，也有着不可忽视的现实作用。

如前文论证过的，悲剧是一种对人之生存的解蔽。这种解蔽需要通过悲剧情节（μῦθοσ）的构建、悲剧的语言（λόγοσ）以及悲剧表演，将人生置于特定的生存论境遇中，从而引出作为生存论情绪的畏惧（φόβοσ）和悲悯（έλεοσ）。由于这种引出是以呈现人之生存的各种可能性为目标的，意图使人生能够无蔽的显现自身、成为自身，因此这种对生存论情绪的引出本身就是一种解蔽。在此，作为解蔽的引出，就是将这种本真的情绪置于存在的光照中，而不是被非本真的操持和忙碌所遮蔽。那么，这种名为卡塔西斯的生存论净化，就是一种对非本真的涤除。我们看到，亚里士多德在其对悲剧的定义中说："悲剧的目的是通过引发怜悯和恐惧使这些情感得到卡塔西斯（κάθαρσισ）。"在此，卡塔西斯并不是说要使这种情感被消除，而是使其在其本真意义上被呈现。当我们说净化某物时，不是要将此物消除，而是说要去除此物上的泥垢和灰尘，使其干净没有杂质，因此它才可以按照其所是的样子显现出来。亚里士多德的生存论创制哲学暗示着：人之生存唯有在一种特定的生存论情境中才能如其所是地显现自身，才能向着所有崇高和伟大的可能性开敞自身。正是在此意义上，我们说卡塔西斯乃是生存论的净化，而以《诗学》为中心文本的亚里士多德创制哲学则是一种非思辨、非实践意义上，着眼于生存论的创制形而上学。

在亚里士多德创制哲学视域下，诗是以语言、即逻各斯（λόγοσ）为媒介，以特定生存境遇下的人的生存活动为对象的摹仿（μίμησισ）。摹仿乃是创制的根本机制，而创制在亚里士多德的存在论理解中，则是存在之所以存在的根据，按照海德格尔的现象学观点，即存在本身。在这种意义上，亚里士多德创制哲学虽然在道说方式上另辟蹊径，在思想结构上别具一格，但仍是具有存在论即第一哲学旨趣的哲学。因此，本书常常称亚里士多德创制哲学的内在旨趣为存在论解蔽，即通过对特定创制即诗之创制的讨论，使存在本身澄明出来。这种澄明是通过对那个最符合亚里士多德对创制之本质的理解的诗，即悲剧的讨论来进行的。悲剧摹仿极端境遇下的人之生存行动，在这种行动中，人的生存之各种内在可能性、生存之本质才真正显现出来，因此创制哲学的解蔽又是一种生存论的解蔽，人生通过这种解蔽而被带入更高的境界，这就是悲剧的卡塔西斯（$\kappa\acute{\alpha}\theta\alpha\rho\sigma\iota\sigma$）作用。至此，对亚里士多德创制哲学的初步阐释可以算完成了。然而我们仍要记得，此处的论断并非结论，而是驿站。与其说本书的阐释是提供了一种完成的理论，不如说是指引了一种可求索的方向。此为跬步，愿至千里。

在本书终结处，我想以亚里士多德的一段话作为结束，他在这段话里明确地指出了创制（诗）乃是人的天性，它是解蔽，也是一种快乐。创制之学并非只与科研有关，在那些洞见闪现之处，亦有戴璀璨花环的欢笑女子走过，给我以欢欣。亚里士多德如是说："诗艺的产生似乎有两个原因，都与人的天性有关。首先，从孩提时候起人就有摹仿的本能。人和动物的一个区别就在于人最善摹仿，并通过摹仿获得了最初的知识。其次，每个人都能从摹仿的成果中得到快感。……这是因为求知不仅于哲学家，而且对一般人来说都是一件最快乐的事，尽管后者领略此类感觉的能力差一些。因此，人们乐于观看艺术形象，因为通过对作品的观察，他们可以学到东西。"①

---

① 亚里士多德：《诗学》，陈中梅译，商务印书馆 1996 年版，第 47 页。

参考文献

一、亚里士多德原文、翻译、注疏：

——I.Bywater，*Aristotle on the Art of Poetry* ,Oxford ,1909.

——S.H.Butcher，*Aristotle's Theory of Poetry and Fine Art*，New York,1951.

——Gerald F.Else，*Aristotle's Poetics:the Argument*,Cambridge,1957.

——Kassel.R.，*Aristotelis de arte poetica liber* , Oxford, 1965.

——D. W. Lucas, *Aristotle Poetics*,Oxford,1968.

——Stephen Halliweil, *The Poetics of Aristotle: Translation and Commentary* , The University of North Carolina Press, 1987.

——Seth Bernardete and Michael Davis ,*Aristotle: On Poetics: Translated by Seth Bernardete and Michael Davis, With an introduction by Michael Davis*,South Bend, Indiana,2002.

——Leonardo Tarán and Dimitri Gutas, *Aristotle Poetics: Editio Maior of the Greek Text with Historical Introductions and Philological Commentaries*，Brill，2012.

——亚里士多德：《诗学》，陈中梅译，商务印书馆 1996 年版。

——罗念生：《罗念生全集卷一·亚里士多德〈诗学〉、〈修辞学〉；佚名〈喜剧论纲〉》，上海人民出版社 2004 年版。

——亚里士多德等：《缪灵珠美学译文集》，章安琪编订，中国人民大学出版社 1987 年版。

——亚里士多德：《亚里士多德全集》，苗力田主编，中国人民大学出版社 1997 年版。

——亚里士多德：《形而上学》，吴寿彭译，商务印书馆 1981 年版。

——亚里士多德：《尼各马可伦理学》，廖申白译，商务印书馆 2003 年版。

——亚里士多德:《政治学》，吴寿彭译，商务印书馆 1983 年版。

——亚里士多德:《灵魂论及其他》，吴寿彭译，商务印书馆 1999 年版。

二、相关著作：

——Newman and John Henry. Poetry，*With Reference to Aristotle's Poetics*,Boston: Ginn， 1894.

——D. S.Margoliouth，*The Homer of Aristotle*，Oxord，1923.

——Carnes Lord, *Education and Culture in the Political Thought of Aristotle,* Cornell University Press,1982.

——Stephen Halliwell, *Aristotle's Poetics,*University of North Carolina Press,1986.

——J.Peter Euben,*Greek Tragedy and Political Theory*, University of California Press,1986.

——J.P.Vernant, *Myth and Tragedy in Ancient Greece*, New York,1988.

——John J.Winkler and Froma I.Zeitlin, *Nothing To Do With Dionysus?Athenian Drama in Its Social Context,* Princeton University Press,1990.

——Michael Davis, *Aristotle's Poetics: The Poetry of Philosophy*,Rowman & Littlefield Publishers, 1992.

——Elizabeth Belfiore, *Tragic Pleasures: Aristotle on Plot and Emotion*, Princeton University Press,1992.

——Amelie Oksenberg Rorty, *Essays on Aristotle's Poetics*, Priceton University Press,1992.

——Christopher Janaway, *Images of Excellence: Plato's Critique of the Arts*, Oxford,1995.

——Robert McKee, *Story: Substance, Structure, Style and the Principles of Screenwriting*, New York,1997.

——Stephen Halliwell, *The Aesthetics of Mimesis*，Princeton University Press, 2002.

——James Porter, *The Origins of Aesthetic Thought in Ancient Greece: Matter, Sensation,and Experience*, Cambridge, 2010.

——Stephen Halliwell, *Between Ecstasy and Truth: Interpretations of Greek Poetics from Homer to Longinus*, Oxford, 2011.

——Richard Janko, *Philodemus: "On Poems", Books 3 and 4*, Oxford, 2011.

——戴维斯等:《经典与解释》第 15 期，《诗学解诂》，刘小枫、陈少明主编，陈陌等译，华夏出版社 2006 年版。

——李平：《神衹时代的诗学：对柏拉图亚里士多德诗学思想的再思与认知》，上海人民出版社 2004 年版。

——陈中梅：《言诗》，北京大学出版社 2009 年版。

——王柯平：《〈理想国〉的诗学研究》，北京大学出版社 2014 年版。

——亚里士多德等：《古希腊哲学》，苗力田选编，中国人民大学出版社 1989 年版。

——柏拉图：《柏拉图全集》第一卷，王晓朝译，人民出版社 2002 年版。

——柏拉图：《柏拉图全集》第二卷，王晓朝译，人民出版社 2003 年版。

——柏拉图：《理想国》，郭斌和、张竹明译，商务印书馆 1986 年版。

——柏拉图：《巴曼尼德斯篇》，陈康译注，商务印书馆 1982 年版。

——柏拉图：《柏拉图文艺对话集》，朱光潜译，人民文学出版社 1997 年版。

——康德：《纯粹理性批判》，邓晓芒译，人民出版社 2004 年版。

——康德：《判断力批判》下卷，韦卓民译，商务印书馆 1964 年版。

——黑格尔：《美学》，朱光潜译，商务印书馆 1981 年版。

——黑格尔：《哲学史讲演录》，贺麟、王太庆译，商务印书馆 1960 年版。

——黑格尔：《小逻辑》，贺麟译，商务印书馆 1980 年版。

——尼采：《悲剧的诞生》，周国平译，生活·读书·新知三联书店 1986 年版。

——海德格尔：《演讲与论文集》，孙周兴译，生活·读书·新知三联书店 2005 年版。

——海德格尔：《林中路》，孙周兴译，上海译文出版社 2004 年版。

——海德格尔：《论真理的本质》，赵卫国译，华夏出版社 2008 年版。

——海德格尔：《海德格尔选集》，孙周兴选编，生活·读书·新知三联书店 1996 年版。

——海德格尔：《存在与时间》，陈嘉映、王庆节译，生活·读书·新知三联书店 2006 年版。

——海德格尔：《现象学之基本问题》，丁耘译，上海译文出版社 2008 年版。

——海德格尔：《荷尔德林诗的阐释》，孙周兴译，商务印书馆 2000 年版。

——海德格尔：《时间概念史导论》，欧东明译，商务印书馆 2009 年版。

——海德格尔：《形而上学导论》，熊伟、王庆节译，商务印书馆 1996 年版。

——海德格尔：《在通向语言的途中》，孙周兴译，商务印书馆 1997 年版。

——乔纳逊·波内斯：《亚里士多德》，余继元译，中国社会科学出版社 1989 年版。

——吉尔伯特·莫雷：《古希腊文学史》，孙席珍、蒋炳贤、郭智石译，上海译文出版社 2007 年版。

——威廉·燕卜荪：《朦胧的七种类型》，周邦宪、王作虹、邓鹏译，中国美术学院出版社 1996 年版。

——荷马：《荷马史诗·伊利亚特》，罗念生译，人民文学出版社 2003 年版。

——荷马：《荷马史诗·奥德赛》，王焕生译，人民文学出版社 1997 年版。

——赫西俄德：《工作与时日·神谱》，张竹明、蒋平译，商务印书馆 1996 年版。

——埃斯库罗斯等：《古希腊悲剧喜剧全集》，张竹明、王焕生译，译林出版社 2007 年版。

——埃斯库罗斯：《奥瑞斯提亚三部曲》，缪灵珠译，上海译文出版社 1983 年版。

——索福克勒斯：《索福克勒斯悲剧二种》，罗念生译，人民文学出版社 1986 年版。

——埃斯库罗斯等：《罗念生全集》第二卷，《埃斯库罗斯悲剧三种、索福克勒斯悲剧四种》，罗念生译，上海人民出版社 2007 年版。

——欧里庇得斯等：《罗念生全集》第三卷，《欧里庇得斯悲剧六种》，罗念生译，上海人民出版社 2007 年版。

——阿里斯托芬等：《罗念生全集》第四卷，《阿里斯托芬喜剧六种》，罗念生译，上海人民出版社 2007 年版。

——埃斯库罗斯等：《罗念生全集》补卷、《埃斯库罗斯悲剧三种、索福克勒斯悲剧一种、古希腊碑铭体诗歌选》，罗念生译，上海人民出版社 2007 年版。

——普鲁塔克：《希腊罗马名人传》，席代岳译，吉林出版集团有限责任公司 2011 年版。

——让·皮埃尔·威尔南等：《古希腊三大悲剧家研究》，陈洪文、水建馥选编，中国社会科学出版社 1986 年版。

——伪阿波罗多洛斯：《希腊神话》，周作人译，中国对外翻译出版公司 1998 年版。

——罗念生：《论古希腊戏剧》，中国戏剧出版社 1985 年版。

三、相关论文：

——Charles B. Daniels and Sam Scully, Pity, Fear, and Catharsis in Aristotle's Poetics, *Noûs*, Vol. 26, No. 2, Jun., 1992.

——Poulheria Kyriakou, Aristotle's Philosophical "Poetics", *Mnemosyne*, Fourth Series, Vol. 46, Fasc. 3 ,Aug., 1993.

——Jacob Howland, Aristotle on Tragedy: Rediscovering the Poetics,

Interpretation: A Journal of Political Philosophy, Vol. 22, Spring, 1995.

——Sheila Murnaghan, Sucking the Juice without Biting the Rind: Aristotle and Tragic Mimēsis, *New Literary History*, Vol. 26, No. 4, Autumn, 1995.

——T. A. Stroud, Elizabeth Robertson: Aristotle's "Poetics" and the Plot of the "Iliad", *The Classical World*, Vol. 89, No. 3, Jan. - Feb., 1996.

——Scott Scullion, Dionysos and Katharsis in "Antigone", *Classical Antiquity*, Vol. 17, No. 1, Apr., 1998.

——Ekaterina V. Haskins, "Mimesis" between Poetics and Rhetoric: Performance Culture and Civic Education in Plato, Isocrates, and Aristotle, *Rhetoric Society Quarterly*, Vol. 30, No. 3, Summer, 2000.

——Page duBois, Ancient Tragedy and the Metaphor of Katharsis, *Theatre Journal*, Vol. 54, No. 1, Mar., 2002.

——Stavros Tsitsiridis, Mimesis and Understanding: An *Interpretation* of Aristotle's Poetics 4. 1448B4-19, *The Classical Quarterly*, New Series, Vol. 55, No. 2, Dec., 2005.

——Roger Seamon, The Price of the Plot in Aristotle's "Poetics", *The Journal of Aesthetics and Art Criticism*, Vol. 64, No. 2, Spring, 2006.

——Paul A. Taylor, Sympathy and Insight in Aristotle's "Poetics", *The Journal of Aesthetics and Art Criticism*, Vol. 66, No. 3, Summer, 2008.

——Gloria Fisk, Putting Tragedy to Work for the Polis: The Rhetoric of Pity and Terror, before and after Modernity, *New Literary History*, Vol. 39, No. 4, Autumn, 2008.

——Malcolm Heath, Cognition in Aristotle's "Poetics", *Mnemosyne*, Fourth Series, Vol. 62, Fasc. 1, 2009.

——Malcolm Heath, Should There Have Been a Polis in Aristotle's "Poetics"?, *The Classical Quarterly*, New Series, Vol. 59, No. 2, Dec., 2009.

——G. M. Sifakis, Aristotle, "Poetics" 17, 1455a29-34: People in Real Life, Poets, or Spectators in the Grip of Passion? *The Classical Quarterly*, New Series, Vol. 59, No. 2, Dec., 2009.

——Anoop Gupta, Rethinking Aristotle's Poetics: The Pragmatic Aspect of Art and Knowledge, *The Journal of Aesthetic Education*, Vol. 44, No. 4, Winter, 2010.

——Ho Kim, Aristotle's "Hamartia" Reconsidered, *Harvard Studies in Classical Philology*, Vol. 105, 2010.

——Silvia Carli, Poetry is more Philosophical than History: Aristotle on MIMÊSIS and Form, *The Review of Metaphysics*, Vol. 64, No. 2, 2010.

——Andrew Ford, The Purpose of Aristotle's Poetics, *Classical Philology*, Vol. 110, No. 1, Jan., 2015.

——James Stillwaggon, The Indirection of Influence: Poetics and Pedagogy in Aristotle and Plato, *The Journal of Aesthetic Education*, Vol. 50, No. 2, Summer, 2016.

——罗念生：《卡塔西斯笺释——亚里士多德论悲剧的作用》，剧本 1961 年第 11 期。

——曹顺庆：《亚里士多德的"Katharsis"与孔子的"发和说"——中西美学理论研究札记》，《江汉论坛》1981 年第 5 期。

——黄炳辉：《上古中西诗学杂论》，《厦门大学学报（哲学社会科学版）》1989 年第 3 期。

——陈中梅：《亚里士多德〈诗学〉第一章译疑》，《戏剧艺术》1995 年第 2 期。

——陈中梅：《诗与哲学的结合——柏拉图的心愿》，《外国文学评论》1995 年冬季期。

——余纪元：《亚里士多德论 on》，《哲学研究》1995 年第 4 期。

——王列生：《"境界"与"卡塔西斯"——中西文学审美观念非恒值态实证互阐》，《东方丛刊》1995 年第 1 辑。

——王咏梅：《"兴观群怨"说与卡塔西斯作用之比较》，《高等函授学报（哲学社会科学版）》2000 年第 10 期。

——姚介厚：《论亚里士多德的〈诗学〉》，《中国社会科学院研究生院学报》2001 年第 9 期。

——邓晓芒：《康德论因果性问题》，《浙江学刊》2003 年第 2 期。

——王毓红：《诗与非诗的界限——论亚里士多德对诗的艺术本质的界定》，《宁夏社会科学》2004 年第 2 期。

——谭慧明：《"兴观群怨"说与"卡塔西斯"论比较初探》，《辽宁工学院学报（社会科学版）》2006 年第 4 期。

——李衍柱：《世界轴心时代的诗学双峰——与亚里士多德〈诗学〉并峙的荀子〈乐论〉》，《山东师范大学学报（人文社会科学版）》2006 年第 6 期。

——陆扬：《〈诗学〉的复兴》，《贵州社会科学》2009 年第 6 期。

——刘小枫《诗学"与"国学"——亚里士多德〈诗学〉的译名争议》，《中山大学学报（社会科学版）》2009 年第 9 期。

——陈明珠：《〈诗学〉的文本特征与亚里士多德的隐微术》，《求是学刊》2010 年第 2 期。

——刘小枫：《诗术与编故事——亚里士多德〈论诗术〉题解绎读》，《兰州大学学报（社会科学版）》2011 年第 1 期。

——刘小枫:《诗术与模仿——亚里士多德〈论诗术〉第一章首段绎读》,《求是学刊》2011 年第 1 期。

——王文生:《"诗言志"文学纲领与亚里士多德〈诗学〉的比较——"诗言志"诠之五》,《文艺理论研究》2011 年第 2 期。

——刘小枫:《作诗与德性高低——亚里士多德〈论诗术〉第 2—3 章绎读》,《中山大学学报(社会科学版)》2011 年第 3 期。

——刘小枫:《谐剧与政体的德性——亚里士多德〈论诗术〉第三章中的题外话试解》,《重庆大学学报(社会科学版)》2011 年第 6 期。

——王柯平:《悲剧净化说的渊源与反思》,《哲学研究》2012 年第 5 期。

——刘小枫:《〈诗术〉的伦理—政治哲学意涵》,《现代哲学》2012 年第 5 期。

——赵振羽:《通往卡塔西斯之路——亚里士多德〈诗学〉的形而上学研究》,》理论月刊》2012 年第 10 期。

——赵振羽:《诗与现实的矛盾——亚里士多德〈诗学〉与〈形而上学〉比较研究》,《晋阳学刊》2013 年第 2 期。

——刘小枫:《城邦卫士与性情净化——亚里士多德〈论诗术〉中的肃剧定义试解》,《海南大学学报(人文社会科学版)》2014 年第 1 期。

——陈明珠:《谜索思:〈诗学〉的"情节"》,《浙江学刊》2014 年第 6 期。

——李平、莫为:《〈诗学〉中的柏拉图声音——亚里士多德与柏拉图诗学思想互文性研究》,《上海师范大学学报(哲学社会科学版)》2014 年第 6 期。

——陈明珠:《技艺与迷狂——柏拉图〈伊翁〉与亚里士多德〈诗学〉对观》,《浙江学刊》2011 年第 2 期。

——李慧子:《政治哲学视域中的音乐问题——荀子与亚里士多德音乐思想比较研究》,《东岳论丛》2015 年第 1 期。

——赵振羽:《畏惧与悲悯——亚里士多德〈诗学〉中的情绪问题及其伦理意义》,《陕西师范大学学报(哲学社会科学版)》2016 年第 5 期。

——宋继杰:《柏拉图〈蒂迈欧篇〉的宇宙论——一种内在的自然目的论解释》,中国社会科学院研究生院 2001 年,博士学位论文。

——张奎志:《西方思想史中诗与哲学的论争与融合》,黑龙江大学 2007 年,博士学位论文。

——赵振羽:《论亚里士多德的第一实体》,吉林大学 2010 年,硕士学位论文。

责任编辑：杜文丽

封面设计：周方亚

图书在版编目（CIP）数据

亚里士多德创制哲学研究／赵振羽 著 . —北京：人民出版社，2019.4

ISBN 978－7－01－020699－8

I. ①亚… II. ①赵… III. ①亚里士多德（Aristotle 前 384－前 322）－

哲学思想－研究 IV. ① B502.233

中国版本图书馆 CIP 数据核字（2019）第 076598 号

亚里士多德创制哲学研究

YALISHIDUODE CHUANGZHI ZHEXUE YANJIU

赵振羽 著

人 民 出 版 社 出版发行

（100706 北京市东城区隆福寺街 99 号）

环球东方（北京）印务有限公司印刷 新华书店经销

2019 年 4 月第 1 版 2019 年 4 月北京第 1 次印刷

开本：710 毫米 ×1000 毫米 1/16 印张：15.25

字数：235 千字

ISBN 978－7－01－020699－8 定价：58.00 元

邮购地址 100706 北京市东城区隆福寺街 99 号

人民东方图书销售中心 电话（010）65250042 65289539